人工知能はなぜ椅子に座れないのか

情報化社会における「知」と「生命」

松田雄馬

新潮選書

人工知能はなぜ椅子に座れないのか　情報化社会における「知」と「生命」　目次

人工知能はなぜ椅子に座れないのか

情報化社会における「知」と「生命」

序章　人工知能を通して感じる生命への疑問

二〇XX年、地球は相次ぐ核戦争によって壊滅的な打撃を受ける。ありとあらゆる地域の環境は破壊され、人々は、マザーと呼ばれる巨大なコンピュータに管理された環境下で、かろうじて生き延びていた。あらゆる労働は、マザーの支配下にある人工知能・ロボットによって代替され、人間の唯一の仕事は、生きることだけだった。

こうした世界観を描いたSF小説や漫画は洋の東西を問わず、常に人気を博しているように思えます。しかしながら、私は、文明が荒廃した未来について、常にある種の疑問を抱いてきました。コンピュータによって支配されてしまう社会のイメージに対し、筆者は、「生命」というものをまるで感じることができず、生きている自分自身に起こる出来事として捉えられなかったのです。勿論、フィクションに対して現実感が持てないという感覚は、珍しいことではないでしょう。私は、この感覚を深く掘り下げることで、私たちの社会に関する根源的な問いを立てられるのではないかと考えました。

筆者は、数学を用いて生物を理解しようとする「数理生物学」という分野を専門に研究を行っています。そして、その一環として、人間や生物の知能を人工的に実現しようとする「人工知能」の理解に力を入れてきました。数理生物学の研究を通して生物を見ていると、数学的にも興味深い発見が、山のように見つかります。実際に、生物というものは、観察すればするほど、新しい発見があるという面白さを秘めています。さらに、生物を数学という眼鏡を通して見ることによって、生物という「自然現象」を論理立てて説明できます。その結果として、生物の世界で起きている現象は、コンピュータを使って人工的に実現でき、私たちの社会で活躍するコンピュータ・システムを進化させていくことができるのです。そして、その中でも特に、生物の行う知的な振る舞いを人工的に再現しようとしているのが、「人工知能」と呼ばれる研究領域です。生物の持つ知能には、まだまだ謎が多く、「人工知能」という研究分野もまた、発展途上の領域です。生物という世界は、知れば知るほどに、未知の現象を見つけることができる宝の山と言えるかもしれません。生物の世界には、現代の科学技術を用いても解明できない謎が、実は、山ほどあるのです。

筆者は、科学技術がどれほど進歩しても、人類という「自然現象」は、科学技術によって滅ぼされるほど、単純なものではないと確信しています。興味深いことに、科学技術を発展させ続けてきた人類の悠久の歴史をひもといてみると、その歩みは、まさに、大いなる自然と共に在ったと言えるのです[1]-[3]。

その一例として、古代ギリシャでは、行き過ぎた都市化によって、その自然環境は破壊され、本来は緑豊かだった島が丸ごと禿山になってしまったことから、都市というものが自然と共に在ることを学び、都市と自然との共生というものが見直されました[4]-[6]。

また、インダス文明をはじめとする多くの古代都市の遺跡においても、上下水道や汚水の排水システムが見つかっています。ここでは、都市の中での水の循環を考慮することで、自然と共に在る豊かな都市が作られていたのではないかと推測されています[7]。

さらに、近世日本においても、戦乱の世を終え、平和が訪れた江戸文化では、行き過ぎた灌漑が進み、環境変動が起こったことから、都市のあり方が抜本的に見直され、その結果として、廃棄物の出ない、高度な循環型社会が築き上げられたと考えられています[8]。

実際に、江戸の都市は、世界に類をみない衛生的な都市であったとされています。近世ヨーロッパの都市では、し尿の処理に有効な手段がとれずペストやコレラといった伝染病が猛威をふるった一方で、日本では、病原体の媒介となりうるし尿等が放置されずに有効活用されていたため、伝染病は比較的少なかったと考えられています。都市から出るし尿や灰などは、農家に引き取られただけでなく、金銭や野菜と取引・交換され、資源の無駄のない循環が起こっていたため、病原体の温床にはならなかったと言われています。こうしたやり取りが、都市周辺の農家の土壌を肥沃なものとしただけでなく、都市と周辺農村地域の間の循環圏を育て、農家の自立や都市発展の一助となり、経済と環境の好循環を生み出していたと言われています。

このように、人類の歴史を俯瞰していくと、科学技術の発展というものは、人類単体で成し得たものでは決してなく、大いなる自然との相互作用の中に、築き上げられていったものなのではないかと考えられます。人類は、人工的な存在でもなければ、ある日突然、降って湧いたものでもありません。人類というものは、大自然の中で、それぞれが主体的に影響を与えあいながら、大自然の恩恵を受けて生きていくものであり、科学技術というものは、そうした大自然との相互作用の中で生まれてきたものではないかと考えられるのです。

もちろん、科学技術を発達させているのは人間だけではありません[9]。シロアリの持つ建築技術には目を見張ります。彼らは、人間の建築技術をもってしても再現するのが難しいような複雑な地下都市を建設しています。シロアリのアリ塚では、トンネルが縦横無尽に張り巡らされ、その通気性の良さから、地下という環境であるにもかかわらず、内部の温度をほぼ一定に保つ仕組みが備わっており、数十万匹が同時に暮らすことができると言います[10]。

また、ビーバーも、土木工事を行う天才建築家です。彼らは、水辺の木を切り倒して川にダムを築きます。彼らの築き上げるダムは、川の氾濫を堰き止めます。そして、堰き止められてできたダムの中央に、木を山ほど積み上げることによって、彼らは、堀に守られた住居を築き上げるのです[11][12]。

このように、人間だけでなく、あらゆる生物は、自然と共生する中で、必要に応じて科学技術を発展させ、豊かに生きています。こうした観点を通して考えると、人類の科学技術というものは、大自然、すなわち生命との相互作用なしには語ることができないのではないでしょうか。そして、科学技術について理解を得るには、生命というものと向き合うことから逃れられないというのが、筆者自身の考えです。

生命とは何か

私たち人類は、生命を宿しています。だからこそ、私たち人類は、生命というものに対して特別な感情を抱くのではないでしょうか。人類最大の謎の一つは、私たち自身が何者であるかということです。つまり、私たち自身がどこから来たのか、すなわち、私たちの住むこの大宇宙がどのようにして誕生し、その中で、私たちの祖先である生命がどのようにして生まれたのか。そして、進化を繰り返す中で、どのようにして、人類のような知的生命体が生まれたのか。さらに言うならば、生命の進化は、これからどこに向かおうとしているのか。そして、私たちは、進化に手を加えることができるのか。高度な知能を持つ生命である「人工知能」を手に入れようとするのは、まさに、生命である人類の本能であり、同時に、「人工知能」という技術の発展に対して、期待と不安を抱くのは、私たち人類が、生命である所以なのかもしれません。

私たちは、人間そっくりの形状を持つ二足歩行ロボットを見ると、たとえそれがハリボテであっても、今にもそれが、意思を持って動き出しそうに錯覚します。インターネット上の情報を収集することで「学習」し、「成長」していくプログラムの動きを見ると、たとえ、それが人間の命令通りの動きであったとしても、今にもそれが、人間の知能を凌駕する存在になるのではないかと錯覚してしまうのです。人工知能の歴史というものは、こうした「錯覚」の歴史であったとも言えます[13]。

時は一九二七年、イギリスで「エリック」という人型ロボットが発表されました[14]。エリックの出現によって、世界に衝撃が走ったと言います。エリックは、電気モータで駆動する単純な仕組みではありましたが、立ち上がって左右を見渡し、手を上げ下げし、さらに人間の言葉を喋ることができたのです。今にして振り返れば、「エリック」は、無線を通して送られてきた人間の言葉を出力する、単なる「スピーカー」に過ぎませんでした。しかしながら、その言葉の出力に合わせて「エリック」自身が喋っているような動作を行うことで、それを見た人たちは、あたかも

「エリック」が自分で喋っているように錯覚してしまったのです。この見せ物には、世界中の人々が歓喜したと言います。そして、ジャーナリズムの喧伝や、人々の期待の高まりが相まって、ロボットブームが始まりました。このブームは日本にも波及しました。エリックが誕生してすぐ後の一九二八年、昭和天皇の即位を記念する「御大礼記念京都博覧会」の際に、大阪毎日新聞社が、西村真琴博士の「学天則」という人造人間を出品したのです。この時代のロボットブームでは、デパートの宣伝にロボット人形が使われ、雑誌「新潮」の特別企画で「人造人間幻想」という特集が川端康成らによって行われるなど、かなりのフィーバーぶりであったと言われています。

そうは言っても、こうした「錯覚」は長く続くものではありませんでした。

「エリック」が火付け役となったこのブームは、一九三〇年代には急速に冷え込んでいきました。人々は、人間の形状や動作を真似ただけのロボットに見慣れることで、それが単なる機械仕掛けであり、私たち生命とは根本的に異なるということに気づいてしまったのです。この時期の朝日新聞に掲載された評論の一つが、まさに、そうした人々の本音を素直に表現しているようにも感じられます[15]。

《現代機械文明で必要とされているのは、人間が持たない力、人間にない動作スピード、人間にない敏感さ、人間にない緻密さなのであり、何が悲しくて人間のようなロボットを作る必要があるのか》

この論評には、単なるロボット技術への批判以上のものが含まれているのではないでしょうか。第一に、人々は、「エリック」のようなロボットを目の当たりにすることによって、最初こそ歓喜したものの、徐々に、人間と機械(技術)の違いに気づき始めてしまったという点です。そして第二に、そうした人間と機械(技術)との違いから、科学技術の果たすべき役割についての洞察が得られたという点です。

このように、一旦は「錯覚」を与えるものであっても、やがては、人々の洞察によって、事の本質を見抜かれる、ということは、こと「人工知能」の分野においては常に繰り返されてきました。二〇一八年現在の人工知能ブームもまた、「現場」レベルでは、既に「錯覚」から覚めており、実現できることと、そうでないことについて、十分に分析できるようになってきています。[16]-[18]

エンジニアの中井悦司は、自身の著書『TensorFlowで学ぶディープラーニング入門』の中で、機械がデータを自ら学習するとされる「機械学習」という技術について、冷静に論を展開しています。[19]

《世間一般では、機械学習、あるいは、最近流行の「人工知能」というと、コンピューターが自ら判断して未来を予測するというイメージを持っている人も多いかも知れません。しかしながら、現在の機械学習では、本書の主題でもあるディープラーニングを含めて、データの背後にあるモデル、すなわち、データを説明する数式そのものは、人間が用意しているという点に注意が必要です。コンピューターの主な役割は、その数式に含まれるパラメーター

を最適化するという部分にあります》

確かに、数年前までは、近い将来、人工知能が人類の知性を凌駕し、人間を支配してしまうといった、根拠の希薄な論調が猛威を振るっていました[20]-[22]。しかし、「ディープラーニング」をはじめ、「人工知能」と呼ばれる技術を実際にビジネスの現場に適用しようとしてみると、その面白さと同時に、問題点が浮き彫りになってきています[23][24]。

そもそも、技術というものは、データを自動的に収集し、何らかの処理（例えばパラメータの最適化）を行うものです。しかしながら、どのようなデータをどのように収集するのか、収集したデータをどのように処理するのかを設計していくのは、すべて、技術を取り扱う主体となる人間にしかできない作業であり、そういった判断を、機械が行うということは（少なくとも現状の技術では）あり得ないと言えます。

とは言え、現代の情報化社会を支える情報技術の発展には目を見張るものがあります。実際に情報技術を専門的に扱ったことのある人でなければ、確かに「情報技術という得体の知れないものが、自分の生活を脅かしている」と感じるのは無理のない話かもしれません。そこで、ここからは、情報技術を実際に使いこなし、新たなサービスを生み出している研究現場の事例を物語風に記述することで、情報技術に馴染みの薄い方々でも、情報技術を身近に感じていただける試みを行ってみたいと思います。これは、架空の物語ではありますが、筆者の経験や見聞をも踏まえた「よくある話」です。

あるスタートアップ企業が、手書きの文字を自動的に学習して認識する「人工知能」を新たに開発していました。Microsoft Word などで作られた文書を管理するクラウドサービスを提供するこの企業では、ユーザーが手書き入力を行うことで、より文書管理の利便性を高めることを目論見て、「人工知能」の研究開発に着手したのです。

学生時代に数学を専攻し、社内の基幹システムの設計・開発の中心的役割を担うエンジニアのサトシは、研究室の先輩であり、現在も大学で、脳の仕組みを模した数学モデルであるニューラルネットワークを研究している助教のクミコに連絡を取り、機械学習のイロハについて手ほどきを受けました。頭の回転の速いサトシは、すぐに技術の肝を理解します。

なるほど、今、注目を集めている「人工知能」の中核技術ともいうべき「ディープラーニング」、その正体は、どうやら一九八〇年代から盛んに研究されていた「ニューラルネットワーク」らしい。最近はグーグルが提供する TensorFlow をはじめとする「ライブラリ」と呼ばれるプログラムの部品のようなものが幾つも存在して、それに対してデータを与えることで、機械学習を行うことができ、精度良く文字を認識するシステムが作れるということらしい。無料のライブラリが簡単に手に入るとは、実に便利な時代になったものだ。それだけではない。システムに学習させるデータも、ライブラリと同様に、多くのものが公開されており、無料でダウンロードできる。これで、素人であっても、ある程度の先人の手ほどきを受けながらであれば、最先端のアルゴリズムを実装できるというわけか。

早速、サトシは手書き文字を認識するアルゴリズムをシステムに実装し、公開されている、手書き文字データベースの一つであるMNIST[25]というものをダウンロードし、自動学習をさせてみました。一昔前は、丸一日かかっていたような機械学習も、今や、お茶を飲んでいる間に完了してしまいます。それも、数十万円ほどの高価なサーバーマシンを利用せずとも、インターネット通販で発注した中古のノートパソコンであっても実現できるというのです。便利な時代になったものです。

さて、データの学習が終わったシステムに、サトシはいよいよ、自分で手書きした数字を読み込ませ、正しく認識するかどうかを確認しました。まずは手始めに、数字の認識を試みました。1、2、3、4、5、6、7、8、9、0、あれ？　何かがおかしい。分析力に優れたサトシはすぐに気付きました。

1から9までは正しく認識するのに、0を認識させようとしたら、どういうわけか「2」という答えが返ってくるのです。これは一体、どういうことでしょうか。

サトシは不思議に思い、学習させた手書き文字のデータを見直すことにしました（図0－1）。すると、「0」という手書き文字と「2」という手書き文字の中に、よく似たものを発見しました。なるほど。世の中、いろんな「0」や「2」の書き方をする人がいます。確かに、ある人の「0」と「2」は区別できたとしても、誰が書いたかわからない文字をすべてごちゃ混ぜにして

図0－1　手書き文字データ（例）

しまったら、ある人の「0」と別の人の「2」が似てしまうというのは、十分にあり得る話なのかもしれません。それだけではなく、人は、手書き文字を見て、前後の文脈を含めて、それが何の文字なのかを判断しています。そうだとすると、誰がどういう文脈で書いたのかがわからなければ、手書き文字を認識するということは、そう容易ではないかもしれません……。

サトシは、ウェブで検索を行い、同じような悩みにぶつかっている人がいるかどうかを調べ、そこで紹介されている幾つかの論文を読んでみました。すると、確かに、誰がどのような文脈で書いたかを機械に判断させることは、そう容易ではないことがわかってきました。勿論、世の多くの研究者たちは、幾つもの対処方法を既に考案しています。その王道は、文字の前後関係まで含めて学習するというものです。例えば、ベイズ推定という考え方を使えば、前の文字がどのような文字だったときに、どのような文字が出現する確率が高いかを、学習させたデータから計算することができます。[26][27]これによって、前後の文字との確率的な関係を使って、文字認識の精度を高めていくことができます。なるほど、確かに、当初、自分の思い描いていたような、文脈のようなものを使って、機械が認識を行うという仕組みに近いようです。ただ……。サトシの頭の中は少しモヤモヤしていました。

出現確率を学習することは、本当に、私たち人間が頭の中で行っている、文脈から予測するというやり方と同じなのか？

特に、数字の場合、1の後に2が来るのか3が来るのかなど、過去のデータの統計を見ただけで判断することは容易ではないかもしれません。確かに、この手法を使うことで、多少は確率が上がる可能性はあるでしょう。しかし、それで自分が書いた、自分の目には明らかに異なる「0」と「2」を区別することが、本当にできるようになると言えるのでしょうか。

サトシは、人間には簡単にこなせてしまうことが、何故、機械を使うと、「確率」という、ブラックボックスに包まれたようなものに頼らないといけなくなるのかという疑問にぶつかりました。まるで、視界がきかない暗闇の中を、サイコロを振りながら歩かされているような感覚に、サトシは陥り始めたのです。前が見えない暗闇であったとしても、私たち人間は、音や触覚など、ありとあらゆる情報を頼りにして、前に進んでいくことができます。過去に学習したデータとは関係なく、今、目の前で起こっている事実を、豊かな五感を使って環境とコミュニケーションすることで、掴みとっていきます。翻って、機械学習のやり方はどうでしょうか。そこで何かにぶつかろうが、過去に「前に進む」という動作を行った確率が高ければ前に進んでしまいます。今、目の前で起こっている事実を掴むために、どうしてサイコロを振らなければならないというのでしょうか。

サトシは、苛立ちを覚えながら、認知心理学の文献を読み、人間の認識能力の豊かさを知り、機械のそれとの違いに愕然としてしまいました。

そして、しばらく認知心理学の勉強に没頭した後、現実に立ち戻りはじめました。今、サトシの置かれている立場は、営利企業の中での研究開発。その企業が目指しているのは、今、自社のサービスを利用しているユーザーの方々に、よりよいサービスを提供することです。認知心理学の分野、そして、それに関連する分野は多岐に渡り、非常に興味深いものではありますが、今のサトシ自身のミッションは、機械学習を使って、よりよいサービスを提供する方法を考案し、企画にまとめ、システムに実装して提供することです。

勿論、機械学習にも有用な点は数多くあります。一〇〇%の認識を実現するシステムを設計するのは骨が折れる作業ですが、九〇%程度の認識率であれば、ある程度の労力で実現できてしまいます。この「ある程度の認識率」を使って、過去の手書きドキュメントの検索を、全自動で行うのではなく、現状、すべて人手で行っている作業の効率化に役立てられるような方法はないだろうかと、サトシは考え始めました。

サトシの脳内は高速回転をはじめ、社内の営業部に勤務する同期のツヨシとディスカッションをはじめました。サトシの話を聞いたツヨシは「そういう用途であれば、困っているお客様はたくさんいるぞ!」と言って、顧客リストの洗い出しと共に、営業提案資料の作成をサトシと共にはじめ、新しいサービスの立ち上げに動き出したのです。

さて、サトシの物語自体は、架空のものではありますが、こうした物語は、「人工知能」の研究開発を行うスタートアップ企業の中では日常の光景です。人間と機械との違いというものは、「人工知能」と呼ばれる技術の数々に、実際に触れてみてはじめて理解できるものなのかもしれません。

さらに言うならば、人類の技術開発の歴史というものは、生命と技術との対話の歴史と言えるかもしれません。生命としての人間の生活が最初にあり、その生活を豊かにする目的から技術開発が行われました。そして、そのようにして作られた技術が如何に生命と乖離しているかを実感し、そこから何らかのヒントを得て新たな技術が作られていく。こうした循環の歴史の中に、私たちは生きているのかもしれません。本書は、こうした科学技術や、それを支える物理や数学が、生命と共に進化してきた歴史を辿って行きます。科学技術と生命との対話の中にこそ、科学技術文明の未来があるというのが、筆者の持つ思想です。

序章　参考文献・参考ウェブサイト

[1] 日端康雄『都市計画の世界史』講談社現代新書（2008）
[2] 梅棹忠夫『文明の生態史観』中公文庫（1998）
[3] 渡部昇一他『国家の盛衰　3000年の歴史に学ぶ』祥伝社新書（2014）
[4] ジャレド・ダイアモンド（楡井浩一訳）『文明崩壊（上）滅亡と存続の命運を分けるもの』草思社文庫（2012）
[5] ジャレド・ダイアモンド（楡井浩一訳）『文明崩壊（下）滅亡と存続の命運を分けるもの』草思社文庫（2012）
[6] 村川堅太郎他『ギリシア・ローマの盛衰　古典古代の市民たち』講談社学術文庫（1993）
[7] 「下水道の歴史」国土交通省（2009.01.30）http://www.mlit.go.jp/crd/sewerage/rekishi/index.html
[8] 「平成20年版　環境／循環型社会白書」環境省（2008.06.03）https://www.env.go.jp/policy/hakusyo/h20/index.html
[9] 長谷川堯『生きものの建築学』講談社学術文庫（1992）
[10] 「アリ塚と空調、自然に学ぶエネルギー」NATIONAL GEOGRAPHIC（2012.04.27）http://natgeo.nikkeibp.co.jp/nng/article/news/14/5970/
[11] 「ノースウッズの森へ：第35回　ビーバー（前編）」NATIONAL GEOGRAPHIC（2012.10.30）http://natgeo.nikkeibp.co.jp/nng/article/20121026/328279/
[12] 「ノースウッズの森へ：第36回　ビーバー（後編）」NATIONAL GEOGRAPHIC（2012.11.13）http://natgeo.nikkeibp.co.jp/nng/article/20121109/329987/
[13] 松田雄馬『人工知能の哲学　生命から紐解く知能の謎』東海大学出版部（2017）
[14] 井上晴樹『日本ロボット創世紀 1920～1938』NTT出版（1993）
[15] 『昭和7年朝日年鑑　科学知識欄　人造人間』朝日新聞社（1932）
[16] ジャン＝ガブリエル・ガナシア（伊藤直子他訳）『そろそろ、人工知能の真実を話そう』早川書房（2017）
[17] 羽生善治他『人工知能の核心』NHK出版新書（2017）
[18] 斉藤康己『アルファ碁はなぜ人間に勝てたのか』ベスト新書（2016）
[19] 中井悦司『TensorFlowで学ぶディープラーニング入門　畳み込みニューラルネットワーク徹底解説』マイナビ出版（2016）

[20] レイ・カーツワイル（小野木明恵他訳、井上健監訳）『シンギュラリティは近い　人類が生命を超越するとき』ＮＨＫ出版（2016）

[21] レイ・カーツワイル（小野木明恵他訳、井上健監訳）『ポスト・ヒューマン誕生　コンピュータが人類の知性を超えるとき』ＮＨＫ出版（2007）

[22] 松田卓也『２０４５年問題　コンピュータが人類を超える日』廣済堂新書（2012）

[23] 「ＧｏｏｇｌｅのＡＩのトップは曰く、人工知能という言葉自体が間違っている、誇大宣伝を生む温床だ」TechCrunch Japan（2017.09.20）http://jp.techcrunch.com/2017/09/20/20170919googles-ai-chief-thinks-reports-of-the-ai-apocalypse-are-greatly-exaggerated/

[24] 「ＡＩに〝期待しすぎた〟ソフトバンク　身をもって実感した、ＡＩの企業導入を成功させるコツは」ITmedia NEWS SPECIAL（2017.08.07）http://www.itmedia.co.jp/news/articles/1708/07/news009.html

[25] "THE MNIST DATABASE of handwritten digits" Yann LeCun's website　http://yann.lecun.com/exdb/mnist/

[26] Ｃ・Ｍ・ビショップ（元田浩他訳）『パターン認識と機械学習　上』丸善出版（2012）

[27] Ｃ・Ｍ・ビショップ（元田浩他訳）『パターン認識と機械学習　下』丸善出版（2012）

第一章

人工生命、そして、人工社会とは何か

科学技術は、「人工知能」を超え、生命を、そして社会をも、人工的に作ろうとしています。「人工生命」という研究分野は、まさに、生命の人工的な実現を目指すものであり、現在、注目が集まっています。本章では、人工生命についての理解を深め、科学技術の限界と可能性について、模索していきます。

一九五八年、人工知能という言葉が世に誕生して間もない頃、人工知能の研究者であったアメリカのハーバート・サイモンとアレン・ニューウェルは、次のような予言をしました[1][2]。

「一〇年以内にデジタルコンピュータはチェスの世界チャンピオンに勝つ」
「一〇年以内にデジタルコンピュータは新しい重要な数学の定理を発見し証明する」

また、一九七〇年、人工知能の父と呼ばれる認知科学者マービン・ミンスキーは、次のような予言をしました[3]。

「三年から八年の間に、平均的な人間の一般的知能を備えた機械が登場するだろう」

実際、一九九六年に、チェスの分野では、ディープ・ブルーと呼ばれるIBM社のスーパーコンピュータが、当時の世界チャンピオンであるアゼルバイジャンのガルリ・カスパロフに勝利しました。このことから、三〇年という時間のずれこそあったものの、サイモンとニューウェルの予言は現実のものとなったと言ってよいかもしれません。しかしながら、重要な数学的定理の発見であったり、一般的知能といったものは、二〇一八年の現在であっても未だに実現されているとは言い難い状況です[4]-[6]。

コンピュータ(電子計算機)というものが発明されてから現代に至るまで、多くのコンピュータ・サイエンティストたちは、コンピュータの性能を向上させ続けることによって、やがては人間の知能を凌駕するものを生み出したいという夢を抱いてきました。サイモンやニューウェルの予言もまた、そうした文脈の中で行われたと言えます。確かに、科学技術の発達は、私たち人類が抱く、多くの夢物語を現実にしてきました。「空を自由に飛びたい」という夢物語は、飛行機の発明によって実現され、「世界を自由に見て廻りたい」「世界中の人と友達になりたい」という夢物語もまた、移動手段や通信手段の発明によって、実現されてきました。しかしながら、人間の「一般的知能」というものの実現は、コンピュータの性能を、単純に向上させていくだけで達成できるものなのでしょうか。人工知能の研究者たちは、長い歴史の中で、常に、この問題と向き合ってきました。

一九九〇年代に入ると、知能を持つコンピュータの実現を目指す研究は、一つの転機を迎えます。「下等生物」と呼ばれていた生物種の動きの中に、人間と同等の、或いはそれ以上の、「知能」が次々に発見されたのです。[7-17] 一九九二年、イタリアのコンピュータ科学者であるマルコ・ドリゴが発見した働きアリの社会システムは、その代表例と言えます。[8] 働きアリというものは、その一匹一匹自体は、高度な知能を持っていないかもしれません。しかしながら、彼らは群れとして協力的に行動することで、餌を効率的に探索し、いち早く最短経路を見つけ出すことができます。また、シロアリの持つ知能も注目に値します。シロアリは、分類学上はアリとは異なるゴキブリに近い種ですが、群れの力で高度な知能を実現するという意味では、働きアリに近いものがあります。シロアリは、人間の建築技術をもってしても再現するのが難しいような複雑で効率的な地下都市を、群れの協力行動によって建設すると言われています[18]。

働きアリやシロアリは、群れとしての協力行動によって、高度な知能を実現しているのです。考えてみると、人間に関しても、同様のことが言えるかもしれません。人間一個体というものは、六〇兆の細胞が同居する、大きな村のようなものだと考えることもできます。一つ一つの細胞は、とても頼りない、ともするとすぐに死んでしまうようなものです。機械部品のように工場で品質が管理されているわけでもありませんから、不揃いで、優れた動作ができる者もいれば、そうでない者もいることでしょう。しかしながら、そうしたバラバラで頼りない者の多い細胞であっても、協力して行動することで、私たち人間は、高度な知能を実現しています。そのように考えると、生物の知能、そして、人間の知能の謎が解明されるかもしれません。

もし、生物を観察することで、知能の謎が解明されるとすれば、何が起こるでしょうか。知能の謎が解明され、生物が知的な振る舞いを行う仕組み、すなわちメカニズムが明らかになれば、それを、コンピュータを使って実行することが可能になります。コンピュータ上で人工的に生命を作ることができれば、すなわち、「人工生命」を創り出すことができれば、コンピュータ上で生命が進化していくことで、高度な知能を持つ「人工知能」が誕生するかもしれません。さらに言うならば、そのような「人工知能」が生まれれば、それらがコンピュータ上で独自の「社会」を創り出す、すなわち、「人工社会」が生まれるかもしれません。

コンピュータ上に「人工社会」を創り出すことができると、何が実現できるようになるのでしょうか。人工社会では、今、社会の中で起きている様々な「社会現象」を再現できるかもしれません。経済成長やその崩壊の様子、噂の伝播やブーム、戦争の起こる原因などを突き止められるかもしれません。こうした社会現象は、一人の人間心理が原因で引き起こされることも少なくなく、人間の知能を再現する「人工知能」の研究の延長線上に、その解決の糸口が見つかる可能性も十分に考えられるのです。

こうした様々な背景から、人工知能の研究は、「生物」の領域に影響を受けながら、発展してきました。すなわち、人間の知能を人工的に実現する「人工知能」の研究は、人間を含む「生命」の知能を実現する「人工生命」の研究へ、徐々にその裾野を広げていったと言えます[19]-[24]。

生命を人工的に創り上げるためには、生命とは何かを知らなければなりません。こうして、コンピュータ科学者は、生物学に学び、「生命とは何か」といった根源的な課題と向き合いながら、その知見をもって、コンピュータ科学を更に発展させるという歴史を辿ってきました。そして、「人工生命」は、コンピュータ科学の発展と相互作用しながら、その裾野を「人工社会」にまで拡大しているのです。

それでは、そうした「人工生命」の研究の歩みを俯瞰することによって、コンピュータ科学が生物の影響を受けながら発展してきた物語を読み解いていきましょう。

「人工生命」とは何か

人工生命の研究は、二〇世紀の終わりに、アメリカで本格的に注目を集めるようになりました。

一九八七年に、アメリカのロスアラモス国立研究所にて、人工生命に関する第一回国際学会が開催されました。"International Conference on the Synthesis and Simulation of Living Systems"という学会で、通称、「Artificial Life I（人工生命I）」と呼ばれる国際学会です。これを皮切りに、「人工生命」は、多くの分野の研究者に注目されるようになりました。この国際学会のオーガナイザーであるクリストファー・ラングトンは、人工生命という研究分野を、次のように定義しています。[24][25]

《人工生命は、自然の生きているシステムに特徴的な振る舞いを示す人工システムの研究である。地球上で進化した特定の例に限定されずに、あらゆる可能な出現においての生命を説明する探究である。最終目標は生命システムの論理形式の抽出である》

つまり、人工生命の研究対象は、実際に地球上に生きている生物に限らないのです。過去に誕生して絶滅した生物は勿論のこと、地球上には存在しないけれども、ひょっとしたら宇宙のどこかにいるかもしれないような、論理的に生物として存在することが可能な、存在し得る「生命」というものすべてを対象にします。そうした存在し得るすべての「生命」を視野に入れたうえで、「生命とはこういうものだ」という確たる理論を見出すことを最終的な目標としています。

そうは言っても、コンピュータ科学者にとっても、「生命とは何か」に答えることは、容易なことではありません。コンピュータ科学者は、生命を、分析的に（要素還元的に）理解するのではなく、システム全体として作ってみることで理解する構成主義という考え方に代表される、「全体論」というアプローチによって、その謎に迫ってきました。

たとえば、ロボットを設計し、それらにサッカーを行わせて競わせる「ロボカップ[26]」のような例が、人工生命の例としてわかりやすいかもしれません。コンピュータ上で、或いは、ロボットのような人工物を作って、物理的に動かしてみることで、「生命とは何か」を探求していくといった方法が、人工生命という研究分野において多く採用されてきました。

実は、こうした人工生命に関する研究は、二〇世紀末に突然始まったわけではありませんでした。コンピュータ（電子計算機）というものが発明される遥かに以前から、研究者の頭の中で、試行錯誤が繰り返されていました。その発端とも言える研究は、一九四〇年代に遡ります。まだ、私たちが現在、当たり前のように使っている「半導体」というものが世に出る以前の、コンピュータというものが、登場したばかりの頃の話です。この時代に、コンピュータ上に、「細胞」を作り出し、それが自分自身で子孫を増やすというプログラムが考案されました。それは、コンピュータ上の「細胞」に、「自己増殖」する仕組みを与えてやれば、「細胞」がコンピュータ上で勝手に進化を始めるのではないかというプログラムの設計思想から、「セル（細胞）・オートマトン（自動機械）」と呼ばれます。

ここからは、時間を一九四〇年代に巻き戻し、セル・オートマトンという、コンピュータの中で、「セル（細胞）」が自己増殖する仕組みの研究を見ていきましょう。それによって、生命の何がわかったのかを、探っていきましょう。

「生命」が創った「万能コンピュータ」

一九四〇年代、細胞の自己増殖と進化を、コンピュータ上で行う試みがアメリカを中心に始まりました。現在のコンピュータの基礎を築き上げたハンガリー出身の数学者ジョン・フォン・ノイマンと、ポーランド出身の数学者スタニスワフ・ウラムによる実験です。彼らの行ったことは、細胞が変化（成長、進化）していく仕組みを、人工的に再現する試みです。実験室のシャーレで細胞を増殖させるのと同じ様子を、コンピュータ上で実現しようとしたのです[27]-[32]。

「セル・オートマトン」と呼ばれるその試みは、真っ白のコンピュータの画面上に、ピクセルで表された「生命」の核を作り、あるルールに従って、「自己増殖」を行うという仕組みで、生命の自己増殖を再現しようというものでした。ルールというのは、その世界において生命が増殖するための法則です。コンピュータ上で行うため、そのルールは、「隣に黒があれば黒になる」「両隣が白なら白になる」といったように、自由自在に決めることができます。そして、ある一定のルールに従った場合、「セル（細胞）」たちはまるで生命のような興味深い挙動を示すことがわかってきたのです。

セル・オートマトンの興味深さに気づき、そこに、生命を感じたノイマンらの感覚を少しでも分かっていただくために、まずセル（細胞）が自己増殖するルールの一例を見てみましょう（図1-1）。セル・オートマトンにおいては、あるセル（画面のピクセル）とその両隣が何色かによ

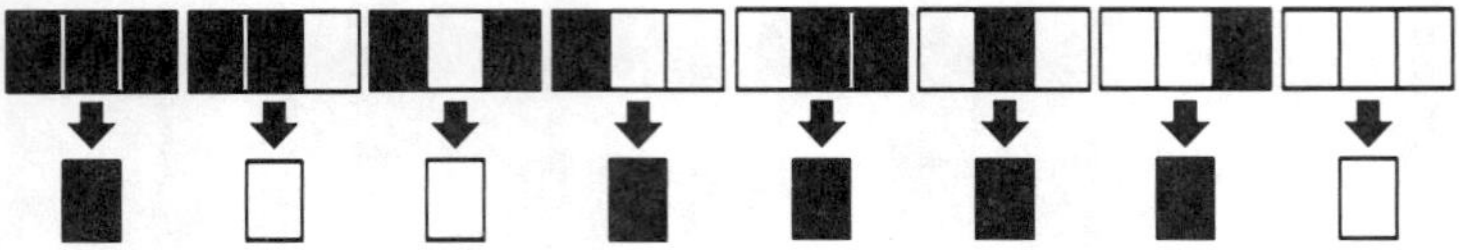

図１－１　「セル・オートマトン」の自己増殖ルールの一例　あるセル（画面のピクセル）とその両隣が何色かによって、次の自分の状態を決定する。例えば、左から一番目に記載されているルールは「自分とその両隣のすべてが黒であれば、次の自分の状態は黒」というルールであり、左から二番目のルールは「自分と自分の左側が黒、そして自分の右側が白であれば、次の自分の状態は白」というルール。

って、次の自分の状態を決定します。例えば、左から一番目に記載されているルールは「自分とその両隣のすべてが黒であれば、次の自分の状態は黒」というルールであり、左から二番目のルールは「自分と自分の左側が黒、そして自分の右側が白であれば、次の自分の状態は白」というルールです。そして、このルールに則って、自己増殖を行ったものの一例を、図１‐２に示しています。[29] これは、時刻０の初期状態から、図１‐１に記載のルールに従って、それぞれのセルの状態を変化させた様子を示しています。時刻０では、中心のセルのみを黒にし、それ以外を白にしました。すると、中心のセルは図１‐１の右から三番目のルールに従って黒と決定し、中心の両隣のセルは図１‐１の右から二番目と五番目のルールに従って黒と決定します。それ以外のセルは、図１‐１の右から一番目のルールに従って白と決定します。こうしたセルの変化を、時々刻々と行っていくと、すべてのセルの状態が徐々に変化し、生物のように増殖していく様子を見ることができます。

　このような仕組みで動作するセル・オートマトンは、コンピュータ（電子計算機）の普及に伴って、注目されるようになっていきました。そして、その中で注目すべき発見が、一九八二年、人工生命という分

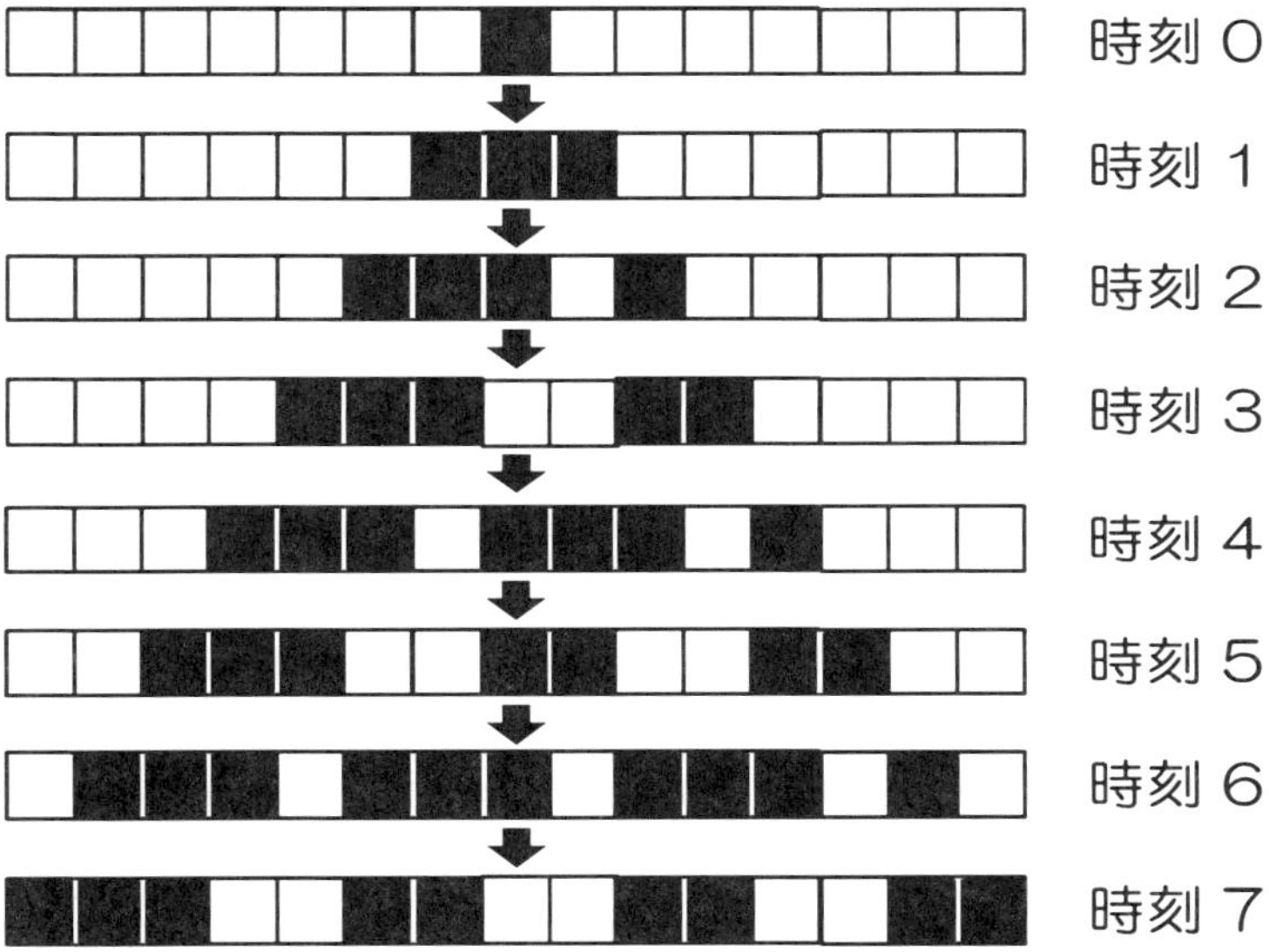

図１－２　「セル・オートマトン」の自己増殖の一例　時刻０の初期状態から、図１－１に記載のルールに従って、それぞれのセルの状態を変化させた様子を示す。時刻０では、中心のセルのみを黒にし、それ以外を白にした。すると、中心のセルは図１－１の右から三番目のルールに従って黒と決定、中心の両隣のセルは図１－１の右から二番目と五番目のルールに従って黒と決定、それ以外のセルは、図１－１の右から一番目のルールに従って白と決定する。こうしたセルの変化を、時々刻々と行っていくと、すべてのセルの状態が徐々に変化し、生物のように増殖していく様子を見ることができる。

野の創始者でもあるイギリスの論理物理学者スティーブン・ウルフラムとアメリカのコンピュータ科学者クリストファー・ラングトンによってもたらされました[29][33]。彼らは、セル・オートマトンを観察していくうちに、その増殖の様子には、単なるランダムではない、規則性があるということを発見しました。複雑怪奇なパターンの増殖をしているようにも感じられるその「生命」は、実際は、僅かに四通りのパターンに分類できるということがわかってきたのです。その四通りのパターンを、ウルフラムらは、「クラス」と名付けました。その四通りのクラスというのは、次の通りです。

クラス1：リミット・ポイント
時間が経つと、動きがまったくなくなってしまうパターン

クラス2：リミット・サイクル
周期的な動きを繰り返すパターン

クラス3：ストレンジ・アトラクター（カオス）
でたらめに見える模様が出現するパターン

クラス4：カオスの縁
複雑なパターン

時間が経つと動きがなくなり、「絶滅」してしまうようなパターンを示すクラス1と、増えたり減ったりをリズミカルに繰り返すようなパターンを示すクラス2は、比較的単純な挙動を示すものと考えられました。そして、でたらめに近い挙動を示すクラス3は、「カオス」と呼ばれ、

図1－3　「セル・オートマトン」の四つの「クラス」　クラス１は、時間が経つと動きがなくなるパターンである。これは、物体が高いところから低いところに落ちていき、やがて動きを止めてしまう（エネルギーが散逸してしまう）様子を示していると言われる。クラス２は、周期的な動きを繰り返すパターンである。バネなどの振動や、地球の自転や公転などの周期的な動きに近い様子を示していると言われている。クラス３は、でたらめに見える模様が出現するパターンであり、「カオス」と呼ばれる。クラス４は、周期的な動きでも、でたらめでもないパターンであり、「カオスの縁」と呼ばれる。

単純な法則に従っているにもかかわらず、予測ができない複雑なパターンであると考えられました。「カオス」とは、ちょっとした出来事の変化が、未来に予測もできないような大きな影響を与える現象のことで、気象の変化など、私たちの日常の至るところで見られるものです。まったく予測ができないということから、でたらめのように感じられます。

そして、ウルフラムらは、こうしたでたらめに近い領域であるクラス3と、単純な領域であるクラス1、2との間に、興味深い領域を発見しました。それは、周期的な動きとも言えない、かと言って、ランダムな動きとも言えない、不可思議な領域でした。その領域には、機械的な、同じ動きの繰り返しではない、逆にまったくランダムというわけでもない、まるで、「生命」を見ているような、「自己増殖」の様子を見ることができたのです。こうした予想のできない動きを見て、多くの研究者は、「これが生命の根源ではないか」と期待を寄せるようになりました。そして、この領域を「カオスの縁」と呼び、ここに「生命」の根源を示す現象があるに違いないと躍起になったのです。[28][29]

この「カオスの縁」は、クラス1や2のように、黒の密度が過疎状態でも、クラス3のように過密状態でもない、絶妙なバランスの上に成り立っており、それが「生命」のようだというのが、当時の研究者たちの見解であり、驚きでした。そして、ウルフラムとラングトンは、この「カオスの縁」と呼ばれるクラス4の領域について研究を進めた結果、一つの興味深い事実を発見しました。カオスの縁に見られる自分自身の複製を作る性質をうまく使うことによって、「計算万能性」が示せるというのです。これは、当時の研究者にとっては驚くべきことでした。

「計算万能性」という概念は、「生命」だけでなく、生命の知能を人工的に実現しようと試みる「人工知能」の研究分野では、非常に重要な概念であり、すでに多くの研究者によって、熱心に研究されていました。「計算万能性」とは、どんなものでも計算できる能力であり、人間の持つ「論理的思考」に通じるものがあると考えられていました。つまり、生命の中で最も優れていると考えられる人間の「知能」の働きの中でも、最も優れていると考えられる「論理的思考」が、人工的に実現できるかもしれないという、夢のある概念でした。

計算万能性は、「人工知能」という言葉が誕生する遥かに昔、一七世紀のドイツの数学者ゴットフリート・ライプニッツが、人間の思考や推論という「知能」を代替する「思考機械」の実現を目指して以来、多くの数学者が夢見た概念です。「計算万能性」を持つということは、人間が行うあらゆる論理的な思考（推論）ができるということです。すなわち、計算万能性を持つ機械が実現すれば、人間は論理的な思考を行うことなく、それを機械に代替させて暮らすことができるようになるということです。ウルフラムとラングトンの示したことは、まさに、「カオスの縁」が計算万能性を持つということでしたから、「カオスの縁」の発見は人間の論理的思考（推論）が代替できる「万能計算機」実現の可能性を示唆するものでした。

ここまでの議論を振り返りますと、シャーレの中で細胞を増殖させることをコンピュータ上で実現しようとしたセル・オートマトンの試みは、「カオスの縁」の発見により、「計算万能性」という概念に帰着していったとまとめることができます。このまとめが正しいとすると、セル・オートマトンの研究は、元来は「生命」をコンピュータ上で再現することを目指したものであったとしても、その帰着した先は、「生命」の研究とは異なるところだったと言えます。このことを理解するために、「計算万能性」について、少し補足しておきます。

「計算万能性」という性質は、現在私たちが用いている「コンピュータ（電子計算機）」を支える性質であり、これがなければ、プログラミング言語によって記述したプログラムを、コンピュータが実行することはできないと言える重要な性質です。プログラミング言語で記述するあらゆるアルゴリズム（計算手順）を実行できることを保証するのが、「計算万能性」です。この性質は、現在、コンピュータを空気のように当然のものとして利用している私たちには、感じづらい性質かもしれません。しかしながら、コンピュータが発明される以前には、「計算万能性」を保証することがそもそも可能なのかどうかが中心的な問題であり、それを解決することこそが、コンピュータを発明するということを意味していました。すなわち、「計算万能性」の研究によって、コンピュータは発明され、発展していったと言えるのです。したがって、「計算万能性」そのものは、コンピュータ科学にとって重要なトピックであることは間違いありません。しかしながら、本来、セル・オートマトンの研究が目指した、コンピュータ上で「生命」を創り出すという試みは、結果として実現しませんでした。セル・オートマトンの研究は、結局のところ、「計算万能性」にのみ帰着し、「生命」の本質を探る研究とは、関わりを持たなくなっていきました。セル・オートマトンの研究を行うだけでは、「生命」の謎に迫ることはできなかったのです。

それでは、「生命」をコンピュータ上に実現する「人工生命」の研究は、この「セル・オートマトン」の研究だけで終わってしまったのでしょうか。当然、多くの研究者が躍起になった「人工生命」の分野が、これだけで終わってしまうはずがありません。アルゴリズムさえ与えれば、何でも計算できるのがコンピュータならば、生き物の仕組みを理解することによって、「生命のアルゴリズム」を見つけ出すということは、不可能ではないはずです。コンピュータ科学者の中には、生き物を観察することによって、「生命のアルゴリズム」の実現にチャレンジしてきた人は、少なくありません。ここからは、実際の生き物の挙動に学ぶことによって、コンピュータのアルゴリズムを洗練させていった研究の歴史を見ていきましょう。

生物の「群れ」に見る高度な「知能」

現在、私たちが日常的に利用している電子計算機（コンピュータ）は、人間がどんな計算をするかをコンピュータに教えさえすれば（アルゴリズムさえあれば）、どんな計算でも行うことのできる計算万能性を備えています。しかしながら、どんな計算をするのかを示すアルゴリズムに関しては、人間が教えなければなりません。アルゴリズムなしには、何もできないというのが、現在のコンピュータの実際の姿です。

そうしたアルゴリズムを発展させる上で興味深い現象が、生物の「群れ」の中に発見されました。「下等生物」と呼ばれていた生物種は、一匹一匹は高度な知能を持っていないにもかかわらず、群れとして協力行動を行うことで、高度な知能が実現されているというのです。[13][14]、[34]-[37]「群れ」を理解するということは、六〇兆の細胞が同居する一種の「群れ」である私たち人間を理解するうえでも興味深いと言えます。「群れ」による知能、すなわち「群知能」とはどのようなものなのでしょうか。

群知能（Swarm Intelligence）とは、群れの協力行動によって実現される高度な知能です。[8] そして、群れのもつ高度な「知能」を解き明かし、コンピュータ上で実現できるアルゴリズムに落とし込むことで、コンピュータ科学の世界もまた、進歩しています。こうした群知能の代表例として、まず、ミツバチが最適な場所に巣を作る仕組みを見ていきましょう。

ミツバチは、春の終わりから夏のはじめにかけて、巣に収まり切らないほど個体の数が増えるので、新たな家を探し始めます。いわゆるミツバチの家探し（分蜂《ぶんぽう》）です。一万五〇〇〇匹ほどのミツバチの群れが、一斉に引っ越しを行います。この引っ越しは、ミツバチにとっては種の繁栄に欠かせないものであると同時に、大きな問題をはらむものでもあります。地面に近い場所を選んでしまうと、天敵に襲われるリスクが高まる一方で、天敵のいない場所を選んだからといって、天候のリスクなど、考慮すべき様々な問題がつきまといます。さらに、一度新たな巣を決めてしまうと、一年間は引っ越すことが難しいという問題もあります。一回で、ベストなロケーションを選ばなければならないのです。こうした難しい問題に、ミツバチは、「8の字ダンス」を使って協力しあうことで、対処しています。

群れから飛び立った偵察バチは、巣作りにちょうどよい場所を求めて周囲を偵察します。それぞれの偵察バチは、特別な能力を持っているわけではなく、ただ、周囲を偵察するのが仕事です。

周囲を偵察して巣に戻ってくる偵察バチは「8の字ダンス」を使って、どの方向に、どれくらい魅力的な場所を見つけたかを報告します[38]。その場所が魅力的であればあるほど、ダンスを長く続けます。そうすると、面白いことが起こるのです。

最初のうちは、ばらばらに偵察していたハチの群れは、他のハチのダンスを見て、魅力的な場所をより頻繁に偵察するようになるのです。魅力的な場所を見つけたハチのダンスを見たハチがその場所に行き、そのハチが帰ってくると、ダンスをしてその場所の情報を伝えます。それを繰り返しているうちに、魅力的な場所を訪れるハチの数がどんどん増えていきます。こうしているうちに、それぞれのハチは、ただ魅力的な場所をダンスで伝えているだけにもかかわらず、いつの間にか、最も良い場所に、群れが集まるようになります。群れの力で、最適な場所を見つけられるのです。

このような、最適な場所を探索するような問題は、数学では「最適化問題」と呼ばれます。最適化問題とは、迷路のスタートからゴールまでの最短経路を導き出すような問題です。迷路の中を辿っていても、全経路を探索しないと、どの経路が最適かがわかりません。それでも、経路が少ないうちは、全経路を探索すれば最短経路は見つけられますが、経路の数が膨大になると、最短経路を求めるのは、事実上、不可能になってしまいます。このように、最適（最短）経路を求める問題に代表される「最適化問題」は、一般的に、解くのが難しいということがわかっています[39]-[42]。しかしながら、ミツバチは、「最適化問題」を群れの力で巧みに解決します。群れで協力しあうことで、計算することなく、難しい数学的問題を解決してしまうのです。

群れの力によって引き出される、難しい問題を解決できるほどの高度な「群知能」は、ミツバチのみならず、鳥や魚、アリの群行動など、生態系の様々な場所で確認されています。さらに言うならば、人間をはじめとする多細胞生物という個体もまた、「細胞」という一個体が集合してできた、一つの「群れ」と見ることはできないでしょうか。人間の脳は、一二〇億の神経細胞からなる「群れ」であり、人間の身体は、六〇兆の細胞からなる「群れ」であると考えることもできます。

このように、「群れ」という観点で、私たちの知能を捉えなおしてみると、高度な知能への理解に一歩近づくのではないかという期待が、一九九〇年代前後、コンピュータ科学者の間で高まり、「群知能」をコンピュータ上で再現し、高度な知能を実現しようという動きが活発化しました。ここからは、そういった「群知能」をコンピュータ上で再現することによって最適化問題という数学的問題を解くことが、どのようなことに役立つのかを見ていきましょう。

「群知能」が達成した「最適化」とは何だったのか

動物の世界の群知能を見ていると、人間社会の問題の解決の糸口を見いだせることが多々あります。イタリアのコンピュータ科学者であるマルコ・ドリゴは、一九九二年、アリの群れをコンピュータ上で再現することによって、「蟻コロニー最適化（Ant Colony Optimization: ACO）」と呼ばれる、目的地までの最短距離を求めるアルゴリズムを発明しました。[46][47] ハチの群れが家探しをする方法に極めて近いアルゴリズムです。

さらに、ドリゴは、蟻コロニー最適化を用いることによって、「巡回セールスマン問題（Traveling Salesman Problem: TSP）」と呼ばれる最適化問題を解く方法を考案しました。[48] 巡回セールスマン問題とは、都市の中で、セールスマンが、どのようにすれば最も効率的に目的地全てを訪問できるかを計算する問題です。例えば、今、あなたが、地域の飲食店を掲載するフリーペーパーを企画するセールスマンだとして、地域の飲食店三〇店舗を効率よく巡りたいと考えていたとします。このときに、ドリゴは、地図上の飲食店の場所に、アリの餌の砂糖を配置し、アリに辿らせるのと同じ方法によって、セールスマンであるあなたが辿る最適な経路を導く方法を考案したのです。

巡回セールスマン問題のように、最短経路を求める問題は、「最短経路探索問題」と呼ばれます。最短経路探索問題は、実世界の至るところで見られる問題であり、これを解くことは、私たちの生活する「都市」を設計する「街づくり」そのものと言ってよく、国土交通省をはじめとする省庁や、地方自治体は、この問題に取り組みながら、適切な街づくりを行っています。

個人のレベルであっても、最短経路がわかれば、どのように行動すべきかがわかります。例えば、電車で移動する際、どの駅で乗り換えをすれば最も早く目的地に着けるかを計算するのは、最短経路探索の典型例です。もちろん、電車だけでなく、バスやタクシーや飛行機といった交通手段をどのように組み合わせるべきかという計算も、最短経路探索によって行うことができます。

ここからさらに都市全体としても、どのような鉄道やバスのネットワークを設計すれば良いのかが計算できるようになります。都市計画というものは、このようにして作られているのです。人の流れや物の流れが計算できるようになれば、交通信号をどのように制御すれば人の流れを阻害しないように交通整理できるのか、避難経路をどのようにすべきか、混雑を緩和するためにはどの道路をどのように広げれば良いか、どのような街づくりをすれば観光業を盛り上げることができるのか、といった、大きな視点からの都市デザインができるようになります。

最短経路探索は、人の流れや物の流れだけでなく、商品の配送・集荷のスケジューリング、電力の配電網の敷設、インターネットのパケット配送経路の計算、水道の配管設計、スーパーマーケットなどでの商品の陳列やレイアウトの改善など、多岐に渡る分野で活躍しています。時々刻々と変化していく最短経路を、アリやミツバチのような「群知能」と同様の仕組みで探索できる方法は、特に、発展途上国など、変化の激しい都市のデザインに役に立つのではないかといわれ、注目されています。

最短経路探索の活躍の場は、都市計画に留まりません。囲碁を打ち、将棋を指す「人工知能」と言われるアルゴリズムも、広い意味で、最短経路探索のような、最適化問題を解いているのです。「最適化」とは、わかりにくく表現すると「ある条件」において「最適」な状態を「数理的に」求めることであり、わかりやすく概念的に言い換えると、「迷路の近道を見つけること」です。囲碁や将棋などのゲームで、「勝利への道」を見つけることも、「最適化問題」なのです。

しかしながら、最適化問題の難しいところは、適した答えが一つではなく、それもバラバラに点在している場合も多いので、最適解を見つけるのが容易ではないということです。将棋で、序盤の一手がその後の展開を大きく狂わせるのと同じように、少しでも道筋が異なると、最適解とはかけ離れていくことは少なくありません。こうしたことから、最適化問題の研究の歴史は、最適解を見つけることそのものというよりも、むしろ、「最適解をどのようにして見つけ出すか」を研究してきた歴史だと言えます。

そうした長い研究の歴史を経て、囲碁や将棋などの分野において、「最適な勝ち方（勝利までの最短の打ち方）」は未だわかっていないものの、どういった打ち方をすれば、より勝利へ辿り着きやすいかが徐々に明らかになってきました。これまでの棋譜を学習させることにより、「確率的に」最適解に近づくようになり、人間を凌駕したロボット棋士が誕生するようになったのです。

このように、最適化の手法を用いることで、現実の様々な問題が、解決可能になってきました。歴史的に、囲碁や将棋といったゲームにおいて「勝利までの道筋」を計算することは、その組み合わせの多さから、最も難しい問題の一つであるとされてきました。しかしながら、これらが解かれたことで、最適化問題への関心が高まり、今、「人工知能」の実現に向けた期待が一気に高まっています。[49]-[51]

とはいえ、ここまで読んでいただいた読者の皆さんの中には、お気付きの方も多いかもしれません。機械にとって、最適化問題を解く、すなわち、最短の道筋を見つけることは得意かもしれませんが、機械には、どのような問題を解くべきかを考える能力はありません。解くべき問題それ自体は、人間が与える必要があります。たとえば、「巡回セールスマン問題を解いて営業ルートを最適化したい」のか、「誰にも負けないコンピュータ棋士を作りたい」のかなど、目的を設定することは、未だ、人間にしかできないのです。さらに言うならば、問題を解くための条件も、人間が設定する必要があります。例えば、将棋のルールが変わってしまったら、これまで学習した棋譜はすべて無駄になってしまうので、コンピュータ棋士は勝利への道筋を見つけることができなくなってしまうでしょう。コンピュータ棋士の出現に関し、羽生善治永世七冠が答えたインタビューの様子は以下のようなものだったそうです。

記者によると、相手が強くなればなるほど、将棋が難しくなればなるほど決まって羽生は嬉しそうに見えると言います。では、なぜ羽生は強くなる一方のコンピュータに対して何も恐れないのでしょうか。その答えは、記者の「将棋がコンピュータによって完全解明されてしまったら、どうするんですか？」という質問に対する回答の中にありました[52]。

「そのときは桂馬が横に飛ぶとかルールを少しだけ変えればいいんです」

駒の動きが少しでも変われば、その瞬間に将棋は新しい命を与えられ、なにもかもが一からやり直しになるということを、羽生は理解していたのです。羽生の「ルールを少しだけ変えればいい」という指摘は、まさに、コンピュータの本質を見事に突いていると言えます。最適化問題を解くコンピュータは、確かに人間にできない速度での計算を可能にします。しかしながら、目的を決めなければ何もできないという意味では、あくまで人間にとっての「道具」に過ぎないのです。

生物進化に学ぶ遺伝アルゴリズム

生物の「群知能」に学ぶアルゴリズムは、多くの研究者の努力で、「最適化問題を解く」ための道具であるという結論に落ち着きました。これは、コンピュータ上で生命を人工的に作り出そうとする大きな試みである「人工生命」研究の一分野ではありますが、結論として、最適化問題を解く道具であるということが理解されてからは、「群知能」は、巡回セールスマン問題などの数学的な問題を解くための道具として位置づけられ、「生命」の研究として注目されることは少なくなっていきました。これと同様のことが、「生物進化」のメカニズムを参考にしたアルゴリズムの一つである「遺伝アルゴリズム」にも起こったと言えます。[28][29]、[43]-[45]「人工生命」に関する研究の中で、「遺伝アルゴリズム」は、セル・オートマトンや群知能と並んで注目されてきた研究分野であり、ここで解説しておきたいと思います。

遺伝アルゴリズムとは、生物進化のメカニズムを一般化することによって、最適化問題を効率的に解くために考案されたアルゴリズムです。あらゆる地球上の生物種は、遺伝子を持ち、それを子孫に伝えていきます。そして、遺伝子における突然変異を通して多様な進化が起こり、環境に適したものが生き残ります。この生物進化の仕組みをアルゴリズム化し、コンピュータ上で、人工生命が「進化」していく仕組みを実現したものが「遺伝アルゴリズム」です。

遺伝アルゴリズムは、生物の進化をコンピュータ上で再現するだけに留まりません。遺伝アルゴリズムを使って、人間には思いもよらない、そして、与えた環境に対して適切な生物の形を「デザイン」した研究事例が幾つも報告されています。このため、建築物などの新たなデザインを考案したり、薬の分子構造をデザインしたりと、多種多様な目的で利用されているのです。

この遺伝アルゴリズムというものは具体的にどういうものなのか、そして、遺伝アルゴリズムを通して、「生命」というものがどこまで理解できるようになってきたのか、その物語を追っていきましょう。

自ら進化するコンピュータ上の生き物

私たち生物は、どのように進化してきたのか。そしてこれから、どのような進化を遂げようとしているのか。こうした問題が活発に議論され始めた大きなきっかけが、一八五九年にチャールズ・ダーウィンが著した『種の起源』です[53][54]。それまで、宇宙やあらゆる生命は「創造主なる神」が作り給うた物であるとした「創造論」[55]によって捉えられていました。そうした静的な「生命観」は、『種の起源』の登場によって、常に環境に適応するように変化（進化）を遂げるという動的な「生命観」に、徐々に塗り替えられていきました。

ダーウィンは、親から子に伝えられる性質の中に突然変異が起こることで生物は多様化し、その中でも環境により適応する者が自然選択によって生き残っていくとする概念を提唱しました。この概念を計算機科学に導入し、「最適化計算」に役立てたものが、一九七五年にミシガン大学のジョン・H・ホランドによって提案された「遺伝アルゴリズム」です[56]。遺伝アルゴリズムは、ダーウィンの提唱した遺伝の仕組みを真似ることで、コンピュータ・プログラムそのものを進化させます[43]-[45]、[57]-[59]。その計算の流れ（アルゴリズム）は以下の通りです[29]。

① 最初は、ランダムに生成されたプログラムがたくさんあるところからスタートする。
② 性能や適合度（fitness）の高いプログラムを増殖させ、数を増やす。性能や適合度の低いプログラムは死滅させる。これを再生（reproduction）という。一般には、カジノのルーレットのように確率的におこなう。
③ 二つのプログラムを、その途中の部分で、ときどきランダムに入れ替えてつなぎかえる。この操作を交叉（crossover）という。
④ プログラムには、ときどき突然変異が起こり、一部分のビットがランダムに書き換えられる。
⑤ 再生、交叉、突然変異をくり返す。

勿論、コンピュータ・プログラムのソースコードを無作為に書きかえてしまうと、そのほとんどは、役に立たないものになってしまいます。そこで、遺伝アルゴリズムを実行する際には、主に、パラメータの組み合わせを無作為に書きかえたりすることに使われます。

実際に、遺伝アルゴリズムは、コンピュータの中で作った生命を進化させる「人工生命」の進化に使われており、多くのアーティストによって、キャッチーなコンピュータグラフィックスと共に、進化の様子が描画されています[60]。

遺伝アルゴリズムは、様々なパラメータのパターンを遺伝の仕組みによって生成してくれる方法であり、膨大な「試行錯誤」を行う仕組みであると言えます。そして、（これはコンピュータによる計算の特徴でもありますが）人間にはできない程の膨大な試行錯誤を苦も無く繰り返し行うことができるため、人間が予想もしなかったような「設計者」として活躍してくれることがあります。

その最たる例の一つが「創薬」です[61]。さまざまな病気を治療する薬を製造するには、膨大な組み合わせの分子の構造と機能（特に生化学反応）の関係を調べてモデル化する必要があります。その候補となる分子構造は、比較的単純なもの（炭素、窒素、酸素、硫黄の重原子から構成されるドラッグライクな化学構造）だけを考えても、一〇の六〇乗という天文学的な数が存在すると言われており、とても、一つ一つを実際に作って実験するということはできません。そこで、近年、コンピュータ・シミュレーションによる支援が盛んに行われてきました。ここに、遺伝アルゴリズムを導入することで、膨大な分子構造をはじめとする「設計」を、試行錯誤的に実行してくれるのです。

勿論、遺伝アルゴリズムの工学的応用は、創薬に留まりません。航空機[62]や建築物[63]の設計や、医療診断[64]、そして、株の売買の支援[65][66]に至るまで、既に、生活の裏側の至る所で、遺伝アルゴリズムは活躍しています。

遺伝アルゴリズムはどのような問題を解決したのか

生物の進化のメカニズムから生まれた遺伝アルゴリズムは、工学的に多岐に渡る分野で利用されています。遺伝アルゴリズムは、コンピュータ・プログラムが自ら進化を遂げるという考え方そのものが人々の関心を惹きつけます。このため、専門を問わず、多くの分野の人々に注目されてきました。しかしながら、その期待に反し、数値計算を行う専門家からは、それほど高い評価を受けていません。コンピュータ科学をわかりやすく説明する京都大学の稲垣耕作（ペンネーム逢沢明）は、著書『複雑系は、いつも複雑』[29]の中で、遺伝アルゴリズム（遺伝的アルゴリズム）が使われている現場の様子を描写しています。

《ただし、遺伝的アルゴリズムというのは、正直なところ、以前はあまり学術的な評価が高い分野ではなかったんだ。

というのが、この種の初歩的な手法は、数理計画法という分野の最適化問題の研究で、これまでに十分に発達していたし、理論化も進んでいたからだ。

数理計画法の研究者たちは、そんな遺伝的アルゴリズムでやるよりも、自分たちのほうがもっとうまく解にたどり着ける、ということが多いね。彼らのつくったプログラムのほうが、はるかに速く、よい答えを計算してくれるんだ》

遺伝アルゴリズムの研究が進んでいくと、このアルゴリズムは、あくまで「最適化問題」を、生物の遺伝の仕組みに真似た方法で解いているに過ぎないことがわかってきました。すなわち、創薬や、航空機や建築物の設計に至る「最適な道筋」を見つけ出すという意味では、最適化問題を解くことと何ら変わりがなく、最適化問題を専門とする数理科学者にとっては、わざわざ「遺伝アルゴリズム」という奇抜な方法を用いる理由がなかったということなのです。

このように、遺伝アルゴリズムは、あくまで「最適な道筋」を探索する「最適化」手法の一つに過ぎず、従来の手法ではできなかったことができるようになる画期的な方法というわけではないことが明らかになってきました。勿論、最適化手法と言っても、問題ごとに適切なアルゴリズムは異なります。解くべき問題によっては、遺伝アルゴリズムの優位性を示せる場合もあるかもしれません。たとえば、あまりにも多くの道筋がある問題では、全部の道筋を辿るのは不可能だということが往々にしてあります。その中で、すべての道筋を計算するのではなく、経験的に良いとされる手法を用いて探索すべき道筋を絞り込んで計算する手法を「ヒューリスティック」と呼びます。遺伝アルゴリズムは、「生物進化の仕組みを使う」ことで探索すべき道筋を絞り込む、ヒューリスティックの一種であり、そうした、あまりにも多くの道筋がある場合には、優位性が示せると期待されてきました。ところが、遺伝アルゴリズムを用いる際には、以下のような問題が指摘されています。エンジニアの多田智史らは、著書『あたらしい人工知能の教科書』の中で、遺伝アルゴリズムを取り扱う際の問題点（注意点）について、次のように指摘しています。[67]

《しかしながら、遺伝的アルゴリズムにおいては適合度をどのように設計するか、また適合度を効率よく高めるような細かい交叉の手法などにおいて、完全に自律的に決まる性質からは遠いため、人手による補助が必要なところが大きいです》

適合度とは、どういう数値によって「最適である」という判断を下すかということを記述する数式であり、問題によっては、この数式を設定すること自体が困難（設計者の勘と経験を必要とする）となります。また、完全な試行錯誤ではなく、効率よく最適解を求めるために、幾つもの縛り（拘束条件）を前もって与える必要があります。すなわち、今、解きたい問題について深く理解し、問題ごとに、アルゴリズムを細かく定める必要があるということです。ここに、遺伝アルゴリズムを適用することの難しさがあるのです。

そもそも、遺伝アルゴリズムの魅力は、人間が細かく設計することなく、生物が勝手に進化していくように、プログラムが勝手に作られるというところにあったはずです。しかし、問題を効率的に解くことを考えていくと、事前に、詳細な設計を行う必要が出てきます。そうなると、遺伝アルゴリズムを使うよりも、その問題に適した別のアルゴリズムを用いたほうが良いのではないか、という議論が往々にして発生してしまうのです。

それでは、結局のところ、遺伝アルゴリズムは、どのような問題を解決したのでしょうか。遺伝アルゴリズムによって得られる最大の恩恵は、やはり、プログラムが勝手に作られるという点です。この恩恵を体感するには、「効率的に問題を解く」という考え方を、一旦リセットする必要があります。あまり期待せず、厳密すぎる拘束条件を与えるということもせず、コンピュータを放ったらかしにして計算をさせ続けていると、いつの間にか、想定とは大きく違った、それでも「興味深い」解を導いてくれることが時々あります。あくまでヒューリスティックの一種である遺伝アルゴリズムは、必ず最適な解を求める必要がある、すなわち「最適解を保証する」目的には向いていません。しかし、想定できない解を見せてくれる、ということには向いていると言えます。「どうせすべての組み合わせを計算することはできないのだから、遺伝アルゴリズム〝も〟使ってみよう」という意識で、期待せずに使ってみると、想定しない解を導いてくれる場合がある、というのが、遺伝アルゴリズムによる一つのプログレスと言えるかもしれません。

「人工生命」の研究によって生命への理解は進んだのか

ここまでの議論を通して、「人工生命」に関する三つの大きな研究分野を紹介しました。最初に紹介したトピックは、セル・オートマトンです。まるで実験室のシャーレで細胞を培養するように、コンピュータ上で「セル（細胞）」を自己増殖させると何が起こるかという試みでした。この自己増殖は、主に四つのパターンに帰着することがわかり、その中の一つに、「計算万能性」を示す領域が発見されました。計算万能性は、私たちが日々利用するコンピュータを動作させるには不可欠な概念ではありますが、「生命」の謎を解き明かすものとは言えません。セル・オートマトンの研究は、自己増殖の仕組みがあまりにも単純であったために、「生命」の研究とは別の研究に帰着したと言えます。

次に紹介したトピックは、群知能です。下等生物と考えられているアリやハチのような生物種であっても、群れて行動することによって、高度な知能が実現されることがわかってきました。この高度な知能の正体は、「最適化問題を解く」ということでした。その発見自体は、確かに興味深いものではあります。しかしながら、群知能に学んで作られたアルゴリズムは、「どのような問題を解くべきか」という目的を最初に与えなければ動作しない、「道具」の一つにすぎません。生命が、どのような目的に向かって生きているのかについては、群知能を観察しているだけでは見えてきません。こうしたことから、コンピュータ科学としての群知能の研究は、次第に、数学的問題を解く道具としての研究対象となり、「生命」の研究としての対象ではなくなっていったと言えます。

最後に紹介したトピックは、遺伝アルゴリズムです。この手法もまた、「最適化問題を解く」という目的で、生物進化のメカニズムをヒントに考案されたものです。アリがアリ塚を〝建設〟するように、（下等）生物の中には、人間が容易に作れないものを作る能力を持ったものがいます。それを、コンピュータ上で実現できるとすれば、コンピュータ科学は大きく進展します。そこで、生物進化のメカニズムを使えば、様々な問題を解決できるとして、遺伝アルゴリズムは考案されました。確かに、遺伝アルゴリズムは、創薬をはじめとする多くの分野で、成果を挙げています。しかしながら、実際に遺伝アルゴリズムを利用しようとすると、問題ごとに特殊な設定を与える必要があり、「まるで生物が進化していくように高度な知能が（コンピュータ上で）勝手に生まれる」というわけにはいかないのが現実です。

以上のように、生命の持つ魅力から新しいコンピュータの実現をも試みた「人工生命」の研究は、「生命」の研究とは乖離していきました。筆者は、この原因を、「生命」への理解が不十分であったためと考えております。「生命」への理解を深めることなしに、コンピュータを抜本的に進化させることは難しいのではないでしょうか。しかしながら、「人工生命」という言葉には、人を惹きつける魅力があり、その研究者もまた、様々な「夢」を抱くものです。ここからは、「人工生命」を、「最適化問題を解く」だけでなく、「人間の社会そのものをシミュレートする」という目的に利用する「人工社会」という研究分野について紹介していきます。

人間社会をシミュレートする「人工社会」とその課題

「生物を再現できるのなら、人間社会もコンピュータ上で再現できるのではないか」

人工生命を学ぶ人であれば、それを人間社会に適用してみたいと思うのは、極めて自然な発想です。特に、人間社会を研究対象として扱う社会科学の分野は、コンピュータを利用することによって、その学問分野を更に発展させようとしてきました。政治、経済、人口統計、文化、都市といった、人間の「意思決定」と切り離すことのできない学問分野は、コンピュータを利用することで、複雑に見える人間社会に起こる様々な現象を説明し、予知しようとしてきました。そして、このようなアプローチはしばしば「人工社会」と呼ばれています。[68]-[73]

人工社会の代表的な例の一つとして、選挙の投票行動の分析が挙げられます。[72] たとえば、A、B、Cという三人の候補者がいて、投票により、一人が選出されるとします。そして、あなたの信条に最も一致する候補者はCだとします。何も考えずに投票するのであれば、あなたはCを選択するでしょう。しかし、ここで、あなたは、選挙権のある他の友人からの「相互作用」を受けることとなります。友人によると、どうやら、今回、最も票が得られそうな候補者はAであり、それに比べて、Cの得票数は、圧倒的に少ないと噂されているといいます。Aは、あなたの信条に最も遠い候補者です。そして、自分がCに投票したところで、Aの優勢に変化が見られる可能性は極めて少なそうです。そこで、あなたは、行動を変化させ、候補者Bに投票しようという「意思決定」をします。このように、周囲の影響を受け、自分の「意思決定」が変化し、社会全体の様子もまた、変化していくのです。

こうしたことを前提に、人工社会を作る上では、まず、一人の「人間」のモデルを設定することになります。この人間のモデルを、「エージェント」と呼びます。そして、それぞれのエージェント同士が、どのような相互作用を行い、それによって、どのように行動を変化させていくのかという、相互作用のルールを決定します。

本来、一人の「人間」というものは、身体があり、疲れもするし、腹も減ります。しかし、今、自分が対象とするのが、「選挙の投票行動」であったとすれば、その行動というものは、「ある情報を外部から得て、それによって、Aに投票するか、Bに投票するか、Cに投票するかを決定する」というように、単純化して考えることができます。このように、単純化したものを「モデル」と呼び、コンピュータ上で実行可能に（プログラムとして記述可能に）まで単純化する作業を「モデル化」と呼びます。そして、「モデル」をコンピュータ上で動かしていくことを「シミュレーション」と呼びます。人間を「モデル化」したような「エージェント」を複数動かして相互作用させ、人間社会などの様子をコンピュータ上で再現することを「マルチエージェント・シミュレーション」と呼ぶのです。このように、ある目的に対して、人間を適切にモデル化し、コンピュータ上でその行動を観察し、実際の社会システムに反映させていく「マルチエージェント・シミュレーション」の手法をベースにして、「人工社会」の研究が盛んに行われています。[68]-[70]、[74]-[76]

あらゆる社会現象をモデル化する

人間を「モデル化」することで、人間社会を「シミュレート」していく試みは、古くから行われていました。人間がモノを売ったり買ったりという経済活動を「モデル化」していく試みは、経済学の基礎であり、これに基づいて政治的、経済的な意思決定が行われてきました。しかしながら、人間ひとりひとりを「モデル化」して、その相互作用を「シミュレート」するためには、複数の計算を同時に行う必要があり、従来の経済学では困難とされてきました。しかしながら、電子計算機が発達することにより、こうした複数の計算を高速に行うことができるようになりました。そうした経緯から、二〇世紀後半以降、「マルチエージェント・シミュレーション」によって社会そのものを「モデル化」し、未来の人口変動や、人々の需要の変化など、様々な経済活動の予測を「人工社会」を通して行うという取り組みが精力的に行われるようになったのです。

それでは、「人工社会」によって何ができるようになったのでしょうか。人間そのものを「モデル化」して社会の動きを「シミュレート」する試みは、研究分野としては多岐に渡ります。伝統的な「経済学」は勿論のこと、人間の動きを知ることは「都市計画」に不可欠であることから「都市工学」とも関連が深いです。さらに、現代社会においては、都市の中で「情報通信」の果たす役割が大きいことから、「情報工学」や「通信工学」の分野との関連も無視できません。そして、非日常の人々の動きを予測することは、災害時の避難経路をどのように設計するのかなど、「防災工学」との関連も深い分野です。このように、ヒト・モノ・コトの動きに関わる分野であれば、関連しない分野はないと言ってもよく、特に電子計算機が実用に耐えるようになった二〇世紀後半からは、こうした様々な分野で、「マルチエージェント・シミュレーション」を適用した研究が発表されるようになりました。ただ、研究分野としてあまりに多岐に渡るので、全体像を摑みづらいかもしれません。ここでは、「マルチエージェント・シミュレーション」を中心とした「人工社会」を、実社会に役立てる研究を行っている株式会社構造計画研究所（ＫＫＥ）の取り組みを参照しながら、「人工社会」とはどのようなものかを感じ取る試みを行ってみましょう[77]。

ＫＫＥでは、「人工社会」を作ることで、災害が起こった場合の人の動きを「マルチエージェント・シミュレーション」によって再現し、避難誘導経路の設計などに役立てています。シミュレーションやシミュレータの強みは、まだ起きていない事故や危機までもリアルに体験させてくれるというところです。例えば、飛行機事故などは、一人の人間であれば、一生に一度経験する確率すら非常に低いものです。しかしながら、事故というものは、長い年月の中では、何処かで必ず起こります。それを、シミュレーションによってコンピュータ上で再現してみることができれば、万一の場合に備えることができるだけでなく、飛行場や都市の設計に反映させることもできます。事故や災害など特殊な状況を想定したシミュレータを走らせる（シミュレーションを実行する）ことで、危険が発生するメカニズムが明確になり、どんな対策がどれほどの効果を上げるのかも明らかになるのです。

3・11をはじめ、多くの自然災害に見舞われる日本にあって、「避難誘導計画」は、全国の自治体の防災担当者の大きな関心事の一つです。内閣府中央防災会議では、最も被害の大きいケースとして「マグニチュード九クラスの地震と三〇メートル超の津波」という南海トラフ巨大地震モデルを提示しています。防波堤の新設や強化といったハードウェア面での対策に加え、それらの効果を最大限に引き出す運用方法、すなわち避難計画などのソフトウェア面での対策が、自治体に求められています。

こうした現状に鑑み、ＫＫＥでは、津波の伝播や遡上を可視化するシミュレータと、住民の避難行動シミュレータを組み合わせることで、対象地域が抱えるさまざまな制約・条件を検討しながら避難計画の策定を支援する、自治体向けのコンサルティングを行なっています。人々の動きというものは、条件によって大きく異なります。人口分布や年齢構成や発災の時間帯によって、避難行動をとるまでの時間、歩行の速度、避難経路は変化します。避難に使う道路や、避難所となる高い建物の配置などもまた、地域ごとに異なります。そうした地域の細かな事情を反映した計画の策定に、シミュレーションというものは大きく貢献しています。

勿論、シミュレーションによって得られた結果を鵜呑みにするのは危険です。あくまでシミュレーションは、現実ではなく、現実的な条件を踏まえた上での計算結果でしかありません。あくまでシミュレーションによって得られた結果を考察し、その考察に基づいて、実際の都市を計画していくことこそ、人間に求められる役割であると言えます。シミュレータという「道具」を巧みに利用することで、災害の際の人間の動きを分析でき、都市計画を合理的に行うことができます。これによって、現実の都市のハードウェアの整備が適切になされ、避難方法について、地域住民ひとりひとりが考えることができ、防災に対応した街づくりを行っていくことができます。「マルチエージェント・シミュレーション」とは、人間がその結果について考察し、それに基づいて社会の構造を変革させていってはじめて意味をもつ「道具」なのです。

モデル化という手法に潜む問題点

実世界をモデル化するという手法は、未来を予測できる可能性があるという点においては、夢のある手法です。現代は、高速大容量の電子計算機と、多種多様なセンサーがネットワークで繋がっており、データを活用して社会の動きを予測することができれば、私たちの暮らしは、より便利になっていく可能性があるでしょう。災害時の避難経路の予測は、その典型であると言えます。

しかしながら、そもそも人間を「モデル化」するということは、身体を持ち、豊かな精神活動を行う一人の「人間」を、ある決まったルールに従って動く「エージェント」に置き換えるという作業でもあり、そこには、自ずと限界が生じてしまいます。こうした「モデル化」の限界を端的に表現する一つの例として、「フレーミング効果」というものをご紹介したいと思います。まずは、以下の質問をご覧ください[72]。

アメリカ政府が、六〇〇人は死ぬと予想されているきわめて珍しいアジアの病気を撲滅しようとしている。そのために二つのプログラムが考えられた。どちらがより望ましいか。見積もりは科学的に正確であるとする。次に挙げる質問Ⅰ、ⅡにおいてA、Bいずれかを選択せよ。

質問Ⅰ

A：二〇〇人は助かる。

B：確率1／3で六〇〇人助かり、2／3で誰も助からない。

質問Ⅱ

A：四〇〇人死ぬ。
B：確率1／3で誰も死なず、2／3で六〇〇人死ぬ。

アメリカの心理学者ダニエル・カーネマンと、エイモス・トベルスキーが、この質問を被験者に行ったところ、質問Ⅰに対しては、Aを選択する割合が七二％だったのに対し、質問Ⅱに対してAを選択する割合は、二二％に激減したといいます。勿論、理屈の上では、すなわち冷静に考えれば、これらの二つの質問は同じことを意味しています。しかしながら、人間心理は、理屈ではなく、感情に大きく左右され、合理的な意思決定を行わないのです。

これは、私たちが日常の中で頻繁に経験する感覚と同じものです。例えば、激しい運動を行った後、水を飲もうとしたときに、コップに半分の割合で水が入っていたとします。そこで、「まだ半分入っている」と楽観的に感じる場合と、「もう半分しかない」と悲観的に感じる場合とでは、理屈の上では同じ現象が起きているにしても、その受け取り方というものは、大きく異なってしまい、その後の意思決定に大きく影響します。こうした受け取り方の状況を左右するものを「フレーム（枠）」と呼び、その効果を「フレーミング効果」と呼びます。

一方で、「モデル化」という手法は、人間行動を、何らかの論理的なルールに従って記述するということでもあり、そこには自ずと限界が生じてしまいます。もちろん、こうした「フレーミング効果」など、既に知られている心理現象も含めて「モデル化」してしまうということも考えられます。しかしながら、人間心理というものは、未だ、すべてが解明されているわけではないのです。

このように、人間の「モデル化」と、それに基づいた「人工社会」のシミュレーションというものには、少なくとも現状は、そもそも限界があるということを知っておく必要があると筆者は考えています。さらに言うならば、人間の「モデル化」には、人間の「知能」そのものの理解が不可欠であり、人間の知能を理解するためには、人間心理や脳の理解など、様々な分野からの多角的なものの見方が必要です。ここからは、人工生命と人工社会の研究を振り返り、必要なもののの見方について改めて考えていきましょう。

人工生命と人工社会の研究から何を学ぶことができるか

本章の振り返りとして、「人工生命」と「人工社会」という二つの大きな研究分野から得られる学びについて考察します。まず、本章では、「人工生命」の研究として、「セル・オートマトン」という、コンピュータ上で「細胞」を自己増殖させると何が起こるかという試みを紹介しました。次に、「群知能」という、下等生物が群れで行動することで実現する高度な知能を、コンピュータ上で再現する試みについて紹介しました。そして最後に、生物進化を模すことで、コンピュータ上で難解な問題の最適解を見つける試みについて紹介しました。いずれも、「生命」の研究というよりは、コンピュータ上で問題を解くための研究ではありますが、生物が進化していくように、コンピュータが進化していくとすれば魅力的です。これまで人間が作ってきた構造物よりも遥かに優れた構造物を作り出すことも夢ではありません。しかしながら、実際のところ、コンピュータ上では、「最適解を見つける」以上のことができるわけではなく、さらに言うならば、研究者の勘や経験を頼りにしなければ動かないものでした。

とは言え、「人工生命」という言葉には大きな魅力があります。その魅力が、研究者の興味を、「人工生命」から「人工社会」へ、すなわち、「人間の社会そのものをシミュレートする」という方向に拡大していきました。人工社会は、人間ひとりひとりの行動を、単純にモデル化し、そのうえで、社会全体の動きをシミュレートしていきます。この方法は、災害時などの人間の行動を大まかに予測するという目的において大きな力を発揮する一方で、人間の行動をモデル化するというところに限界があります。このため、人間の社会そのものをシミュレートするという研究には、まだまだ課題が多くあり、人工的に作り出した社会は、実際の社会とはかけ離れたものです。人間社会というものを理解するには、「生命」としての人間の理解は勿論のこと、人間の心理や行動などを理解する、すなわち、人間の「知能」を理解する必要があります。これがまさに、「人工生命」や「人工社会」と、「人工知能」との接点なのです。「知能」を理解することは、「社会」を理解することそのものでもあります。そうした「知能」の理解は、どこまで進んだのでしょうか。「人工知能」は、何を実現できるようになったのでしょうか。人間の知能をコンピュータで実現しようとする「人工知能」の研究は、人間の理解そのものです。次章では、「人工知能」の研究を、その源流となった一七世紀までさかのぼった上で、大きく俯瞰していきたいと思います。

[1] Simon, H. A.; Newell, Allen「Heuristic Problem Solving: The Next Advance in Operations Research」Operations Research 6: 1（1958）

[2] Russell, Stuart J.; Norvig, Peter「Artificial Intelligence: A Modern Approach（2nd ed.）」Prentice Hall（2002）

[3] McCorduck, Pamela「Machines Who Think: A Personal Inquiry into the History and Prospects of Artificial Intelligence（2nd ed.）」A K Peters/CRC Press（2004）

[4] 松田雄馬『人工知能の哲学　生命から紐解く知能の謎』東海大学出版部（2017）

[5] ジャン＝ガブリエル・ガナシア（伊藤直子他訳）『そろそろ、人工知能の真実を話そう』早川書房（2017）

[6] 照井一成『コンピュータは数学者になれるのか？　数学基礎論から証明とプログラムの理論へ』青土社（2015）

[7] Beni, G., Wang, J.「Swarm Intelligence in Cellular Robotic Systems」Proceed. NATO Advanced Workshop on Robots and Biological Systems（1989）

[8] Eric Bonabeau, Marco Dorigo and Guy Theraulaz「Swarm Intelligence: From Natural to Artificial Systems」Santa Fe Institute Studies on the Sciences of Complexity（1999）

[9] スチュアート・カウフマン（米沢富美子訳）『自己組織化と進化の論理　宇宙を貫く複雑系の法則』日本経済新聞社（1999）

[10] M・ミッチェル・ワールドロップ（田中三彦、遠山峻征訳）『複雑系　科学革命の震源地・サンタフェ研究所の天才たち』新潮文庫（2000）

[11] アルバート・ラズロ・バラバシ（青木薫訳）『新ネットワーク思考　世界のしくみを読み解く』ＮＨＫ出版（2002）

[12] 蔵本由紀『非線形科学』集英社新書（2007）

[13] ピーター・ミラー（土方奈美訳）『群れのルール　群衆の叡智を賢く活用する方法』東洋経済新報社（2010）

[14] 中垣俊之『粘菌　その驚くべき知性』ＰＨＰサイエンス・ワールド新書（2010）

[15] アジス・アブラハム他（栗原聡、福井健一訳）『群知能とデータマイニング』東京電機大学出版局（2012）

[16] スティーヴン・ストロガッツ（蔵本由紀監修、長尾力訳）『ＳＹＮＣ　なぜ自然はシンクロしたがるのか』ハヤカワ文庫（2014）

[17] 蔵本由紀『非線形科学　同期する世界』集英社新書（2014）
[18] 長谷川堯『生きものの建築学』講談社学術文庫（1992）
[19] 星野力『進化論は計算しないとわからない　人工生命白書』共立出版（1998）
[20] 星野力『人工生命の夢と悩み　コンピュータの中の知能と行動の進化』裳華房（1994）
[21] 佐倉統他『人工生命というシステム　複雑系解明の手がかり』ジャストシステム（1995）
[22] ロルフ・ファイファー他（石黒章夫他訳）『知の創成　身体性認知科学への招待』共立出版（2001）
[23] ロルフ・ファイファー他（細田耕他訳）『知能の原理　身体性に基づく構成論的アプローチ』共立出版（2010）
[24] 伊庭斉志『人工知能と人工生命の基礎』オーム社（2013）
[25] Christopher Langton「Artificial Life: The proceedings of an interdisciplinary workshop on the synthesis and simulation of living systems」Santa Fe Institute studies in the sciences of complexity. 6.（1989）
[26] 「ロボカップ日本委員会ウェブサイト」ロボカップ日本委員会　http://www.robocup.or.jp
[27] J・フォン・ノイマン（A・W・バークス編）（高橋秀俊訳）『自己増殖オートマトンの理論』岩波書店（2015）
[28] 逢沢明『複雑な、あまりに複雑な　複雑さの科学を解明するカオスVSコンピュータ編』現代書館（1996）
[29] 逢沢明『複雑系は、いつも複雑　カオスの縁から〈複雑適応系〉を探検する編』現代書館（1997）
[30] 加藤恭義他『セルオートマトン法　複雑系の自己組織化と超並列処理』森北出版（1998）
[31] ウィリアム・パウンドストーン（有澤誠訳）『ライフゲイムの宇宙』日本評論社（2003）
[32] Joel L. Schiff（梅尾博司他訳）『セルオートマトン』共立出版（2011）
[33] Christopher G. Langton「Computation at the edge of chaos」Physica D, 42（1990）
[34] ジェームズ・スロウィッキー（小高尚子訳）『「みんなの意見」は案外正しい』角川文庫（2009）
[35] レン・フィッシャー（松浦俊輔訳）『群れはなぜ同じ方向を目指すのか？』白揚社（2012）
[36] 西垣通『集合知とは何か　ネット時代の「知」のゆくえ』中公新書（2013）
[37] 郡司ペギオ‐幸夫『群れは意識をもつ　個の自由と集団の秩序』ＰＨＰサイエンス・ワールド新書（2013）
[38] Frisch, Karl von「The Dance Language and Orientation of Bees」Harvard University Press（1967）
[39] 久保幹雄（戸川隼人他編）『組合せ最適化とアルゴリズム』共立出版（2000）

[40] 田村明久、村松正和『最適化法』共立出版（2002）
[41] 金谷健一『これなら分かる最適化数学　基礎原理から計算手法まで』共立出版（2005）
[42] 茨木俊秀『最適化の数学』共立出版（2011）
[43] 伊庭斉志『進化論的計算の方法』東京大学出版会（1999）
[44] 伊庭斉志『進化論的計算手法』オーム社（2005）
[45] 伊庭斉志『人工知能の創発　知能の進化とシミュレーション』オーム社（2017）
[46] Dorigo, M.「Optimization, Learning and Natural Algorithms」Ph.D. Thesis, Politecnico di Milano, Italy（1992）
[47] Dorigo, M. and Gambardella, L. M.「Ant Algorithms for Discrete Optimization」Artificial Life Vol.5, No.2（1999）
[48] M. Dorigo, L.Gambardella「Ant colonies for the traveling salesman problem」Biosystems（1997）
[49] 松尾豊他『人工知能はなぜ未来を変えるのか』KADOKAWA（2016）
[50] 山本一成『人工知能はどのようにして「名人」を超えたのか？　最強の将棋ＡＩポナンザの開発者が教える機械学習・深層学習・強化学習の本質』ダイヤモンド社（2017）
[51] 井上智洋『「人工超知能」　生命と機械の間にあるもの』秀和システム（2017）
[52] 「コンピュータが将棋を完全解明したら？　羽生善治三冠の回答」週刊ポスト（2014.05.02）http://news.mynavi.jp/news/2014/04/24/565/
[53] ダーウィン（渡辺政隆訳）『種の起源（上）』光文社（2009）
[54] ダーウィン（渡辺政隆訳）『種の起源（下）』光文社（2009）
[55] 『旧約聖書　創世記』（関根正雄訳）岩波文庫（1967）
[56] John Henry Holland「Adaptation in Natural and Artificial Systems: An Introductory Analysis with Applications to Biology, Control, and Artificial Intelligence」MIT Press（1992）
[57] 伊庭斉志『遺伝的アルゴリズムの基礎　ＧＡの謎を解く』オーム社（1994）
[58] 北野宏明編『遺伝的アルゴリズム１』産業図書（1993）
[59] 伊庭斉志『進化計算と深層学習　創発する知能』オーム社（2015）
[60] 「【人工知能】物理エンジンで人工生命つくって学習させた」ニコニコ動画（2009.03.10）http://www.nicovideo.jp/watch/

sm6392515

[61] ゲーリー・B・フォーゲル他編著（伊庭斉志監訳）『ソフトコンピューティングとバイオインフォマティクス』東京電機大学出版局（2004）

[62] 「MRJはいかにして設計されたのか」MONOist（2014.07.07）
http://monoist.atmarkit.co.jp/mn/articles/1407/07/news018.html

[63] 金子侑樹他「遺伝的アルゴリズムによる建築構造物のライフサイクルデザイン手法の実用化に関する研究」日本建築学会技術報告集（2015）

[64] 下川朝有他「遺伝的アルゴリズムを用いた医療画像の分類について」日本計算機統計学会大会論文集（2012）

[65] 伊庭斉志『金融工学のための遺伝的アルゴリズム』オーム社（2011）

[66] 「遺伝的アルゴリズム診断」みずほ証券　https://www.mizuho-sc.com/service/online/genetic_algorythm.html

[67] 多田智史（石井一夫監修）『あたらしい人工知能の教科書　プロダクト／サービス開発に必要な基礎知識』翔泳社（2016）

[68] Joshua M. Epstein 他（服部正太他訳）『人工社会　複雑系とマルチエージェント・シミュレーション』共立出版（1999）

[69] 山影進他編『コンピュータのなかの人工社会　マルチエージェントシミュレーションモデルと複雑系』構造計画研究所（2002）

[70] 和泉潔『人工市場』森北出版（2003）

[71] 高安秀樹『経済物理学（エコノフィジックス）の発見』光文社新書（2004）

[72] 友野典男『行動経済学　経済は「感情」で動いている』光文社新書（2006）

[73] 依田高典『行動経済学　感情に揺れる経済心理』中公新書（2010）

[74] 沼岡千里他『マルチエージェントシステム』共立出版（1998）

[75] 髙玉圭樹『マルチエージェント学習　相互作用の謎に迫る』コロナ社（2003）

[76] 伊庭斉志『複雑系のシミュレーション　Swarm によるマルチエージェント・シミュレーション』コロナ社（2007）

[77] 「株式会社構造計画研究所ウェブサイト」株式会社構造計画研究所　http://www.kke.co.jp/

第二章

人工知能の研究はどのようにして始まったのか

人工知能とは何なのか。それを理解するには、「人工知能」という概念が生まれ、その技術が開発されてきた歴史を知ることが最良の方法です。本章では、「人工知能」の研究がどのようにして始まり、そして発展してきたのかを理解することによって、その技術の限界と可能性について、模索していきます。

空前の人工知能ブームの今、人工知能が、自ら学習、成長することにより、やがて、人間の知能を凌駕するに至るのだと主張する人がいます[1]。しかし、それは本当なのでしょうか。

実のところ、進化し過ぎた技術が人間社会を乗っ取るというシナリオは、今になって言われ始めたわけではありません。科学技術を開発し、社会を豊かにしてきた人類の歴史の中で、繰り返し登場してきた物語です。こうした創作物語の中での話題を論じること自体は、確かに興味深い試みではあります。物語によって、科学技術に対する理解が深まるということも、十分考えられるでしょう。しかしながら、技術としての「人工知能」を論じる上で、創作物語の中での設定が、まるで実際の技術であるかのように思い込んでしまうのは、極めて危険なことであり、私たちの理解が、誤った方向に進んでしまうことも考えられます。そうなると、建設的な議論ができないどころか、見当違いの感情論によって、技術への関わり方が、誤った方向に導かれてしまいます。「人工知能」という言葉が一人歩きしている昨今、実際の技術と、創作物語の中での設定が、往々にして混同されてしまっているのも、残念ながら、頻繁に見受けられる現象でもあります。「人工知能」と称される技術は、前章で紹介した「人工生命」が「最適化問題」を解くことができる道具であるのと同様に、人間の知的活動の一部を代替してくれる、便利な道具であるということは間違いありません。しかしながら、実際のところは、その名前とは裏腹に、人間の「知能」と同じ性質を持つものではなく、あくまで、人間が活用してはじめて意味を持つ、「道具」に過ぎないのです。こうした「人工知能」の性質を知るには、「人工知能」が開発されてきた歴史を知ることが一番の近道です。

過度な期待や不安に左右されることなく、人工知能という技術に関して、冷静な目で議論するために、古代まで時計を巻き戻し、人類が「人工知能」という技術を夢見て研究開発を行ってきた歴史を辿っていきましょう。

人工知能の研究のはじまり

太古の昔、狩猟・採集を営んでいた人類は、稲を植えることで、毎年決まった時期に収穫ができることを「発見」し、農耕という手段を「発明」しました。[2] それと同時に、定住生活を開始して村を作るようになりました。これによって、人類は、「食物を探す」という労働から解放されるようになったと考えられます。[3]

人類は、労働から解放されるために、様々な科学技術を発展させてきました。毎日、決まった時刻に労働を行う必要があることから、「時間」というものが「発明」され、これを数える仕組みとして、日時計を始めとする「時計」が「発明」されるようになりました。さらに、毎年、決まった時期に川の氾濫が起こることを発見したことによって、「暦」というものを「発明」しました。人類は、こうした「発見」と「発明」を通して、定住して暮らしていくということができるようになり、それまでの労働から解放されていったと考えられます。産業革命以降、人類は、「機械化」によって、こうした「農耕」に関する労働からも解放されるようになっていきました。人間の暮らしというものは、このように、数々の発見や発明を通して、今も尚、「労働」というものから解放される試みが続けられていると考えることができます。

労働を機械に代替させる試みは、産業革命を経て、私たち人類の生活を一変させました。そして、二〇世紀最大の発明の一つである「コンピュータ（電子計算機）」の出現は、私たちの社会を「情報化社会」へと一新させました。今や、「ノートパソコン」や「スマートフォン」などの形で、誰もが手にしているその「魔法の箱」は、「プログラム」によって書かれた命令であれば、どんな命令であっても、忠実に実行することができます。まさに、「人間の労働を機械に代替させる」ことを実現し得るシステムが発明されたのです。こうした情報化社会の流れの中で、「人工知能」の研究が始まったのですが、実は、「人工知能」の概念そのものは、現在私たちが日常的に利用している「電子計算機」が発明される遥か以前の一七世紀に、既に誕生していたのです。ルネサンスを経て、科学革命を迎えた後のヨーロッパに、何が起こっていたのでしょうか。[4-7]

時は一七世紀、ドイツの偉大な数学者の一人であるゴットフリート・ライプニッツは、歴史的な研究を結実させます。未だ、「計算」すらも、手動で行っていたこの時代に、そうした「計算」をはじめとする「論理的思考」を、すべて自動化してしまう、すなわち思考を自動化する道具を発明したのです。それがまさに、「四則演算計算機」だったのです。「四則演算計算機」と表現してしまうと、現代で言う単なる「電卓」に過ぎず、あまり価値のないもののように感じてしまうかもしれません。しかしながら、それらをすべて手計算によって行っていた当時、その作業を自動化できるということは、まさに、社会の仕組みそのものを変えてしまうような大発明だったのです。計算を自動化できるということは、複雑な計算であっても、いとも簡単に答えを導き出すことができるということです。そうすれば、科学的な計算は勿論のこと、複雑な建築物の設計や施工をはじめ、社会の仕組みそのものに、変革を与えることができます。実際、ライプニッツは、四則演算計算機を発明したことで、「計算に従事しているすべての人びとに望ましい機械が遂にできた」と宣言したと言います。彼は、四則演算計算機が、会計士、資産管理者、商人、測量士、地理学者、航海士、天文学者といった専門家の「知能」の一部を代替でき、彼らの働き方を一新させることを理解していました。すなわち、人間の知能の一部を代替する「人工知能」の研究は、この時代に既に始まっていたと言えるのです。

そして、ライプニッツの構想は、手計算の自動化ということに留まりませんでした。彼は、人間の持つ知識のひとつひとつを、「人工言語」という、機械的に処理できる形に変換し、さらに、それらを統合した百科全書を作り上げることを考案したと言います。「人工言語」で書かれた知識を、論理的に自動計算する仕組みさえ発明できれば、人々は、形の決まった事務的な処理を、すべて機械に任せることができます。それによって、人々は、創造的な思考に集中できるようになるはずです。これが、ライプニッツが描いた「すてきな着想」でした。[6] この構想は、その後に続く研究者の努力を経て、現実化していきます。

ライプニッツが「四則演算計算機」を発明してから二世紀後、一九世紀のイギリスの数学者ジョージ・ブールは、「論理的推論」を、四則演算によって体系化する試みを行いました。論理的推論とは、例えば「すべての馬は哺乳類であり、すべての哺乳類が脊椎動物であるならば、すべての馬は脊椎動物である」といった三段論法に代表されるような、論理的に結論を導く論法です。[8]-[11]

この論理的推論というものを使うと、例えば、「馬または牛」というものは「馬＋牛」のように和算で、また「馬であってかつ雌であるもの」というものは「馬×雌」のように積算で表現することで、四則演算によって「論理的思考（論理的推論）」を行うことができるようになりました。この論理的推論を四則演算によって行うことを「論理演算」と言い、これがまさに、現在の「プログラム」の考え方そのものでもあるのです。これによって、私たちは、コンピュータに「命令」を与え、論理的な推論を含む演算を自動化できるようになったのです。

その後、論理演算を自動的に行う計算の仕組みは、さらに進展します。一九三六年、イギリスの数学者アラン・チューリングは、アルゴリズム（計算方法）さえ与えれば、どんな論理演算も実現できる計算の仕組みを考案します。「チューリング・マシン」と呼ばれるその仕組みは、ハンガリー出身のアメリカの数学者ジョン・フォン・ノイマンらによって設計され、「真空管計算機」として実現されました。現在のパソコンやスマートフォンをはじめとするコンピュータは、真空管に比べて遥かに小型で高速に計算できる半導体によって作られていますが、その仕組みは、ノイマンが設計した仕組みそのものであると言えます。

こうした計算機の発明は、人類が悠久の歴史の中で行ってきた「人間の労働を機械に代替させる」という試みを、大きく加速させていくことになります。そして遂に「人工知能」という言葉が、歴史の中に具体的に登場します。ノイマンが真空管計算機を設計し、製造した少し後の一九五六年、アメリカのダートマス大学で「ダートマス会議」と呼ばれる歴史的な国際学会が開催されます。「人工知能（Artificial Intelligence）」という言葉は、まさにこのダートマス会議の中で、はじめて登場したのです。会議の中では、人間の知能を機械によって代替するという大きな目標に向け、様々な議題が議論されました。機械が言語を使えるようにする方法、機械上での抽象化と概念の形成、人間にしか解けない問題を機械で解くこと、機械が自分自身を改善する方法など、人工知能という概念に関する様々な議論が行われたのです。

ダートマス会議を皮切りに、人工知能という新しい研究分野に多くの研究者が集まり、人工知能の研究は「ブーム」となりました。そして、この「ブーム」は、ダートマス会議によるものを第一次ブームとし、一九八〇年代に起こった第二次ブームを経て、現在の第三次ブームへと続きます。ちなみに第二次ブームは「エキスパート・システム」とよばれる専門家(エキスパート)の頭脳(知識と推論)をコンピュータに代替させようとする試みに始まったものです。その後、人間の脳を模したニューラルネットワークや生命現象を扱う複雑系などの分野に発展していきました。いずれにせよ現在は、歴史的に繰り返されている「人工知能ブーム」の真っ只中なのです。

このように、「人工知能」という概念に、人々の注目が集まる「ブーム」が繰り返されているというのは、非常に興味深いところであり、注目すべき点であると筆者は感じています。この原因を解明できたならば、現在の「ブーム」や、その後に何が起こるかについても、地に足のついた考察ができるはずです。ここからは、人工知能ブームが起こる原因について、考えていきたいと思います。

人工知能の研究がブームで終わってしまう理由

「人工知能」という言葉が発明されて以来、その研究によって得られた成果は、決して少ないものではありません。[12-18]コンピュータが人間の顔を認識する「顔認識技術」、指紋を使って人物を特定する「指紋認証技術」、人間のように話す「音声合成技術」など、様々な技術の実現により、人間の作業を代替するシステムが数多く実現されるようになった昨今、人間の労働を代替する「人工知能」の実現に向けての期待が集まるのは、当然のことと言えます。

しかしながら、こうした技術は、研究室内でのデモンストレーションとしては非常に興味深いものとして受け取られた反面、研究室の外で利用しようとすると、想定外の環境の変化に遭遇して途端に精度が悪くなるなど、簡単には「使えない」ということが、技術を利用する現場では、問題視されてきました。高度な能力を持つ技術者がメンテナンスを行う場合を除いて、こうした技術が実社会に溶け込むことは難しく、「人工知能」という言葉は、その都度人々の記憶から薄れていきました。

課題は明らかでした。「想定外」の環境の変化が起こると、コンピュータ自身が、容易に対処できないということです。この課題に対しては、大別して三つの対処方法が考えられます。[3]

① 環境の変化を起こさないようにする
② 環境の変化をすべて予測する
③ 環境の変化に対し、システム自らが対処する

まず、第一の対処方法である「環境の変化を起こさないようにする」という考え方により、「産業用ロボット」が誕生しました。[19]-[23] 工場などの環境の変化が極めて少ない場所で働く「産業用ロボット」は、想定外の環境の変化に弱いコンピュータ・システムであったとしても、概ね、問題なく動作します。産業用ロボットは、「ロボットは怪物」という西洋の宗教的な価値観の影響の少ない日本において、経済成長期の「人手不足」を補う技術として、特に重宝されました。一九六七年に初めて日本に輸入された産業用ロボットは、環境の変化が少ない工場などでの工作機械として改良を重ねられました。その結果、日本は「ロボット大国」として名を馳せた一方で、ロボット大国であるはずの日本の技術は、福島の原子力発電所のように、環境の変化が想定できない状況下での動作が難しいという現状を顕わにしました。

さて、想定外の環境の変化が起こるのであれば、それらをすべて予測してやれば良いではないか、と考えることもできます。あまりにも乱暴な対処方法のように感じてしまいますが、森羅万象の情報をくまなく集めることができるのであれば、確かに、あらゆる環境の変化は、(理屈の上では) 予測可能ということになります。まるで現実離れした表現のように聞こえてしまうかもしれませんが、現在の情報技術は、こうした設計思想のもとに作られていると言っても誤りではありません。近年、インターネットやSNSといった技術や仕組みの発達により、ウェブを通して、多くの情報が集まるようになりました。また、スマートフォンの普及により、行動履歴などの「ライフ・ログ」や、写真や動画といった多種多様な情報が、容易に収集できるようになりました。こうしたことから、膨大なデータが収集可能になり、「環境の変化」の多くを、データを通じて予測するということが、実際に起こっています。[24]-[29] 現在の「第三次人工知能ブーム」の背景には、膨大なデータが集まるようになった状況があるのです。とは言え、膨大なデータがあるからといって、何らかの形で処理しなければ、環境の変化を予測していくことはできません。それを可能にする技術が、「人間の脳の仕組みを模した」と一般的に言われている「ニューラルネットワーク」というものです。[30]-[46]「人間の脳の仕組みを模した」と表現されることが多い「ニューラルネットワーク」は、実際は、私たち生物の持つ脳の仕組みと同じというわけではなく、あくまで、脳の神経構造の一部を、データ処理に用いるという思想によって設計がなされているものです。

近年、計算機の急激な性能向上によって、より多くのデータを高速で処理できるようになりました。その結果、「ディープラーニング」と呼ばれる、膨大なデータを機械的に「学習」していく技術が作られました。[47][51] この技術により、「画像の中から物体を認識する」などといった作業を、これまでにないくらいの高い精度で実現できたり、また、囲碁や将棋においても、人間を打ち負かすほどに「成長」できるようになりました。[52][53] 膨大なデータを集めることで環境の変化をすべて予測するという「力技」によって支えられているのが、現在の「第三次人工知能ブーム」と言うことができるのです。

勿論、インターネットやSNSが発達したからと言って、必ずしも簡単にデータが集められるわけではありません。海の中や森の奥地など、そもそも人間が足を踏み入れることが困難な場所は当然のこと、家庭内に子供や動物がいれば、彼らは常に予測不可能な突拍子もない動きをします。そうした環境においては、データというものは意味をなさず、環境の変化に対して、システム自ら対処することが求められます。環境の変化に対処する仕組みは、生物の反射の仕組みに見ることができます。「ぶつかったら避ける」「腹が減ったら食べる」などといった原始的な生物も持つ仕組みは、どのような環境であったとしても、環境の変化に対して、システム自らが対処することを可能にします。こうした反射の仕組みを応用することで、近年、ロボット掃除機のルンバに代表される、単純だけれども環境の変化に対して自ら対処できるロボットが開発されました。[54]-[57]彼らは、「ぶつかったら避ける」など、自らの身体と環境との相互作用を通して、環境の変化に対して適応的に振る舞います。こうしたシステムの設計思想は、生物が環境に適応していく仕組みに極めて近い考え方であり、生物が本来持つ「知能」との関連性が強いと言えます。とは言え、生物の仕組みに関しては、まだまだわかっていることの方が少なく、発展途上の設計思想であると言えます。

このように、現在の「第三次人工知能ブーム」を支えるシステムの設計思想は、生物が本来持つ「知能」とは異なり、大量のデータを学習することによって「環境の変化をすべて予測する」という思想を源流とします。しかしながら、ややこしいことに、大量のデータを学習する仕組みは、「ニューラルネットワーク」という、「人間の脳の仕組みを模した」とされる仕組みに基づいています。当然、人間も生物の一種ですから、「人間の脳の仕組みを模した」ということが真実であるならば、「ニューラルネットワーク」もまた、生物と同様に、環境の変化に対して適応的に振る舞うことができるはずです。両者は、同じものと言えるのでしょうか。ここからは、「ニューラルネットワーク」がどのような仕組みで動いているのかを理解することによって、それが、人間や生物の脳に比べてどのような共通点を持ち、また、どのような相違点を持っているかについて、検討していきたいと思います。

ニューラルネットワークのもたらした衝撃

「ニューラルネットワーク」は、一般的には「人間の脳の〝ような〟計算を行うネットワーク」といった説明がされることが少なくありません。しかしながら、実際のところ、「ニューラルネットワーク」は、人間の脳と全く同じ動作原理によって動いているわけではありません。「ニューラルネットワーク」は、脳を外側から見て「ひょっとしたら、脳はこのような仕組みで動いているのではないか」という仮説のもと、それらしいモデルを作ったら、脳のように、様々なデータを学習できるようになったので、「データを自動的に学習する道具」として使われ始めたのです。[36]、[44]-[46]

実際、三度の人工知能ブームの中心的役割の一角を担ってきただけあって、「ニューラルネットワーク」による研究成果は、常に、私たちに衝撃を与えてきました。ニューラルネットワークによってデータを自動的に学習すると、手書きの「文字」、人の顔をはじめとする「画像」、そして、音声による「言語」などを、自在に認識できるようになりました。さらに、ロボットが身体を動かすパターンを学習し、「制御」にまで利用されるようになったのです。このため、ニューラルネットワークは、人間と同じような「知的な」活動ができると期待されました。

ニューラルネットワークの活躍の場は、それだけに留まりません。工場や発電所のデータを学習して、故障などの「異常」を診断してくれたり、CT画像などの医療データを学習して、病気の診断を行ってくれたり、過去の株価の変動から、株価予測を行ってくれたりと、人間の真似をするだけではなく、人間にはできないことを代替してくれることも期待されています。[58]-[61]

このように、人間と同等、或いはそれ以上の「知的な」作業を行ってくれることが期待される「ニューラルネットワーク」ではありますが、実際のところは、どのようなものなのでしょうか。「ニューラルネットワーク」によって、機械は人間を超えるに至ったのでしょうか。ここからは、ニューラルネットワークの仕組みを解明することにより、人間の「知的な」作業がどのように代替されるようになったのか、その真実に迫っていきましょう。

ニューラルネットワーク研究の原点は、いわゆる「脳科学」の研究の原点と重なります。時は、コンピュータの原点ともなる歴史的な研究をライプニッツが行った少し後、一八世紀のイタリアに遡ります。[62] この時、人間や生物の「脳」がどのように動作しているのかを知る、歴史的な発見がなされました。イタリアの解剖学者ルイージ・ガルバーニは、カエルの脚に繋がる脊髄の神経に静電気を流すことによって、その脚が収縮することを発見しました。これによって、身体は「神経」というものによって動かされており、この「神経」は、電気信号によって動かされている、ということが分かってきたのです。脳や身体というものが、そもそもどのようにして動いているのか、情報を処理しているのかを知るための手がかりを与えてくれる、画期的な発見であったと言えます。

人間や生物の脳や身体が、神経細胞の働きによって動作しており、その神経細胞が、電気信号によって動作しているということがわかってくれば、あとは、電気信号によってどのように情報が伝えられているのかがわかれば、脳の仕組みが理解できると、当時の研究者は考えたのでしょう。脳の仕組みを理解するというモチベーションに、多くの研究者は衝き動かされ、脳や神経の電気的な性質を明らかにしていったのです。

神経細胞は、「イオンチャネル」という、電荷を帯びた「イオン」を授受する出入り口を開閉させることで、電気の送受信を行っています。一九五二年に、イギリスの生理学者であるアラン・ロイド・ホジキンと、アンドリュー・フィールディング・ハクスリーは、ヤリイカの細胞の性質を調べることで、神経細胞の電気的性質を明らかにしました。その結果、神経細胞の動きを、電気回路として表現することに成功したのです[63]-[66]。

神経細胞は、外部からの電気信号の流入によって「発火」を起こします。「発火」とは、細胞の電圧値が急激に上昇する現象ですが、ランプに灯りが灯るような状態をイメージしていただくと、わかりやすいかもしれません。そして、神経細胞の「発火」に関しては、さらに興味深い発見がなされます。ある二つの神経細胞が、同時に「発火」することで、それらの細胞の間で「結合」が強まるという現象が見つかったのです。この現象は「シナプス増強」と呼ばれます。シナプス増強が発見されると、これが、脳の中で「記憶（学習）」が形成される鍵になっているのではないかと考えられ、研究者の間で、注目されるようになりました。この考え方に基づき、カナダの心理学者ドナルド・ヘッブは、「ヘッブ則」と言われる法則を提唱しました。[34][38] ヘッブ則とは、神経細胞間の結合である「シナプス結合」の強度が変化することで、神経細胞のつながりを通して、「記憶の学習」を行っているとする法則です。そして、この法則に基づき、神経細胞のネットワーク（ニューラルネットワーク）を、記憶の学習装置とみなし、脳の記憶の仕組みを「ニューラルネットワーク」として設計する研究が始まったのです。

ニューラルネットワークが行う計算の仕組み

ニューラルネットワークが、「脳の記憶の仕組み」に基づいて設計されたと聞くと、まるで、人間と同じように学習し、成長していく機械が作られたように感じられてしまいます。しかしながら、実際は、人間の脳の記憶の仕組みと、ニューラルネットワークのそれとは、明確な違いがあります。この「違い」を理解する際に重要なことは、ニューラルネットワークは、人間の脳の仕組みのうち、どのような「事実」と、どのような「仮説」に基づいて設計されたのかを整理するということです。「事実」と「仮説」とを混同してしまうと、私たちは、科学とは異なるファンタジーの世界に迷い込んでしまいます。現在の科学技術を理解するためには、そうした「事実」と「仮説」との切り分けが重要であり、さらに言うならば、「仮説」がどの程度妥当であるかを常に議論していくことが何よりも重要なのです。

さて、ここまで見てきたように、私たち生物の脳や身体は、神経細胞によって動かされており、神経細胞は、電気信号によって動かされているという「事実」が、歴史的な発見によって明らかになりました。そして、神経細胞は、電気信号を受けることで、発火を引き起こし、隣り合う神経細胞が、タイミングを同じくして発火することで、それらの神経細胞間の結合が強まる、シナプス増強という現象が発見されました。ここまでが、脳の仕組みに関する「事実」です。この事実を通して、研究者たちは、シナプス増強が、脳の中での記憶の形成の鍵を握っているのではないかと考えました。そして、脳は、画像や音声などのデータを、そうしたシナプス増強によって記憶しているのではないかと考えました。これが、脳の仕組みに関しての「仮説」です。勿論、仮説には、これから事実として認定されるものもあるでしょうが、実際のところ、大きく修正がなされる場合もあります。ここからは、そうした事実と仮説とを、さらに詳細に見ていくことにしましょう。

脳の神経細胞（ニューロン）

私たちの脳を構成する細胞は、神経細胞（ニューロン）とグリア細胞の二種類からなることが、「事実」として知られています。このうち、脳の電気信号の伝達に、主に寄与するのは、神経細胞であると言われています（グリア細胞は脳の代謝や免疫系などの生存に最低限必要な役割を果たしま

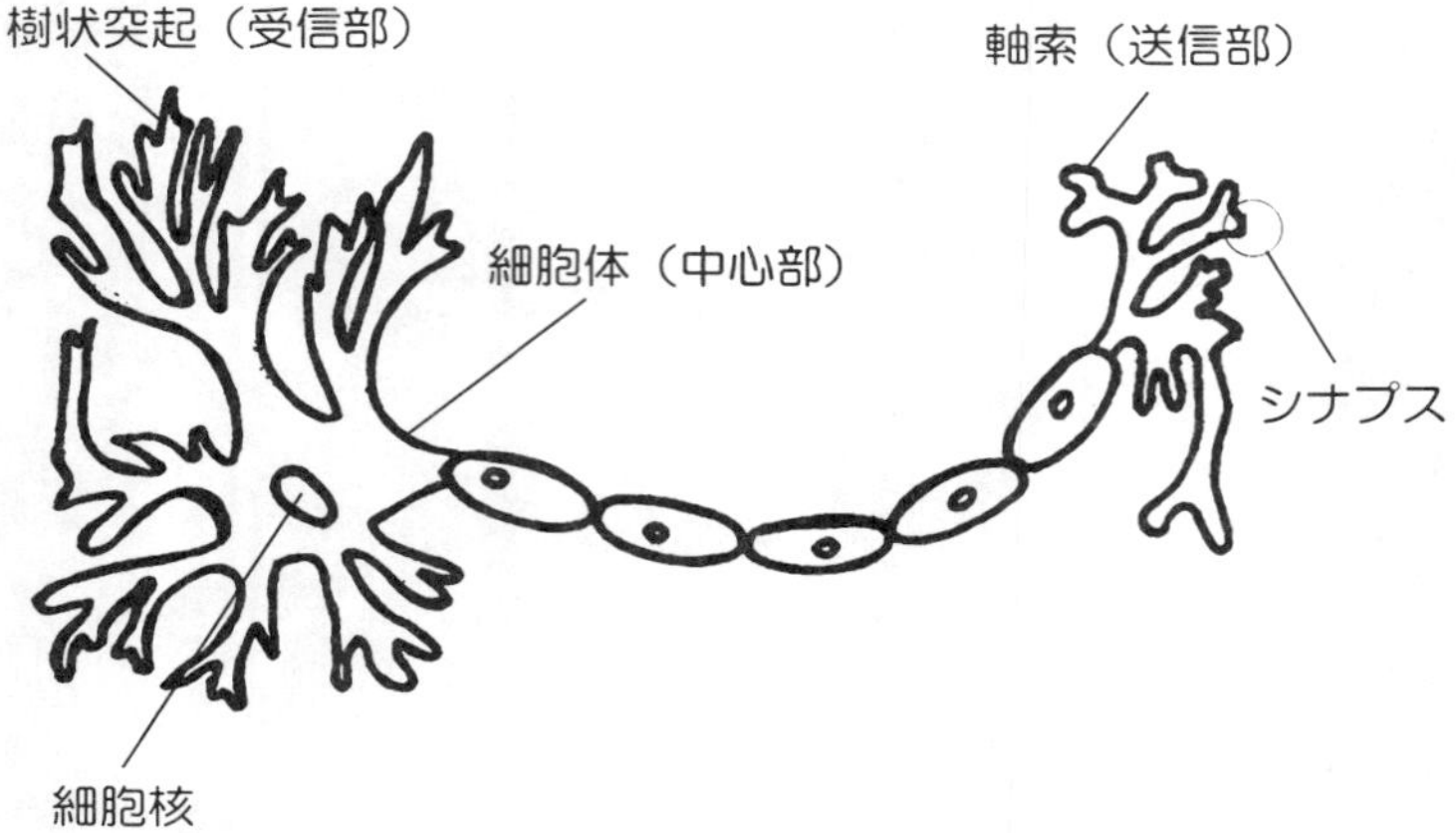

図２－１　神経細胞の構造　神経細胞は、「細胞体」「樹状突起」「軸索」に分けられる。細胞の中心部が「細胞体」であり、細胞体から伸びる一本の突起を「軸索」と言い、ここから電気信号を放出する。脳は、神経細胞がリレーのように繋がり、電気信号を伝える仕組みになっている。

す）。神経細胞は、上の図「神経細胞の構造」（図２－１）に示されるような特徴的な細胞であり、外見的に「細胞体」「樹状突起」「軸索」に分けられます。細胞の中心部が「細胞体」です（ここに細胞核やミトコンドリアなどの主要器官が含まれます）。細胞体から一定の太さで長く伸びる一本の突起を「軸索」と言い、ここから電気信号が放出されます。すなわち、軸索は神経細胞の「送信側」の役割を果たします。軸索の先端には「シナプス」と呼ばれる膨らみがあり、これが他の神経細胞と結合し、他の神経細胞へ電気信号を伝達しています。シナプスから伝達された信号を「受信」する役割を果たすのが「樹状突起」です。

こうした神経細胞（ニューロン）の働きは、「（周囲の神経細胞から）信号を受け取って、それをまた（隣接する神経細胞に）送信する」と

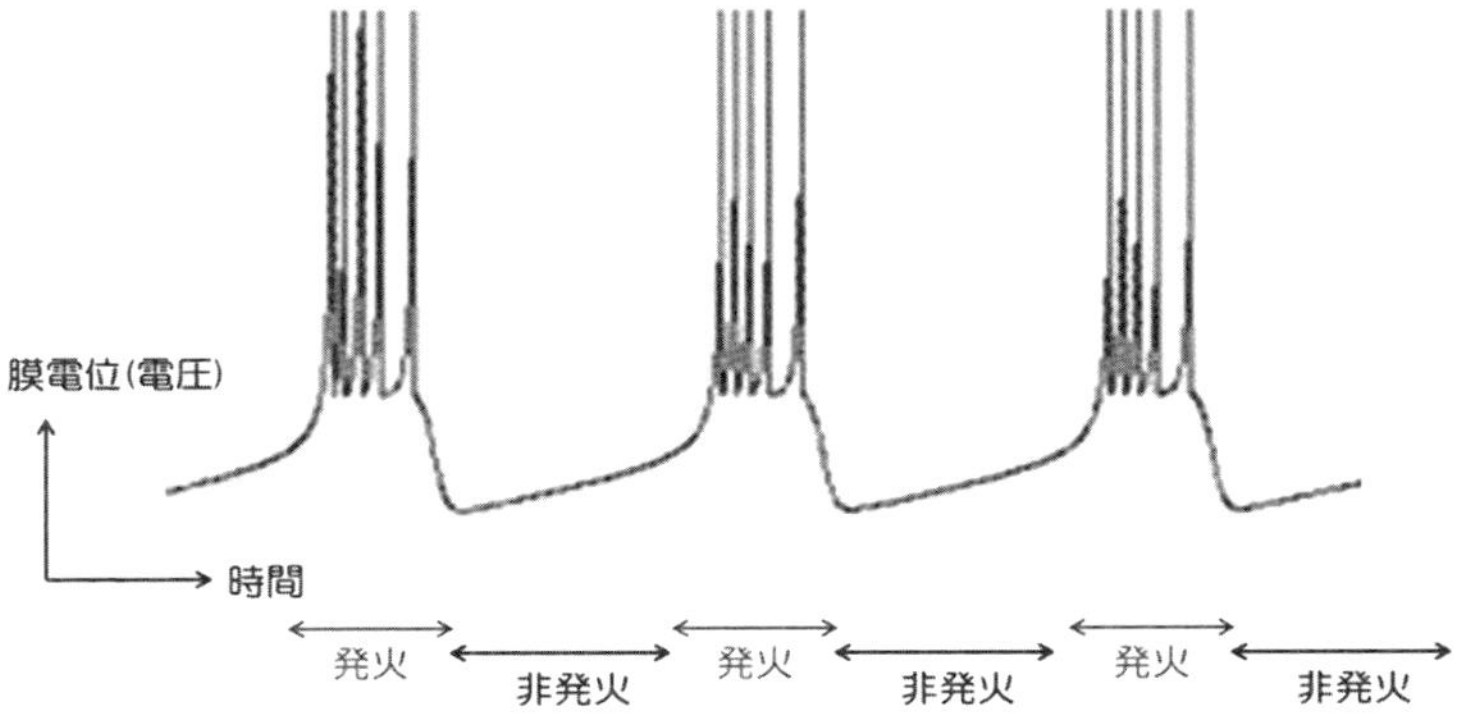

図２－２　神経細胞の発火　神経細胞（ニューロン）は、信号を受け取ると「バースト発火」という電圧の高い状態と低い状態を繰り返し（発火）、再び低い状態に戻る（非発火）、というサイクルを繰り返す。

表現することができます。この様子を模式的に示したものが次の図「神経細胞の発火」（図２－２）です。神経細胞は周囲から信号を受け取ると「バースト発火」という電圧の高い状態と低い状態を繰り返し（発火）、再び低い状態に戻る（非発火）、というサイクルを繰り返していることが知られています。

神経細胞の「モデル化」

このように、発火と非発火を繰り返す神経細胞（ニューロン）は、ＯＮ／ＯＦＦを繰り返す「電球」のようなものであると考えることもできます。そして、その性質に着目し、神経細胞を、０か１のいずれかの値を取るものとして、モデル化（アルゴリズム化）し、それをさらにネットワーク化したものが、現在、私たちが「ニューラルネットワーク」と呼んでいるものです。厳密には、脳の神経細胞のネットワークもまた「ニューラルネットワーク」と称するので、人工的にモデル化したものは、「人工ニューラルネットワーク」と称されます（ここからは、前者を「脳の神経細胞ネットワーク」といった説明的な表現をし、後者を「ニューラルネットワーク」とします）。このようにして「モデル化」を行ったものは、既に「事実」とは異なり、「仮説」の域に近づいていきます。発見された事実をどのような考え方でモデル化していくかということは、研究者の思想（設計思想）に依るところが大きいので、そのモデル化が妥当であるかどうかは、常に議論がなされるところです。ここからは、さらに「仮説」の世界に大きく踏み込んでいきます。

物体を認識する「ニューラルネットワーク」

さて、脳の神経細胞のネットワークをモデル化した人工の「ニューラルネットワーク」を使うと、画像や音声をはじめとするデータを、神経細胞の間の結合によって「学習」できるのではないかという「仮説」を考える研究者が現れました。アメリカの計算機科学者であり、心理学者でもあるフランク・ローゼンブラットが、一九五七年に考案した「パーセプトロン（誤差逆伝播法）」と呼ばれる方法は、まさに、ニューラルネットワークが学習を行う仕組みの先駆けとなった「仮説」とも言えます[36][45][46]。

ここからは、こうしたパーセプトロンに代表されるニューラルネットワークの「学習」の仕組みを、極々単純な例を用いて表現してみたいと思います。その一例として、「みかん」と「りんご」と「いちご」という三つの果物を学習するニューラルネットワークを作ってみましょう。そ

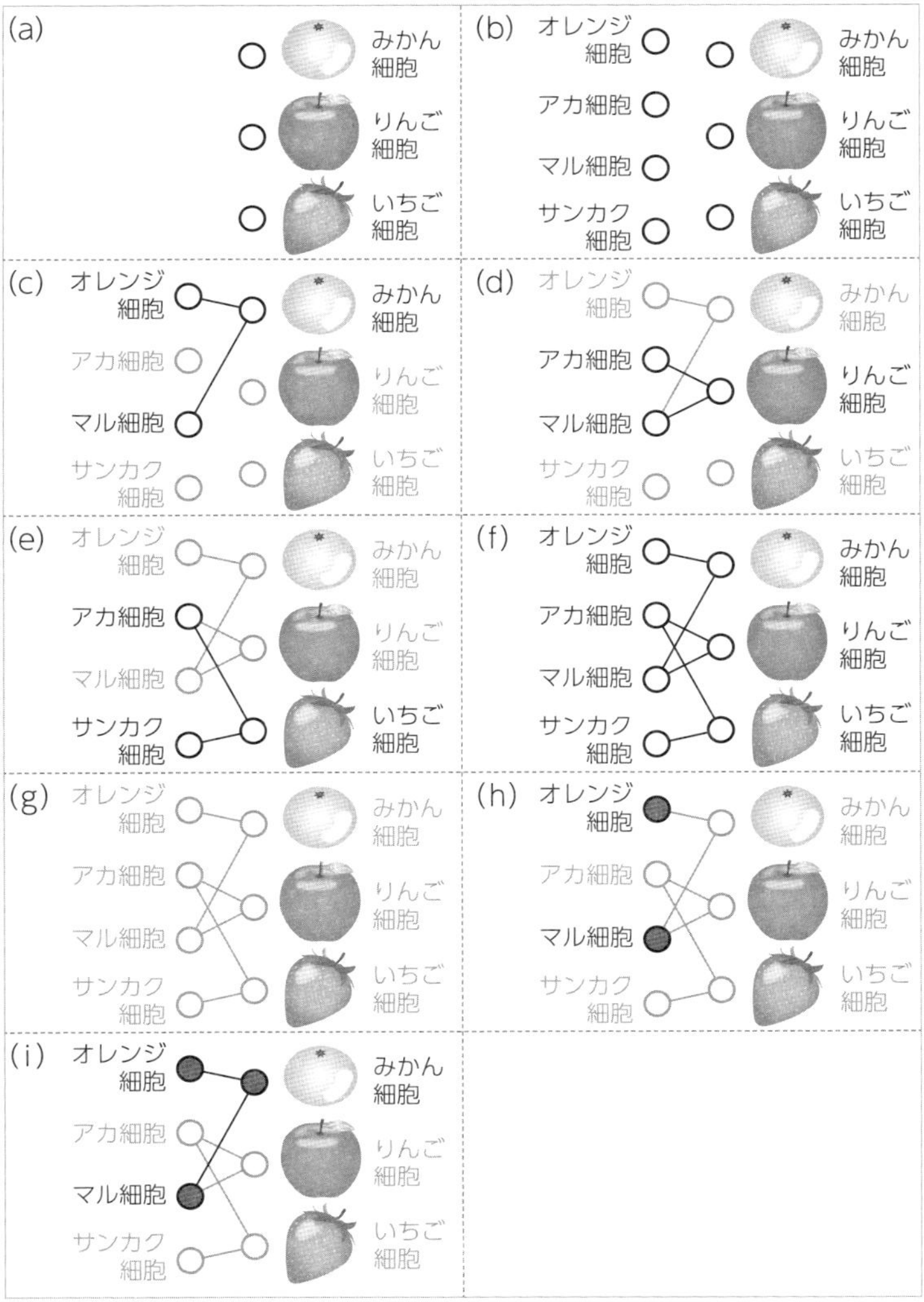

図２－３　ニューラルネットワークが学習する仕組み　（図版作成：スタジオサムワン）

の手順を図2-3に示します。まず、(a)のように、「みかん」と「りんご」と「いちご」に対応する「細胞(ニューロン)」を用意し、それぞれを、「みかん」にのみ反応する細胞という意味で「みかん細胞」、同様に、「りんご細胞」、「いちご細胞」と表現することにします。そして、この何れかの細胞が発火すれば、その果物が「認識された」と理解することにします。ニューラルネットワークに「みかん」を見せて、「みかん細胞」が発火するとすれば、そのニューラルネットワークは、「みかんを学習した」と考えるのです。

さて、それぞれの果物の細胞を用意した後は、(b)のように、それぞれの果物の特徴を表す細胞を用意します。「みかん」と「りんご」と「いちご」を認識したいわけですから、「色」と「形」があれば十分でしょう。今回は、オレンジ色の特徴を示す「オレンジ細胞」と、赤色の特徴を示す「アカ細胞」と、まるい形の特徴を示す「マル細胞」と、三角形の特徴を示す「サンカク細胞」を、それぞれ用意します。実際は、色や形というものは、もっと複雑ですが、今回は、説明のために単純な細胞を用意することとします。

その後は、いよいよ「学習」の段階です。まずは「みかん」を学習させましょう。(c)のように、みかんの特徴を示す「オレンジ細胞」、「マル細胞」のそれぞれと、「みかん細胞」を繋ぎます。同様にして、「りんご」を学習するときは、(d)のように、りんごの特徴を示す「アカ細胞」、「マル細胞」のそれぞれと、「りんご細胞」を繋ぎます。そして、「いちご細胞」に対しては、(e)のように、いちごの特徴を示す「アカ細胞」と「サンカク細胞」をそれぞれ繋ぎます。以上で、ニューラルネットワークの学習は完了です。

こうして学習し終わったニューラルネットワークが、実際に「みかん」を見せて、「みかんの認識」ができるかどうかを見ていきましょう。（g）のような状態のニューラルネットワークに「みかん」が入力されたとします。すると、このみかんは、「オレンジ色」という特徴と、「マル」という特徴を持っているので、（h）のように、「オレンジ細胞」と「マル細胞」が発火します。そうすることで、（i）のように、「みかん細胞」が発火し、確かに、みかんを見せて、「みかんの認識」が成功しました。

ニューラルネットワークによる「学習」というものは、このように、学習したいものを、ネットワークに記憶させる仕組みなのです。たったこれだけと言えばこれだけなのですが、それでも、「顔」と「顔ではないもの」を学習させることで、皆さんのスマートフォンに内蔵されている「顔認識」が実現できたり、「文字」や「指紋」が認識できたり、多種多様な応用ができるという点では、非常に多くの可能性を秘めた「道具」でもあります。

ただ、注意していただきたいのは、このようなニューラルネットワークの「学習」の仕組みは、人間の脳の学習の仕組みと同じかどうかはわかっておらず、あくまで「仮説」に基づいて設計されたものだということです。実際のところ、神経細胞が発火したからと言って、脳が何かを「認識」できるというわけではありません。「認識とは何か」という問いは、私たちの脳についての理解を深めるうえで、非常に興味深い問いであるだけでなく、ニューラルネットワークの限界と可能性を知るうえでも、非常に興味深い視点です。ここでは、この重要な問いに踏み込む前に、その準備として、もう少し、ニューラルネットワークを深く理解しておきたいと思います。

ここまでを振り返ると、ニューラルネットワークの学習の仕組みは、あくまで、神経細胞のシナプス結合の仕組みを工学系の研究者が見て、そこからコンピュータにデータを学習させる仕組みを発想し、作ってみた発明品にすぎません。脳とニューラルネットワークとの混同を避けるためには、それらを一旦「別物」と考えたほうが、理解が進むかもしれません。それらの違いについて考えるうえで、もう少し、工学的な発明品であるニューラルネットワークについての理解を深めていきましょう。

人工知能ブームに火をつけたCNN（コンボリューショナル・ニューラルネットワーク）

昨今の「人工知能ブーム」の火付け役となった「ディープラーニング」という言葉。この言葉自体は最近生まれたものですが、その概念の歴史は、一九七九年の日本に遡ります。当時、NHK放送科学基礎研究所の主任研究員であった福島邦彦は、「ネオコグニトロン」と呼ばれるニューラルネットワークを考案しました。[40] これは、ニューラルネットワークを多くの階層によって形成するというものです。この、多くの階層によって表現するというアイデアは、工学的なニューラルネットワークの研究としては画期的なものでした。このアイデアを、先ほどお話しした「みかん」の認識の例を使って簡潔に述べるならば、「みかん」を認識するために、「みかん」の特徴を表現する際に用いた「マル細胞」などの特徴を示す細胞を、多層化したことで、自動的に生成できるようになった、ということになります。「みかん」の例くらいだと、「色と形を表現すれば良いではないか」と感じてしまうかもしれませんが、文字を認識することや、人間の顔を認識することを考えると、どのような特徴を表現すれば良いかを、人間が与えることなく、ニューラルネットワークが自動的に考えてくれるというのは画期的なことでした。さらに興味深いことに、福島の設計したネオコグニトロンは、当時の脳研究に関する知見、すなわち、「事実」を、工学的に応用することで作られたニューラルネットワークでもあったのです。これについて知るために、まずは、脳がどのようにして「みかん」などの形を認識するのかを知る必要があります。

脳の神経細胞ネットワークのうち、視覚システムの入り口である目の網膜には、「みかん」などの情報は、まずは、色も形もない「光」として、目に飛び込んできます。そして、目に飛び込んできた光は、光の強さと色を認識する「視細胞」によってキャッチ（受容）されます。「視細胞」は規則正しく並んでおり、まるで、デジタル画像の「ピクセル」のように、「点」として、目に飛び込んできた像を表現します。このときはまだ、「みかん」は、「点」として表現されているだけで、「みかん」を表す「点」と、そうでないものを表す「点」との間に区別はなく、私たちは、まだ、「みかん」を見ているということがわからないどころか、どの「点」が何を表しているのか、何もわからないのです。「点」が区別されるのは、この次の段階です。「点」として捉えられた情報は、「神経節細胞」という細胞に伝達されることによって、はじめて、「領域」と「境界」の関係が見出されます。ある一つの物体の「領域」と、それ以外の領域との「境界」が見つけ出されるのです。すなわち、「みかん」を表す領域がどこからどこまでなのかを、このときはじめて、知ることができるのです。この働きは、神経節細胞のもつ二種類の受容野である「オン中心型」と「オフ中心型」と呼ばれる二つの基本型によって実現されます。オン中心型が「領域」を、オフ中心型が「境界」を、それぞれ見つけ出す働きを担うのです。

この「領域」と「境界」を見出す働きを、何層にも重ねることで、すなわち、一枚の画像に対して何度も行うことによって、画像内に含まれる、目立つ「形状」が、少しずつ強調されてくるのです。こうした強調処理を前半に行った上で、画像を分類していく方法が、CNN（コンボリューショナル・ニューラルネットワーク）と呼ばれるものであり、何層もの深い階層を用いて、情報を学習することから、「ディープラーニング（深層学習）」と呼ばれています。

CNNの大きな特徴は、脳の視覚情報処理の重要な要素である「領域」と「境界」の抽出を、何層もの重なりをもったニューラルネットワークによって実行する点にあると言えます。具体的には、「領域」と「境界」という二種類の情報を、「畳み込みフィルター」と「プーリング（圧縮）層」と言われる二つの仕組みによって抽出します。脳が実現しているとして知られている「領域」と「境界」の抽出という情報処理を、工学的に実行する仕組みであると言えます。

まず、「畳み込みフィルター」は、「境界」を見出す処理を実行します。そして、「プーリング（圧縮）層」は、「領域」を見出す処理を実行します。これらの処理により、写真など、与えた画像に映されているものの中から、特徴的な情報のみを抽出することができます。そして、それらの処理を行った後、先ほど紹介した「パーセプトロン」のような処理を行うことで、様々な物体を分類して学習していきます。

このようにCNNは、与えられた画像の「領域」と「境界」を強調したうえで画像を分類していくことを可能にしたニューラルネットワークであり、「みかんの特徴は色と形でいうと……」といったように、人間が、物体の特徴を明示的に教えることなく、データの学習ができるという点では画期的です。しかしながら、画像の中のどこにどのような物体があるかを教えてくれるわけではなく、人間と同じ「認識」ができるというわけではありません。このCNNの特徴について、深い洞察が得られるグーグル社の研究を、ここで紹介したいと思います。

知を生成したと言われる「グーグルの猫」とその正体

二〇一二年六月、グーグル社の発表した一本の論文がきっかけとなり、「グーグルの研究開発によってコンピュータが猫を認識できるようになった」という話題があちこちで飛び交うようになりました。[47][67][68] ＩＴ関連の情報を発信するニュースメディア、「ＩＴｐｒｏ」では、次のように報道されています。[68]

《1週間にわたりYouTubeビデオを同ネットワークに見せたところ、ネットワークは猫の写真を識別することを学習した。事前に猫をネットワークに教えたわけでも、「猫」のラベル付けをした画像を与えたわけでもなかった。つまり、ネットワーク自身が、YouTubeの画像から猫がどういうものかを知ったことになる。これは機械学習における「self-taught learning（自己教示学習）」と呼ばれるものだという》

これだけを読んでも、グーグル社が何を達成したのか、わかりにくいかもしれません。そこで、ここでは、実際にグーグル社が発表した論文を参照しながら、グーグルの開発した機械学習システム（深層学習の一種）がどのようなものであり、何を達成したのかについて、具体的に分析していきましょう。まず、グーグル社の行った試みである「YouTube ビデオを同ネットワークに見せ、ネットワークは猫の写真を識別することを学習した」ということがどういうことかを考えていきましょう。

グーグル社は、「画像を学習するニューラルネットワークを作成した」と表現しています。このニューラルネットワークは、CNNと同様のものと考えて良いでしょう。そして、YouTube にアップロードされている動画から、ランダムに取り出した二〇〇×二〇〇ピクセルサイズの画像を一〇〇〇万枚用意し、ニューラルネットワークに学習させました。これらの画像の三％前後に、人間の顔が含まれており、猫が含まれる画像もたくさんあったといいます。これらの学習を、一〇〇〇台のコンピュータで三日間かけて行ったところ、「人間の顔」、「猫の顔」、「人間の体」の写真に反応するニューロン（神経細胞）が作られたといいます。さて、ここで注意すべきなのは、この「ニューロンが作られた」ということが、どういうことかということです。

たとえば「人間の顔」が映された画像があった場合、その画像にもっとも敏感に反応するニューロンがあったとします。このニューロンが、もしも、他の画像には反応することがなかったと

図２－４　「人間の顔ニューロン」が強く反応した画像群

すると、それは、「人間の顔」にのみ反応するニューロンであるとして、「人間の顔ニューロン」と呼びます。グーグル社の研究は、こうした「人間の顔ニューロン」や、「猫の顔」、「人間の体」といったものにのみ反応するニューロンが、YouTubeにアップロードされている動画をランダムに学習させていった結果として、ネットワーク上に作られたというのです。こうして作られた「人間の顔ニューロン」が、強く反応した画像を並べたものが、図２－４です。

実際に、図が示す通り、「人間の顔」以外には反応を示さない様子であり、動画を学習することによって、自動的に「人間の顔」の特徴を学習したというのは事実です。

そして、一度、「人間の顔ニューロン」が出来上がると、そのニューロンは、画像のどのような特徴に対して強く反応するかということがわかるようになるので、「ニューロンが最も強く反応する画像」というものを（研究者が）作成できます。こうして研究者が作成した画像が、図2－5や図2－6に示す、「人間の顔ニューロン」が最も強く反応する画像と、「猫ニューロン」が最も強く反応する画像なのです。ニューラルネットワークが画像の特徴を学習するということは、研究者の間では、古くから知られていたのですが、それを、最も強く反応する画像として可視化して見せたことで、「ニューロンが特徴を学習する」ということが、多くの人の注目を集めることとなったのです。

ただ、先ほど紹介したように、画像から特徴を学習するニューラルネットワークは、一九七九年の福島の研究[40]をはじめ、多くの研究者によって開発されていたことから、それ自体はグーグル社の研究の新しいところではありません。グーグル社の研究の肝は、何より、一〇〇〇万枚もの大量の画像を、一〇〇〇台のコンピュータによって三日間かけて処理するための、大規模並列処理システムを構築したということです。これほど大規模な計算を行うには、どの順番でどういった処理をどのような規模で行っていくかなど、緻密な設計が不可欠であり、一朝一夕で実現できることではありません。グーグル社の研究のプログレスは、「コンピュータが脳のような情報処理をできるようになった」ことではなく、「これまでにないほどの大規模なコンピューティング（計算）ができるようになった」ことなのです。逆に言うと、この研究は、これまでにない、脳のような情報処理を実現した研究ではないということです。

確かにグーグルのニューラルネットワークは、大規模な学習により、人間の顔や体や、猫を認識することができるようになったかもしれません。しかし、猫は学習できるようになっても、猫の「目」や「鼻」を、別々に認識できるかどうかはわかりません。そして、「猫の目」と「犬の目」を識別できるかどうかも、やってみないとわかりません。大量のデータを学習させるという方法では、「データに含まれるものは学習できても、データに含まれないものは学習しない」ばかりか、「データに微量しか含まれないものはノイズとして除去されてしまう」ということもあるのです。

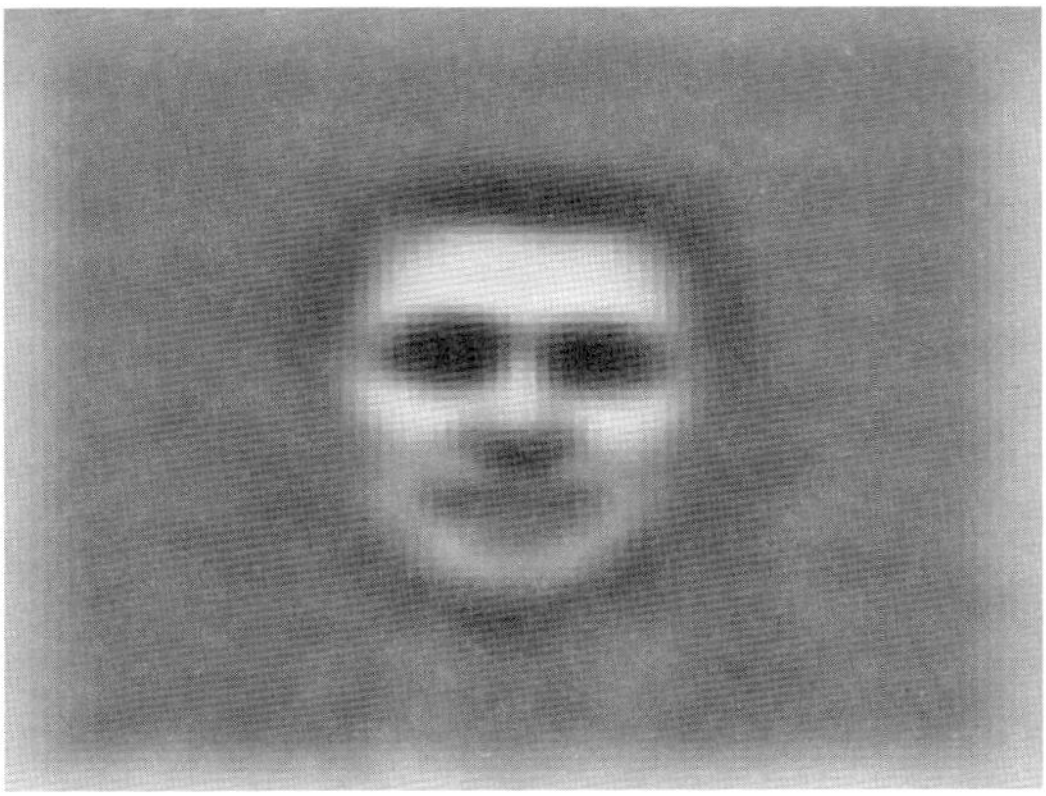

図２－５　「人間の顔ニューロン」が最も強く反応する画像

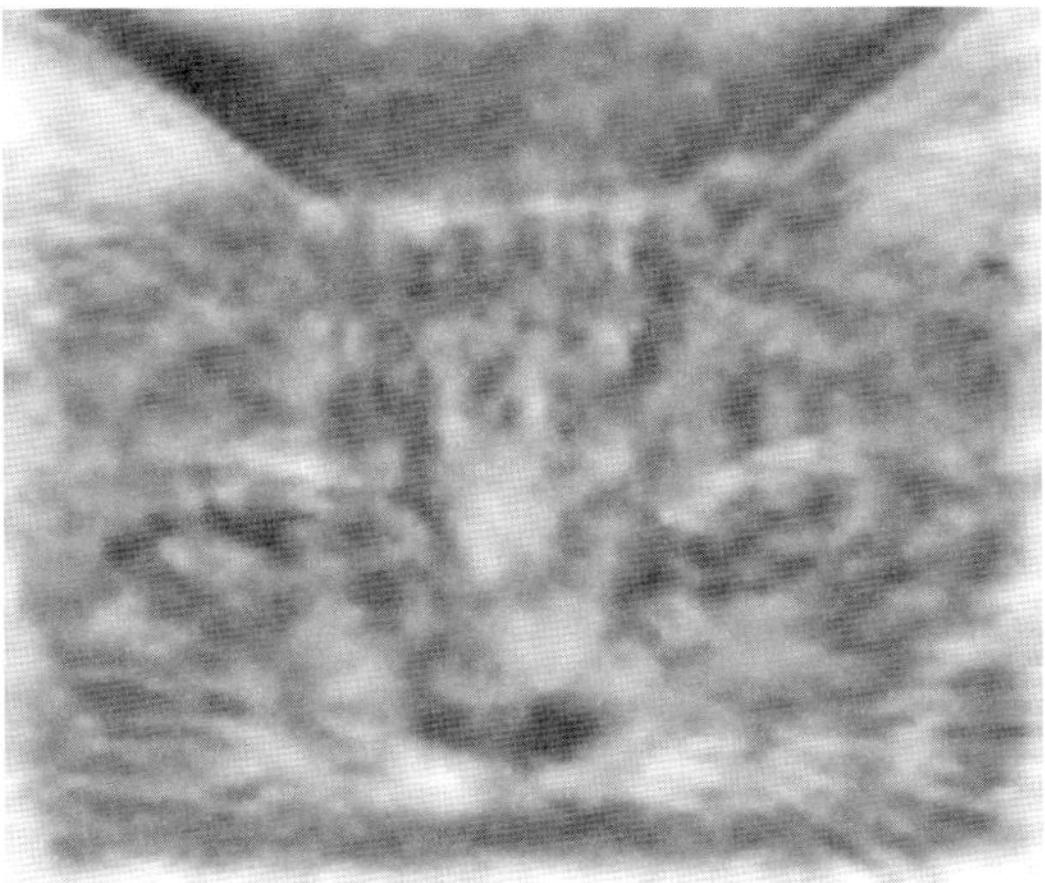

図２－６　「猫ニューロン」が最も強く反応する画像

グーグル社のニューラルネットワークは、「畳み込み」や「プーリング（圧縮）」といった、局所的な処理としては、人間の脳に似せたものも多いです。しかしながら、そうした局所的な処理自体は、旧くから研究されていたものであって、新しい処理が行われているわけではなく、過去の研究が実現できなかった「人間の脳のような情報処理」を実現したわけでもありません。あくまで、大量の画像データを処理できるようになったという、コンピューティングに関する研究成果なのです。

私たち人間の脳は、一度見ただけでも、何となく覚えていたり、すぐには思い出せなくても、例えば猫と遊んでいるうちに、過去に猫と遊んだときの情景などを連想して想起することができるものです。こうした点において、グーグル社のニューラルネットワークは、「人間の脳のような情報処理」におけるプログレスを行ったわけではなく、人間の脳が物体を認識する（ものを見る）ということについては、まだまだ多くの謎が残されているのです。

ニューラルネットワークはものを見ることが可能なのか

ここまでは、ニューラルネットワークがどのように「ものを見る」ということを行っているのかについて紹介してきました。ニューラルネットワークというものは、あくまでパターンを「分類」する道具であり、たとえば、「りんご」と「みかん」の特徴の違いを利用して、それぞれのパターンを分類していくというものです。こうした仕組みによって、いつかは、人間のように

「ものを見る」ということが可能になるのでしょうか。そもそも、人間が「ものを見る」ということは、一体、どのようなことなのでしょうか[69]-[81]。

　この問いを考える上で、図２－７を見てみましょう。これは、グラスにワインが注がれている写真です。私たち人間であれば、この写真を見れば、「美味しそうなワインが注がれている」ということがすぐにわかります。しかし、これまで見てきた通り、ニューラルネットワークにとって、これが「グラスにワインが注がれている」という様子を示す写真であることを理解するのは非常に困難です。このことを理解するためには、大前提として、写真というものは、「ピクセル」という、何の情報もない「点」が縦横に並んだものだということを意識していただく必要があります。つまり、写真そのものには、何の情報も含まれていないのです。そういった、何の情報も含まれない写真を与えられただけでは、「ワイン」や「グラス」というものを知らないニューラルネットワークが、その中に含まれるワインやグラスを見出すということは、実際は、非常に困難な課題なのです。

図２－７　グラスにワインが注がれている様子

　そこで、この写真に対し、「畳み込み」や「プーリング（圧縮）」というものを行ったとします。そうすると、ある程度、それぞれの形の「領域」や「境界」を見出すことができるかもしれません。しかし、それができたからといって、そこに「グラスの上方に位置するボトルからワインの液体が注がれている」ということを、どうやって見出すことができるのでしょうか。ニューラルネットワークは、「液体」というものを知りません。「液体が上方から下方に落ちる」ということも、当然理解できません。「グラスにワインが注がれている」という状況を理解するということは、こういった、多くの前提を理解できて、初めて可能になる、非常に高度な知的情報処理なのです。

こういった多くの前提を「理解」するためには、そもそも、自分自身が身体を持っていて、グラスを手に取った経験があり、ワインというものが（ワインでなくとも、何らかの液体が）グラスに注がれるということを見た（或いは自分で注いだ）経験があり、その結果としてワインを飲んだ経験がある、ということが必要です。「経験」というものを抜きにして理解するということが如何に困難であるかは、「百聞は一見に如かず」という諺が如実に表しています。経験せずに理解するのが人間にとっても困難だということは、読者の皆さんにとっても、「経験」によって理解できることではないでしょうか。そして、それはニューラルネットワークにとっても例外ではありません。身体を持たず、経験を伴わないニューラルネットワークというものにとっては、物事を「理解する」ことは、現状では、「不可能」と言って良いくらい困難な行為なのです。

ニューラルネットワークの研究から何を学ぶことができるのか

本章の振り返りとして、人工知能の研究がどのように始まったのか、そして、現在注目を集めている、「人間の脳の仕組みを模した」とされるニューラルネットワークというものがどのようなものなのかについて改めて理解し、そこから得られる学びについて考察します。まず、本章では、人工知能の研究の始まりとして、一七世紀のドイツの数学者ゴットフリート・ライプニッツによる四則演算計算機を紹介しました。ライプニッツの計算機は、当時、計算に従事しているすべての人びとを、無味乾燥な労働から解放し得る画期的な発明でした。会計士、資産管理者、商人、測量士、地理学者、航海士、天文学者を始めとする、多くの専門家の働き方を一新する可能性を秘めたものだったのです。

ライプニッツの計算機は、あらゆる「論理的思考（論理的推論）」に応用させることが期待され、その結果として、プログラミング言語で記述された「命令」であれば、どのような命令であっても実行することができる、現在のコンピュータ（電子計算機）が誕生したのです。コンピュータの発明は、「人間の（あらゆる）労働を機械に代替させる」という、人類の古くからの夢の実現を大きく期待させせます。その結果として、一九五六年、「ダートマス会議」という国際会議で、「人工知能（Artificial Intelligence）」という言葉が作られました。ダートマス会議を皮切りに、人工知能という新しい研究分野に多くの研究者が集まり、人工知能の研究は「ブーム」となりました。そして、紆余曲折を経て、現在の「第三次人工知能ブーム」に至るのです。

人工知能に関して、何度も「ブーム」が起こってしまうのは、人工知能に関する「事実」と「期待」がごっちゃになり、過度な期待を引き起こした末に、それが裏切られることに他なりません。人工知能を冷静に見つめるためには、科学的な「事実」と、「仮説」とを、分けて考えることが何よりも重要です。

現在の「第三次人工知能ブーム」を牽引しているのは、「人間の脳の仕組みを模した」とされる「ニューラルネットワーク」であると考えられます。ニューラルネットワークが、「人間の脳の仕組みを模した」と聞くと、まるで、人間と同じように学習し、成長していく機械が作られたように感じられてしまいます。しかしながら、ニューラルネットワークは、人間の脳の仕組みのうち、ほんの一部を模したものに過ぎず、実際のところは、データを処理する工学的な「道具」に過ぎないのです。

私たち生物の脳や身体は、神経細胞によって動かされており、そうした神経細胞が、電気信号によって動かされているということは、「事実」として観測されています。そして、それらの神経細胞は、電気信号を受けることで、発火を引き起こし、隣り合う神経細胞が、タイミングを同じくして発火することで、神経細胞間の結合が強まる、シナプス増強という現象もまた、「事実」として観測されています。ここまでが、脳の仕組みに関する「事実」です。

この事実を通して、研究者たちは、シナプス増強が、脳の中での記憶の形成の鍵を握っているのではないかと考えました。そして、脳は、画像や音声などのデータを、そうしたシナプス増強によって記憶しているのではないかと考えました。これが、脳の仕組みに関しての「仮説」であり、こうした「仮説」に基づいて工学的に設計されたデータ処理の道具が、ニューラルネットワークなのです。しかしながら、こうして設計されたニューラルネットワークは、自らの身体をもっていないため、それを通して「経験」するということができません。与えられたデータを処理するということはできても、「経験」を通して学ぶということができないのです。「百聞は一見に如かず」という言葉は、ニューラルネットワークにとっても例外ではありません。人間が「ものを見る」という行為は、単に画像を処理するということを越え、身体による豊かな経験に基づくものなのです。次章では、私たち人間の脳が、どのようにしてものを見ているのか、そのメカニズムに、更に迫っていくこととしましょう。

第二章　参考文献・参考ウェブサイト

[1] レイ・カーツワイル『シンギュラリティは近い　人類が生命を超越するとき』ＮＨＫ出版（2016）

[2] 中尾佐助『栽培植物と農耕の起源』岩波新書（1966）

[3] 松田雄馬『人工知能の哲学　生命から紐解く知能の謎』東海大学出版部（2017）

[4] 星野力『誰がどうやってコンピュータを創ったのか?』共立出版（1995）

[5] デイヴィッド・バーリンスキ（林大訳）『史上最大の発明アルゴリズム　現代社会を造りあげた根本原理』ハヤカワ文庫（2012）

[6] マーティン・ディヴィス（岩山知三郎訳）『数学嫌いのためのコンピュータ論理学　何でも「計算」になる根本原理』コンピュータエージ社（2003）

[7] マーティン・デイヴィス（沼田寛訳）『万能コンピュータ　ライプニッツからチューリングへの道すじ』近代科学社（2016）

[8] 中島秀之『知的エージェントのための集合と論理』共立出版（2000）

[9] 中内伸光『ろんりと集合』日本評論社（2009）

[10] 大村平『論理と集合のはなし　正しい思考の法則』日科技連出版社（2014）

[11] 鈴木登志雄『例題で学ぶ集合と論理』森北出版（2016）

[12] 竹原卓真他『「顔」研究の最前線』北大路書房（2004）

[13] 藤本雄一郎他『OpenCV 3プログラミングブック』マイナビ出版（2015）

[14] Adrian Kaehler 他『Learning OpenCV 3: Computer Vision in C++ with the OpenCV Library』O'Reilly Media（2016）

[15] 多田智史（石井一夫監修）『あたらしい人工知能の教科書　プロダクト／サービス開発に必要な基礎知識』翔泳社（2016）

[16] 原田達也『画像認識』講談社（2017）

[17] 浦西友樹他『画像処理・機械学習プログラミング OpenCV 3対応』マイナビ出版（2017）

[18] 坪井祐太他『深層学習による自然言語処理』講談社（2017）

[19] 米本完二「日本の産業用ロボットの現状と将来の見通し」精密機械42巻8号（1976）

[20] J.F.Engelberger『Robotics in Practice』AMACOM（1980）

[21] 井上晴樹『日本ロボット創世紀 1920〜1938』NTT出版（1993）
[22] 楠田喜宏「産業用ロボット技術発展の系統化調査」国立科学博物館（2004）
[23] NEDO ロボット・AI部『ロボット白書2014』NEDO（2014）
[24] 曽根原登他『ビッグデータ時代のライフログ ICT社会の〝人の記憶〟』東洋経済新報社（2012）
[25] 田中道昭『アマゾンが描く2022年の世界 すべての業界を震撼させる「ベゾスの大戦略」』PHPビジネス新書（2017）
[26] 西田圭介『ビッグデータを支える技術 刻々とデータが脈打つ自動化の世界』技術評論社（2017）
[27] 野村総合研究所ビジネスIT推進部他『ITロードマップ2018年版』東洋経済新報社（2018）
[28] 野村総合研究所ICTメディア産業コンサルティング部『ITナビゲーター2018年版』東洋経済新報社（2017）
[29] 経済協力開発機構（OECD）編著（大磯一他監修、訳）『OECDビッグデータ白書 データ駆動型イノベーションが拓く未来社会』明石書店（2018）
[30] 相磯秀夫、甘利俊一監修『ニューロコンピューティングへの挑戦』三田出版会（1989）
[31] 中野馨他『ニューロコンピュータの基礎』コロナ社（1990）
[32] 松本元他編『脳とコンピュータ3 神経細胞が行う情報処理とそのメカニズム』培風館（1991）
[33] T・コホネン（中谷和夫訳）『自己組織化と連想記憶』シュプリンガー・フェアラーク東京（1993）
[34] 甘利俊一他編『脳とニューラルネット』朝倉書店（1994）
[35] 西森秀稔『パリティ物理学コース クローズアップ ニューラルネットワークの統計力学』丸善（1995）
[36] 川人光男『脳の計算理論』産業図書（1996）
[37] 武田暁『物理のたねあかし2 脳と力学系』講談社サイエンティフィク（1997）
[38] 熊沢逸夫『学習とニューラルネットワーク』森北出版（1998）
[39] 榊原康文他『情報数理シリーズB-6 計算論的学習』培風館（2001）
[40] 福島邦彦他『基礎情報工学シリーズ19 視聴覚情報処理』森北出版（2001）
[41] 西森秀稔『スピングラス理論と情報統計力学 新物理学選書』岩波書店（1999）
[42] 西森秀稔『物理と情報（1） スピングラスと連想記憶』岩波書店（2003）
[43] ジェフ・ホーキンス他（伊藤文英訳）『考える脳 考えるコンピューター』ランダムハウス講談社（2005）

[44] 都築誉史他『高次認知のコネクショニストモデル　ニューラルネットワークと記号的コネクショニズム』共立出版（2005）
[45] 銅谷賢治他編『脳の計算機構　ボトムアップ・トップダウンのダイナミクス』朝倉書店（2005）
[46] 甘利俊一『コレクション認知科学11　神経回路網モデルとコネクショニズム』東京大学出版会（2008）
[47] Quoc V. Le「Building High-level Features Using Large Scale Unsupervised Learning」ICASSP2013（2013）
[48] 岡谷貴之「画像認識のための深層学習」人工知能学会誌28巻6号 pp.962-974（2013）
[49] 岡谷貴之『深層学習』講談社（2015）
[50] 斎藤康毅『ゼロから作る Deep Learning Python で学ぶディープラーニングの理論と実装』オライリージャパン（2016）
[51] 中井悦司『TensorFlow で学ぶディープラーニング入門　畳み込みニューラルネットワーク徹底解説』マイナビ出版（2016）
[52] 斉藤康己『アルファ碁はなぜ人間に勝てたのか』ベスト新書（2016）
[53] 羽生善治他『人工知能の核心』ＮＨＫ出版新書（2017）
[54] Brooks, R.「A robust layered control system for a mobile robot」IEEE Journal on Robotics and Automation（1986）
[55] Brooks, R.「Asynchronous distributed control system for a mobile robot」SPIE Conference on Mobile Robots（1986）
[56] Brooks, R. A「A Robust Programming Scheme for a Mobile Robot」Proceedings of NATO Advanced Research Workshop on Languages for Sensor-Based Control in Robotics（1986）
[57] ロドニー・ブルックス（五味隆志訳）『ブルックスの知能ロボット論　なぜＭＩＴのロボットは前進し続けるのか？』オーム社（2006）
[58] 坪井祐太他『深層学習による自然言語処理』講談社（2017）
[59] 吉川隼人『Google Cloud Platform ではじめる機械学習と深層学習』リックテレコム（2017）
[60] 坂本俊之『Chainer で作るコンテンツ自動生成ＡＩプログラミング入門』シーアンドアール研究所（2017）
[61] 下田倫大他『TensorFlow 活用ガイド』技術評論社（2018）
[62] 小泉英明『脳の科学史　フロイトから脳地図、ＭＲＩへ』角川ＳＳＣ新書（2011）
[63] A. L. Hodgkin and A. F. Huxley「A quantitative description of membrane current and its application to conduction and excitation in nerve」The Journal of Physiology 117（1952）
[64] 松本元『神経興奮の現象と実体　上』丸善（1981）

[65] 松本元『神経興奮の現象と実体 下』丸善（1982）
[66] 甘利俊一監修、岡本仁編『シリーズ脳科学４ 脳の発生と発達』東京大学出版会（2008）
[67]「Using large-scale brain simulations for machine learning and A.I.」Official Google Blog（2012.06.26）https://googleblog.blogspot.jp/2012/06/using-large-scale-brain-simulations-for.html
[68]「Google、大規模人工ニューロンネットワークを用いた研究成果を紹介」日経ＢＰ ＩＴｐｒｏ（2012.06.27）http://tech.nikkeibp.co.jp/it/article/NEWS/20120627/405501/
[69] 佐藤真一他『石頭なコンピュータの眼を鍛える』丸善ライブラリー（2009）
[70] 藤田一郎『「見る」とはどういうことか 脳と心の関係をさぐる』ＤＯＪＩＮ選書（2007）
[71] 藤田一郎『脳はなにを見ているのか』角川ソフィア文庫（2013）
[72] 藤田一郎『脳がつくる３Ｄ世界 立体視のなぞとしくみ』ＤＯＪＩＮ選書（2015）
[73] 佐伯胖『コレクション認知科学１ 認知科学の方法』東京大学出版会（2007）
[74] 宮崎清孝他『コレクション認知科学３ 視点』東京大学出版会（2008）
[75] 佐々木正人『コレクション認知科学７ からだ：認識の原点』東京大学出版会（2008）
[76] 鳥居修晃他『知覚と認知の心理学２ 視知覚の形成２』培風館（1997）
[77] 山口真美『赤ちゃんは世界をどう見ているのか』平凡社新書（2006）
[78] 山口真美他『赤ちゃんの視覚と心の発達』東京大学出版会（2008）
[79] 乾敏郎他『認知心理学１ 知覚と運動』東京大学出版会（1995）
[80] 寺北明久他編『動物の多様な生き方１ 見える光、見えない光 動物と光のかかわり』共立出版（2009）
[81] アンドリュー・パーカー（渡辺政隆他訳）『眼の誕生 カンブリア紀大進化の謎を解く』草思社（2006）

第三章　脳はどのようにして世界を知覚するのか

朝、目が覚めると、私たちの目の前には「世界」が広がっています。私たちは、目で見ることで、リビングの風景や家族の様子を感じることができます。しかしながら、人工知能や機械にとって、ものを見ることは容易ではありません。そしてそれは、初めて目を開く赤ちゃんにとっても、同様のことなのかもしれません。本章では、「人工知能」が極めて不得意とする、ものを見るということを中心とした、私たちが世界を知覚するメカニズムについて、考えていきます。

「人間は視覚を通じて八七％もの外部情報を得ている」[1]

こうした表現が意味する通り、私たちは、外界から得る情報のほとんどを、視覚に頼っていると言われています。視覚を通して捉えられるものには、非常に豊富な情報が含まれています。私たちの祖先である生物が、約五億四二〇〇万年前から約四億八八三〇万年前までのカンブリア紀に「目」を持ち、活動を活性化させると共に、生物種を爆発的に増やしたことを考えると、私たち生物にとって、視覚情報の役割が如何に大きいかということが理解できます。[2]

視覚を通じて、人間は、どのようにものを見ているのでしょうか。このメカニズムを研究していくと、そもそも、私たち人間がものを見るというのはどういうことなのか、世界を知るとはどういうことなのかといったことを、一つの筋道だった物語として理解することができます。ここからは、目に飛び込んできたものを、私たちが「見える」ようになるまでの、脳を舞台とした物語を追ってみましょう。

脳は「動き」と「形」をバラバラに認識する

ふと、空を見上げると、遠くの方から、ボールが飛んできたとします。それを見て、私たちは何を思うでしょうか。

「何かが飛んでくる」
「凄いスピードで飛んでくる」
「こちらに向かって飛んでくる」
「白くて丸い物体だ」
「ボールのようだ」
「ボールがこちらに向かって凄いスピードで飛んできているようだ」

当然の話ではありますが、何かが自分に向かって飛んできているとき、それがボールであろうが鳥であろうが石ころであろうが、とにかく避けるか摑むかの動作をしないといけません。すなわち、「何かがこちらに向かって凄いスピードで飛んできている」という、物体の動きに関する情報は、「白くて丸いボールのような物体」という、物体の形や特徴に関する情報よりも、優先して処理されるべき情報です。先に「白くて丸いボールのような物体が……」などと言いながら、のんびりと分析していては、分析が終わる前に、飛んでくるボールにぶつかってしまいます。

このように考えると、私たちの脳は、非常によくできています。物体の動きに関する情報と、形や特徴に関する情報は、別々に処理され、まずは動きに関する情報だけで、自分自身がどのように行動すべきかを判断できる仕組みになっているのです[3]-[9]。

脳の視覚系の情報処理の経路を示す図3-1を見てみましょう[7]。ものを見ようとして目を開くと、目に飛び込んでくる映像（光）は、大きく二つの経路に分かれていきます。その二つの経路

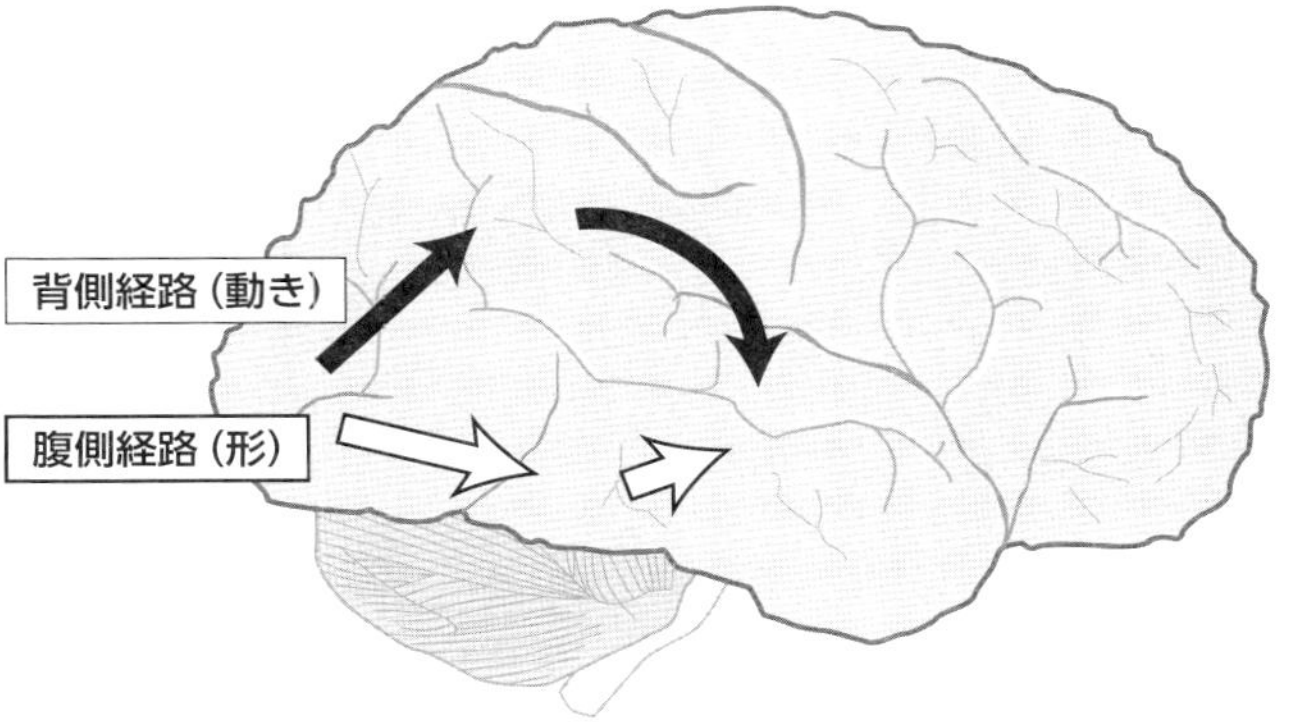

図３－１　視覚系の情報処理経路　（図版作成：スタジオサムワン）

は、ものの「形」に反応するものと、「動き」に反応するものであり、それぞれ、「腹側経路」と「背側経路」と呼ばれています。重要なことは、目に入って来る光は、ものの「形」と「動き」という二つの特徴に分かれて認識されているということです。その中で、「何かが飛んでくる」という「動き」に反応する「背側経路」について、少し詳しく見ていきましょう。

ボールなどの動いている物体を捉えるとき、背側経路は、その物体の動きの流れ（ベクトル）を捉えます。その流れは、自分が静止している場合には、物体そのものの動きとして、捉えられるかもしれません。しかし、物体の流れは、自分が動いている場合にも生じます。自分が動けば、景色全体が動き、自分から遠いものは遅く、自分に近いものは速く動きます。

興味深いことに、物体の動きの流れを知覚するとき、脳は、物体の絶対的な速度を知覚するわけではありません。自分に対して「衝突」するかどうか、「衝突」するのであれば、どれくらいの時間で衝突するのか、すなわち「衝突時間」を知覚しているのです。これは、前章で見た「ニューラルネットワーク」が「りんご」と「みかん」を分類するプロセスとは、質的に異なる情報処理だと言えます。

自分自身が身体を持ち、その身体を動かす（あるいは景色や物体が動く）からこそ、「自分に衝突するかどうか」という、自分と物体との関係を、知覚することができるのです。身体がなければ、運動視という知覚は成り立ちません。私たち生物は、身体を持つことで、物体を、自分との関係（衝突するかどうか、衝突するとしたら、いつどこに衝突するか）によって知覚することができるのです。身体を持たない「ニューラルネットワーク」は、こうした自分と物体との関係を知覚することはできないのです。

こうした身体による「知覚」というものは、「ニューラルネットワーク」をはじめとする機械にとっては容易ではなく、非常に優れた情報処理であると言えるのですが、視覚を当然の感覚として身につけている私たち人間にとっては、それが何故優れているのかを実感すること自体が、容易なことではありません。自分と物体との関係を知覚する「身体感覚」というものを理解するためには、私たちが、それをどのように身につけてきたのかを知ること、すなわち、生まれた頃に何が起こっていたのかを理解することが近道です。ここからは、私たち生物が、生まれて間もない頃から、どのように物体や外の世界を認識できるよう成長していくのかを見ていきましょう。

世界を認識する上での身体の役割

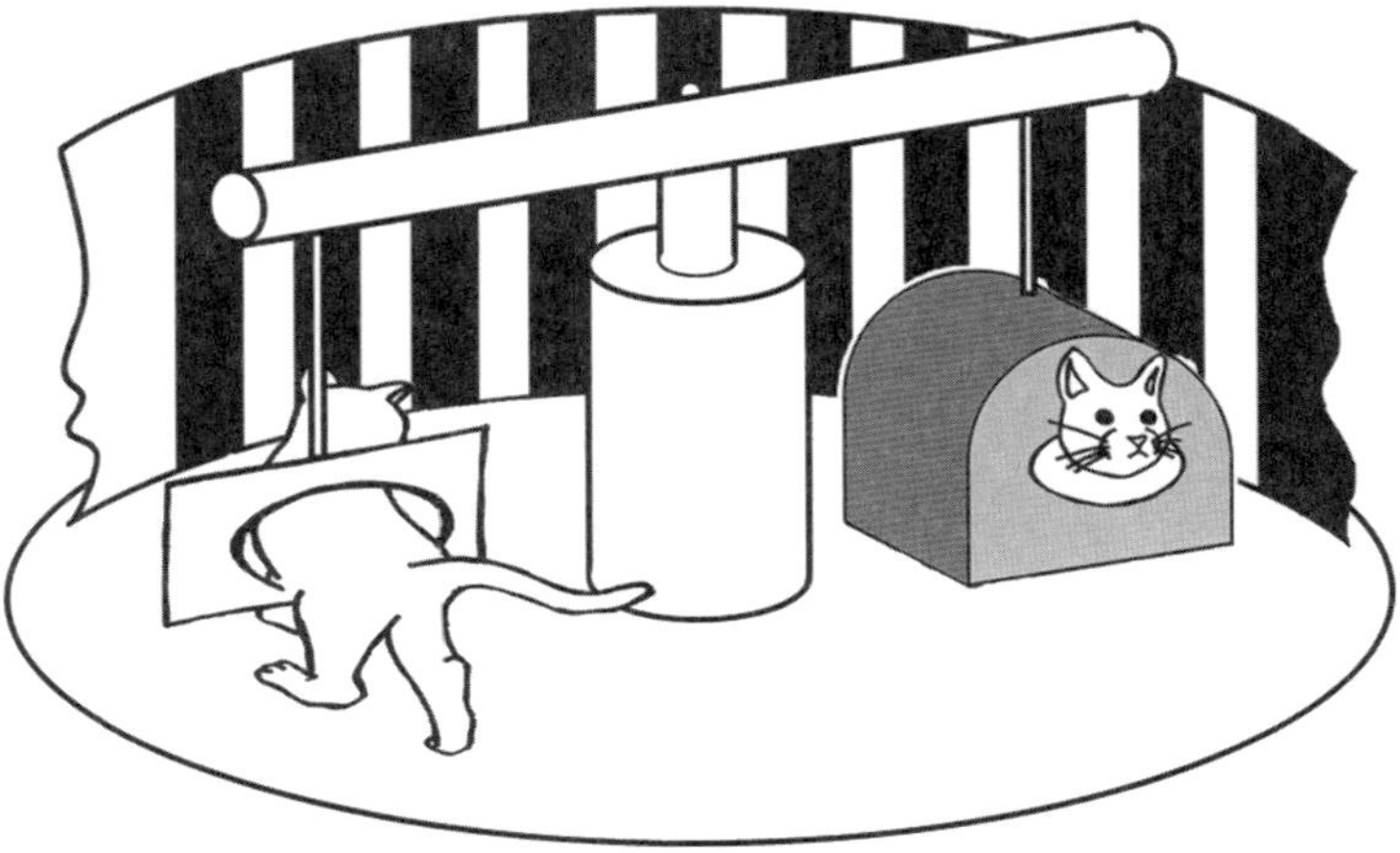

図3－2　ゴンドラ猫の実験イメージ　二匹の猫が得る視覚情報は全く同じものであるが、ゴンドラに入れられた猫のほうは、自らの意思で動くことができない。このことだけを考慮すると、二匹の猫の視覚的な認識の発達は、何も影響も受けないように考えられる。

世界の「動き」を見る「運動視」について考えていくと、私たちは、単に目で世界を見ているのではなく、どうも、身体そのものを使って、世界を見ているのではないかということに気づきます。それを裏付ける実験が、一九六〇年代にアメリカで行われました[9][10]。一九六三年、アメリカで、二匹の子猫を使った、通称「ゴンドラ猫」と呼ばれる有名な実験が、ヘルドとハインという二人の学者によって行われました。歩けるようになったばかりの二匹の子猫（生後八～一二週）が、一日三時間、図のような装置の中に入れられ、互いに繋がれている状態にあります。片方の猫は自分で動き回ることができますが、もう片方の猫はゴンドラの中に入れられていて、自分で動き回ることができません。ゴンドラは、自分で動ける方の猫の動きと連動し、点対称の動きをするような仕掛けになっています（図3‐2）。つまり、二匹の猫の見ている景色は全く同じであり、唯一の違いは、自分の意思で動いているかどうかだけでした。さて、この唯一の違いが、二匹に何をもたらしたのでしょうか。

この装置から解放された二匹の猫に一連の視覚テストを行ってみると、驚くべき事実が明らかになりました。自らの意思で動き回ることのできる「能動的な」猫は、この装置から解放された後であっても、視覚が正常に機能しました。つまり、「世界を知覚する」ことに支障をきたすことはありませんでした。一方、ゴンドラに入れられ、自らの意思で動くことを禁じられた「受動的な」猫は、見ようとする行為自体を行えたものの、視覚刺激に対して反応することができませんでした。受動的な「ゴンドラ猫」は、空間認識能力が正常に機能せず、ものにぶつかったり、障害物を避けることができなかったり、リーチも不適切であったり、という状態だったのです。

ゴンドラ猫の実験は、私たち生物が、視覚情報によって空間を認識する能力（どこにものがあるかを判断する能力）を身に付けるには、視覚情報を得るだけでは不十分であり、能動的な運動を必要とする、ということを、私たちに教えてくれます。視覚と運動という、独立しているように見える二つの機能は、互いに切り離すことができないだけではありません。ゴンドラ猫の実験は、「世界は、自ら能動的に働きかけを行うことによってはじめて認識できる」ということを教えてくれます。

世界は、世界を認識しようとする主体である私たち生物の一個体一個体が、自らの身体を使って、能動的に関わることによって初めて認識することができます。[3][6][9][11][12] そして、一人一人異なる身体を持つ私たちの認識する世界は、厳密に言うと、まったく同じというわけではありません。世界を認識するということは、世界と自分の身体との関係を認識するということであり、世界を「主観的」に理解するということでもあるのです。実は、これが、時として、「現実と異なる」認識を引き起こす原因になるということが知られています。「錯視（錯覚）」という現象は、このようなプロセスから生じると言われており、これまで様々な「錯視」が発見されてきました。[13]-[17] ここからは、「錯視」を通して、身体の役割についての理解を、更に深めていきましょう。

身体によって生まれる目の錯覚

目の錯覚、すなわち錯視が起こるということは、単に私たちの脳が「騙されている」というだけではありません。錯視は、私たちが「主観的」に世界を認識している結果として生じるものであり、私たちが、能動的に世界と関わり、能動的に世界を認識しようとする結果として生じるものだと言えます。錯視の例を俯瞰して見ることによって、そうした能動的な認識がどのように行われているのかについて、理解を深めていきましょう。

まず、図3‐3を見てみましょう。これは、一般的には、私たちの「大きさの認識」というものが、如何に当てにならないかということを示す、錯視の例の一つです。四匹いる犬は、どれも同じ大きさですが、後ろに行くほどに、犬が大きく見えます。特に、背景に注目すると、犬の大

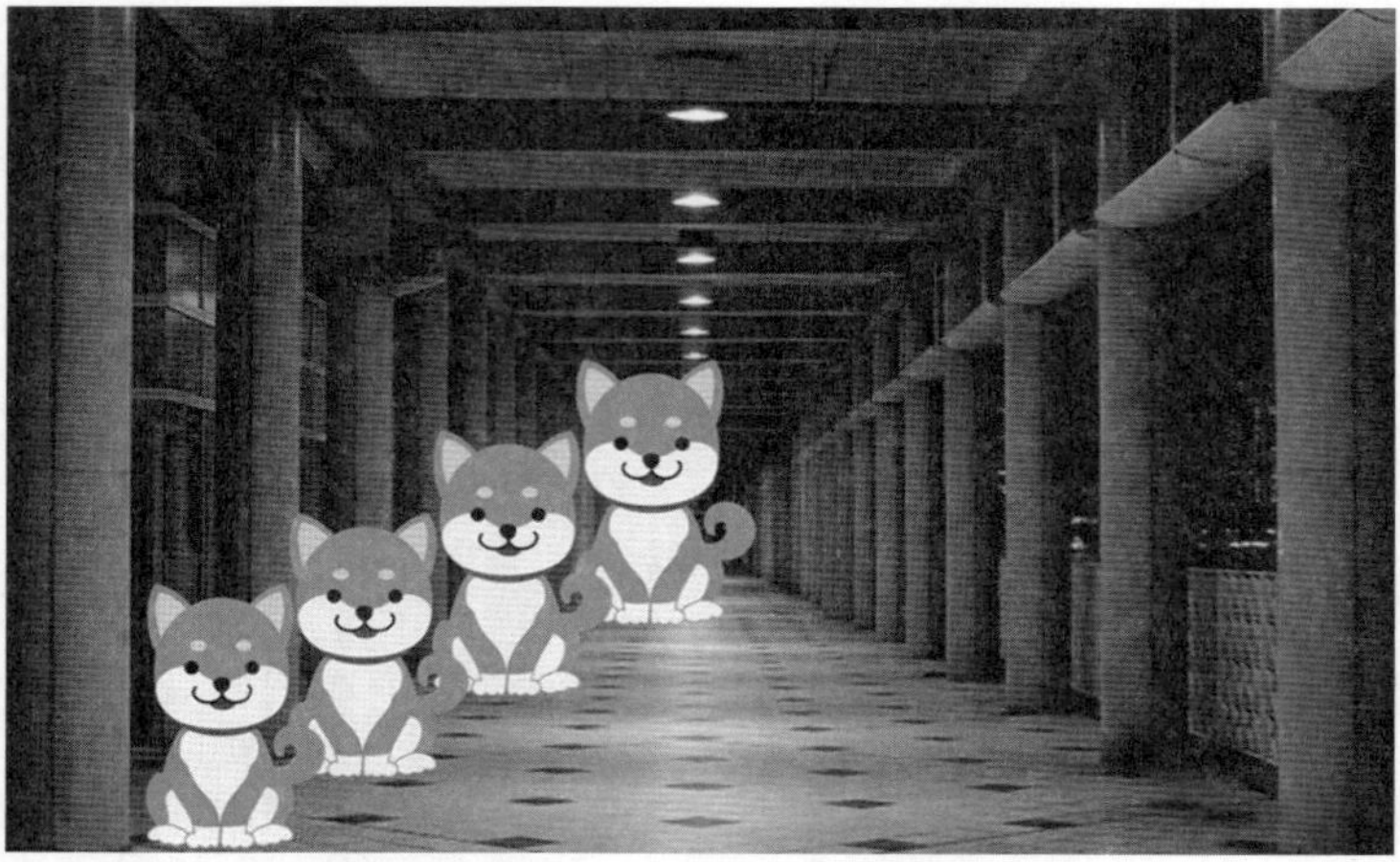

図3－3　大きさの錯視　どの犬も同じ大きさに見えるだろうか？

きさの違いが際立って見えます。これは、背景である廊下が、遠くへ行くほど小さくなる「遠近法」によって描写されており、この背景に着目することで、脳が、「遠くの物体ほど小さくなるはずだ」と誤解するために生じます。このように「大きさの錯視」とは、私たちに遠近感という感覚があるからこそ生じるのです。それはゴンドラ猫の実験で能動的に動いた猫が正常に機能したように、自らの身体を使って経験したからこそ獲得できる感覚なのです。

次に、「大きさの認識」とは異なる例として、図3－4を見てみましょう。これは、一般的には、私たちの「空間の認識」というものが、如何に当てにならないかを示す錯視の例の一つです。「テーブルの錯視」と呼ばれる図3－4を見ると、左の縦長に見えるテーブルと、右の幅広に見えるテーブルは、どのように見ても、同じ大きさ、同じ

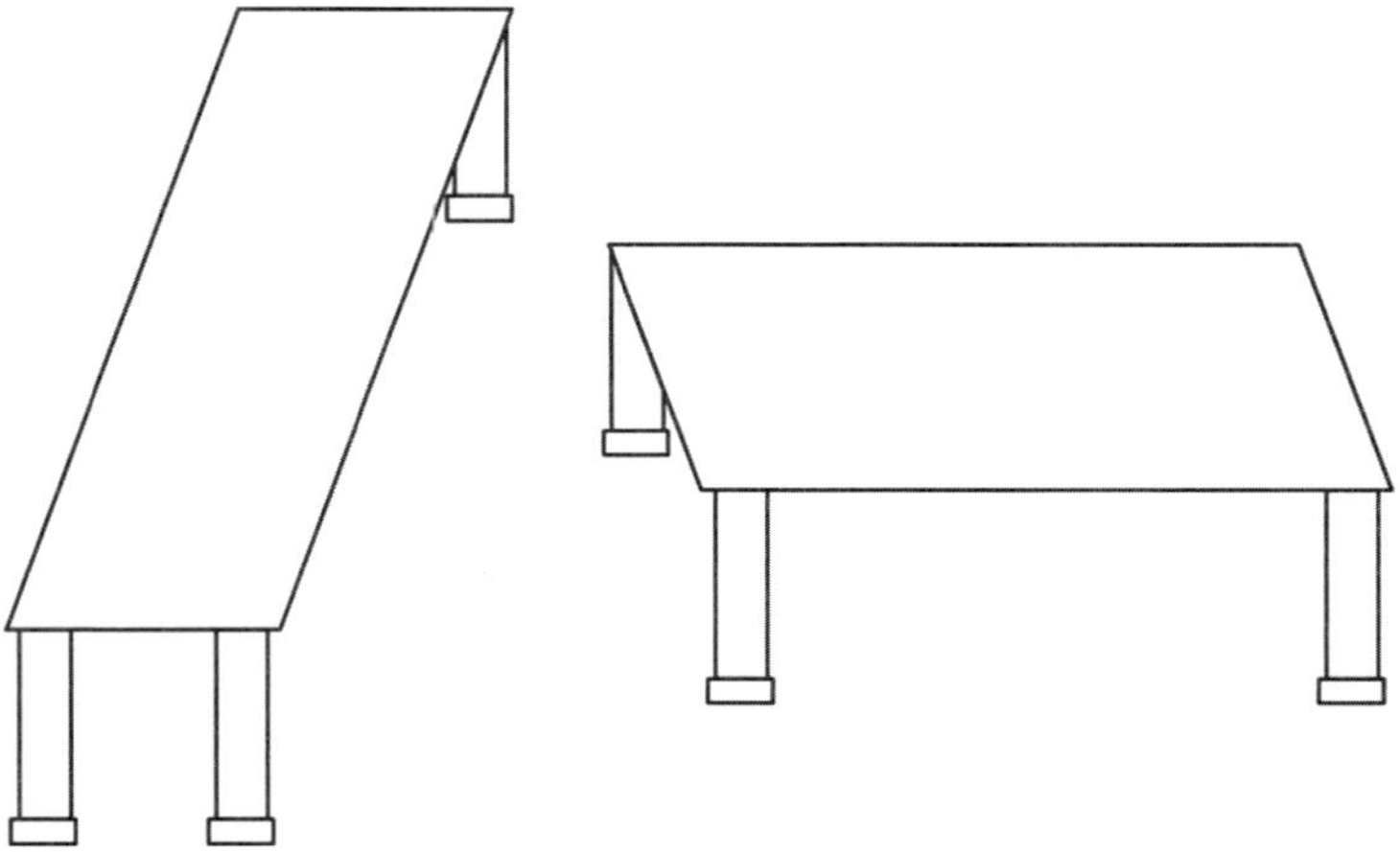

図3－4　テーブルの錯視　この二つのテーブルのうち細長い方はどちらだろうか？

形には見えません。しかしながら、図3－5のように、定規を当ててみると、左右のテーブルは、共に長辺が一五センチメートル、短辺が六センチメートルの、全く同じ大きさと形の平行四辺形だということがわかります。この錯視は、縦向きに描写されたテーブルは、奥行きを考慮すると、見た目よりも「奥に伸びている（長い）のではないか」という思い込みがあるために生じるものです。「思い込み」と聞くと、悪いもののように感じられるかもしれませんが、こうした思い込みがあることによって、「奥行き」というものが認識できていると考えると、私たちは、「思い込み」によって空間を認識しているとも言えるのです。こうした空間に関する認識には、「運動視」を司る背側経路が大きく関係しています。ここからは、視覚のもう一方の経路である腹側経路が担当する「形の認識」、すなわち「形態視」に関する錯視を見ていきましょう。

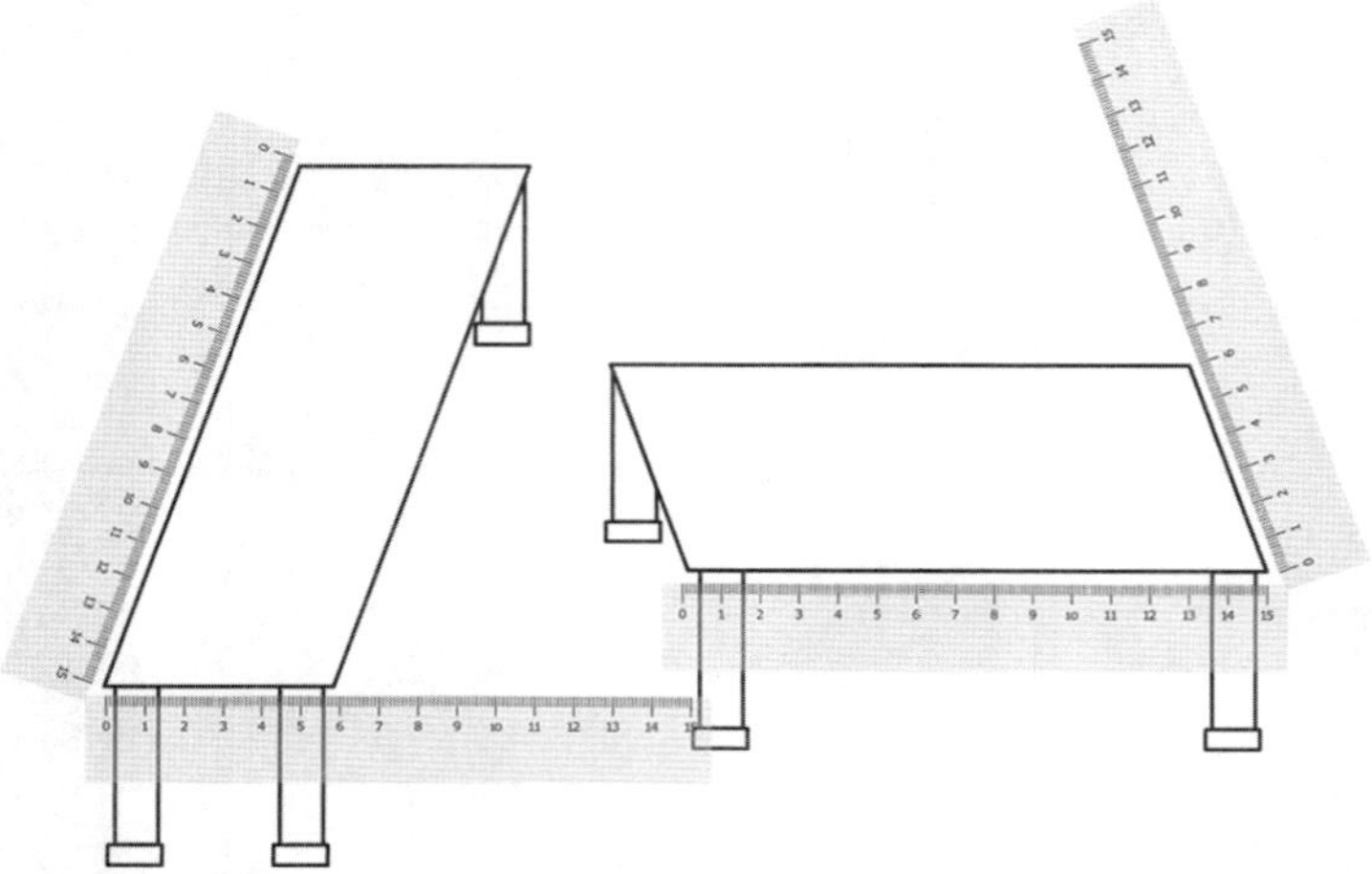

図３－５　テーブルの錯視の分析　二つのテーブルは全く同じ平行四辺形だった

図3－6に示す「カニッツァの錯視」は、私たちの「形の認識」というものが、如何に当てにならないかを示す錯視の例の一つです。形の認識が当てにならないということは、私たちが普段「そこに、ものがある（ある形をしたものがある）」と感じていること自体が、思い込みによるもの、すなわち、「主観」的に作り出されたものである可能性があるということです。図3－6の左側の図を見ると、私たちの目には、まるで白い三角形があるように感じられます。また、右側の図を見ると、白いひょうたんのような形があるように感じられます。しかしながら、実際に描かれているのは、黒いパックマンや、半円のようなものだけであり、実際には、三角形やひょうたんの形など、「どこにも存在しない」のです。

　こうした、本当は存在しないにもかかわらず、

図３－６　カニッツァの錯視　存在しない三角形やひょうたんが主観的に作り出されることで「見える」

まるで存在するかのように見えてしまう輪郭は「主観的輪郭」と呼ばれ、脳内で「主観的」に作り出されたものなのです。こうした「ありもしないものが見えてしまう現象」は、脳内では常に起こっています。これがなければ、テレビやパソコンの画面を見ても、「形」を見ることはできず、単なる「ドット」の集まりに見えてしまうでしょう。「ありもしないものが見えてしまう現象」と表現すると、脳が誤作動を起こしてしまっているようにも感じられるかもしれません。少なくとも、脳が「騙されている」ということ自体は間違いではないのですが、これができなければ、私たちは、視覚によって生きていくことができないとも言えるのです。

ここまで見てきた「錯視」に関する様々な例から得た知見を総合すると、「大きさの認識」や「空間の認識」や「形の認識」というものは、すべて、「主観的なもの」であり、周囲との関係（あるいは自分と対象との関係）によってのみ決まるものであると言えます。そうした観点では、私たちの目は、常に「思い込み」でものを見ている、と考えることもできます。しかしながら、「大きさの認識」や「空間の認識」に関する錯視を通して見てきたように、私たちは、「遠近感」を持っているからこそ、空間を認識して、その空間の中で適切な行動を取ることができます。また、「形の認識」に関する錯視を通して見てきたように、私たちは、そこに「形」があると錯覚することによってこそ、「形を見る」ことができると言えます。「そこにものがある」と錯覚すること（思い込むこと）なしに、目で世界を見ることはできないと言えるのです。そうした観点で考えると、私たちは、世界を見ている「つもりになっている」だけであり、実際には、そのような世界は存在しないのですが、その一方で、私たちは、「錯覚する（思い込む）」ことによって、脳内で、世界を主観的に作り出すことができるのだと解釈することもできます。私たちが「客観的に見ている」と「思い込んでいる」この世界の様子は、実は、私たちが、脳内で主観的に作り出しているものであり、それによって、私たちは、生きていくことができると言えるのです。

私たちの見ている世界が「主観的に作り出された世界」だとすると、その世界は、見る人によって大きく異なると言うことができます。そうした事実を端的に理解できるのが、図3-7です。「図地反転図形」と呼ばれるこの図形は、「黒色」に着目すると、ブロックのようなものが見える一方で、「白色」に着目すると、それとはまったく異なる「ＩＥＥＥ」という文字が浮き上がって見えてきます。このように、人は、同じものを見ていても、必ずしも「認識」が一致するわけではなく、同じものの何処に着目し、どのように解釈するかによって、「主観的に作り出される世界」は、異なってくると言えるのです。こうした主観世界を持っているということは、人間や生物の大きな特徴であると言えます。[11][12]

さて、ここまでは、「錯視」に関する様々な例を通して、私たちの見ている世界である、「主観的に作り出した世界」というものがどのようなものかを探究してきました。ここからは、こうした「主観的に作り出した世界」というものが、どのように作り出されているのかを探究するために、さらに多くの例を見ていきましょう。

図３－７　図地反転図形　白色に着目することで文字が見える

錯覚によって創り出される世界

ここまで、幾つかの錯視の例を参照しながら、私たちの脳内で、「主観的に作り出した世界」がどのようなものであるかについて探究してきましたが、仮に「錯覚」というもの（思い込むということ）がなかったら、この世界は、どのように見えるのでしょうか。

この問いに向き合うために、開眼手術を受けて初めて「視力を得る」ことができた先天性の白内障患者の例を紹介したいと思います。[5] 白内障とは、目の「レンズ」の部分にあたる水晶体が混濁することで、目に光が入らず、視覚情報が奪われてしまう病気です。水晶体の混濁さえ除去することができれば、目に光が届く可能性があるため、古代インドの時代から、手術が行われていたといいます。現在は、水晶体を人工レンズに代替する外科手術（開眼手術）が行われています。

先天的な白内障患者は、開眼手術を受けると、どのような光景を目にするのでしょうか。開眼手術を行った後、包帯を取ると同時に、周りに集まった家族と目を合わせ、初めて見る家族と感動の抱擁をする……といった場面が、ドラマや映画ではよく描かれます。しかしながら、残念なことに、実際のところ、開眼手術を行った患者が経験することは、そういったドラマティックな場面とは大きくかけ離れているようです。

開眼手術を行い、「目が見える」ようになった直後、目に飛び込んでくるのは、家族の笑顔でも、大自然の風景でもなく、「光」であり、患者が受ける感覚は、感動とは程遠く、ただただ「まぶしい」ということに尽きるといいます。目に飛び込んでくる「光」の中に、「色」や「形」や「動き」といった豊かな情報が含まれる、などということは、光を初めて見る人にとっては知る由もないのです。遠くのものが小さくなるといった遠近法も、何一つ知らない状態なので、地平線に向かって伸びていく一本の道路が、「先が尖っている三角形」のように見えるのです。目の前に猫がいてもわからず、触ってみて初めて、「猫だ！」と感動する、という例も報告されているほどです。

このような白内障患者の例は、私たちが、「視力を得る」だけでは、世界を見ることができないということを示す有力な例であると言えます。すなわち、目から「光」を得るだけでは、私たちは、「世界を（主観的に）作り出す」ことができず、この世界の情報を得ることはできない、と言えるのです。そう考えると、私たちは、いつから、どのようにして、「世界を作り出す」ことができるようになったのだろうかという疑問が湧いてきます。ひょっとしたら、目の見える私たちが、生まれて初めて目にした光景も、こうした開眼手術を受けた患者が目にするそれと、同じだったのかもしれません。私たちが、生まれたばかりの頃に見ていた世界というものは、どのようなものだったのでしょうか。そして、それは、成長の過程で、どのように変化していったのでしょうか。目から入った光から世界を知ることができるようになるプロセスを解き明かす方法として、生まれたばかりの赤ちゃんが見る世界を知ることは、有力な方法の一つとして注目されています[18]-[23]。

赤ちゃんは、生まれたばかりの新生児であっても、胎児の時から音を聞き、生まれた直後でも目が見えると言われています。しかしながら、成人の大人と比べ、赤ちゃんは視力が悪く、新生児の視力は〇・〇〇一程度と言われています[20]。これは、網膜の網膜神経節細胞をはじめとする神経が十分に発達していないためであると考えられます。こうした視界を持つ赤ちゃんが、視力を発達させるまでに、どのようなプロセスを踏むのでしょうか。それを知るには、網膜にある視細胞の構造を知る必要があります。

大人の網膜には、視野の中心部分に該当する「中心窩」に、視細胞が集中しています。中心窩には、明るい場所で色を認識する「錐体細胞」が特に、集中して分布しています。すなわち、視覚情報は、本当は中心付近のみが「高解像度」で、周辺視野は極めて「低解像度」なのです。しかしながら、私たちは、普段生活をしていて、「中心付近しか見えない」などと不便を感じることはありません。まるで、周辺部分も、はっきりと見えているように感じます。これは、実は、脳内で作り出された「像」であり、中心部分で捉えられる情報によって、補っているのです。その証拠に、周辺視野に「盲点」がある、ということを経験したことのある読者の皆さんも少なくないのではないでしょうか。このように、中心の解像度を高め、周辺の情報を補う構造をした大人に比較して、赤ちゃんの視野は、中心窩の視細胞が十分に発達していません。このために、像全体がぼやけて見え、視力が極めて悪くなっているのです。

このように未発達な赤ちゃんの視細胞は、生後数か月で急激に成長します。僅か〇・〇〇一程度の新生児の視力は、生後半年を超えると、〇・二程度になります。すると、視細胞は発達し、より複雑化していきます。複雑化する細胞群を適応させようと、この頃の赤ちゃんは、複雑な図形や、コントラストの強い縞模様などに積極的に注目するようになります。これによって、単純に「視力」が向上するだけでなく、「見え」の成長が起こるようになるのです。特に、この頃、「動き」から「空間」を認識していく能力が成長します。生後三か月を超えると、物体に対して自分から「近づく」ことで、像が「大きくなる」ということがわかるようになります。こうした「動き」に対する「反応」が最初に起こり、次第に、動きから「方向」を見ることがわかるようになります。そして、「形」を見ることがわかるようになり、「構造」「奥行き」といった、「空間の把握」が徐々にできるようになっていくのです。

特に興味深いのは、「動き」から「構造」が見えるようになるということではないでしょうか。[20]この例として、「バイオロジカルモーション」という「錯視」があります。バイオロジカルモー

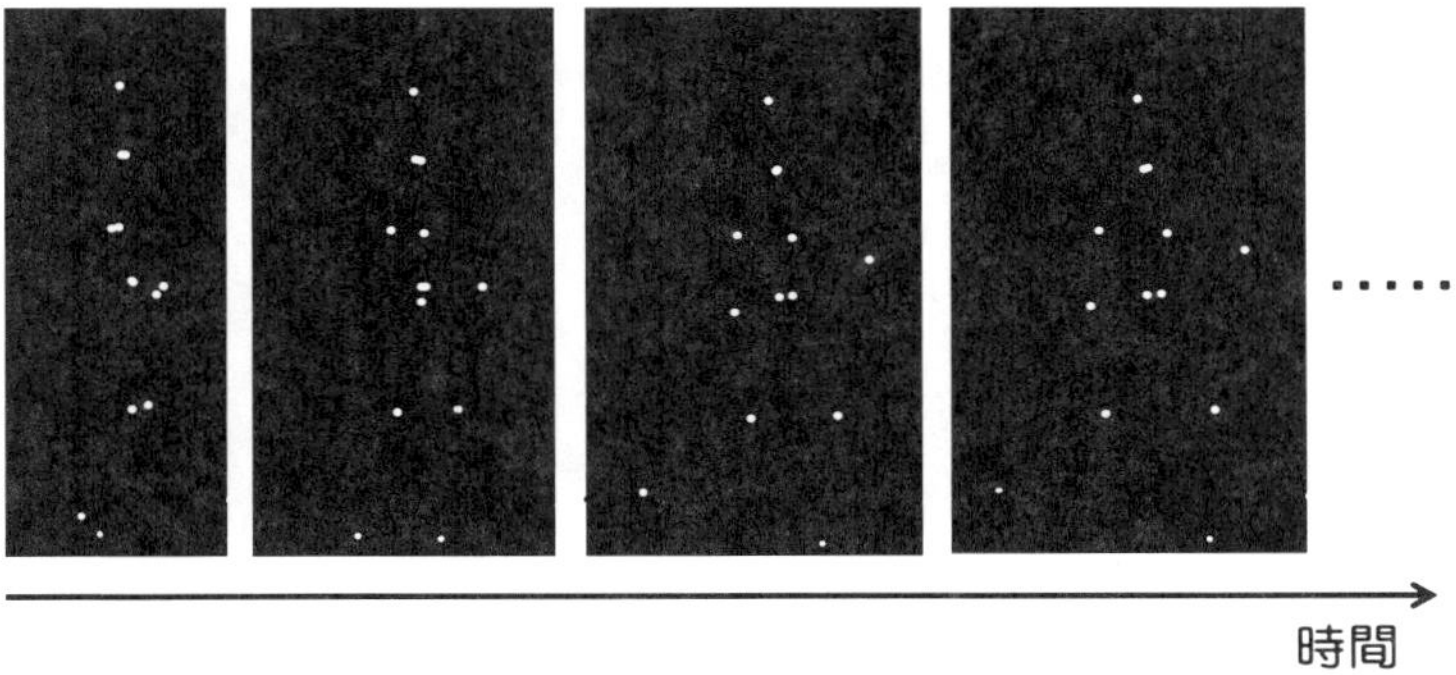

図3－8　バイオロジカルモーションとは、ばらばらに点在する多くの点が一斉に動くことで、まるで「人間が歩いている」ような様子や、「人間が走っている」ような様子、「男性のような動き」や「女性のような動き」といった、繊細な動きの違いが認識できるというものである。この図では、直立している人が、徐々に歩幅を拡げて歩き始める様子がバイオロジカルモーションとして描かれている（動画で確認するとさらに動きがはっきりと見える）。

ションは、「映像」を見る際に引き起こされる錯視です。黒い背景の画面に多くの点がばらばらに点在しており、その点が、一斉に動くと、まるで「人間が歩いている」ような様子や、「人間が走っている」ような様子、「男性のような動き」や「女性のような動き」といった、繊細な動きの違いが認識できます。このように、「動き」によって、人間のモーションや、男性らしさ、女性らしさといった「個性」に至るまでの様々な概念が、認識されるようになります。勿論、そこには人間がいるわけではなく、点の動きがあるだけなのですが、そうした動きから「構造」を見出すことができるというのは、「錯覚」や「思い込み」といった用語では表現し切れない、人間の創造性を感じさせます。このように、赤ちゃんが、生後半年程度で身につける、バイオロジカルモーションに代表される「構造」の認識の様子を見ていると、私たちの目は

「思い込む」ことで「世界を作り出し」、それによって、「世界を認識している」ということが実感できます。

このように、私たちが見ている世界というものは、目に光が入ってくるだけでは「見る」ことができず、成長と共に、徐々に「見える」ようになります。初期は「動き」に着目し、動きから「空間」を、そして、「構造」に着目できるように、「見る」能力は成長していきます。積極的に世界に働きかけることで、「思い込む」ことができるようになり、それによって、世界を見る（作り出す）ことができるようになるというのは、非常に興味深い結論なのではないでしょうか。

なぜ「世界を作り出す」ことが必要なのか

ここまで見てきたように、私たちは、自らの身体を使って「動く」ことで、積極的に世界に働きかけを行い、世界の構造を発見できるように成長します。そのように成長していくことによって、「主観的に世界を作り出す」ことができるようになります。私たちは、世界の構造を発見することで、この世界の全体を「俯瞰」することができるようになります。全体の「俯瞰」とは、すなわち、「全体」に関する「仮説」を作り出すことです。「全体」に関する「仮説」を作り出すことによって、私たちは、たとえ「部分」しか見えていなくても、その「部分」の「全体」の中での「役割」を（主観的に）想像することができるようになります。このような成長のプロセスを通して、私たちは、「世界を主観的に作り出す（思い込む）」ことができるようになると考えられます。

「世界を主観的に作り出す」ということは、私たち人間にとって、何故必要だったのでしょうか[24]。私たち人間をはじめとする「生物」にとって、「世界」は、形の定まったものではなく、時々刻々と変化する、変幻自在の空間であると言えます。都市に住む私たち人間にとっては、世界が時々刻々と変化するというのは、実感しづらいことかもしれません。しかしながら、一度大自然に身を投じてみると、そこは、獣の縄張りかもしれませんし、一歩先には崖があるかもしれません。天候の変化に通じていなければ、突然のスコールに襲われるかもしれません。このように、私たち生物は、変幻自在に変化する「無限定空間（環境）」の中で、生きていかなければなりません。

こうした「無限定空間（環境）」で生きるということは、厳密に記述されたアルゴリズムがなければ動作ができないコンピュータの世界（論理演算の世界）とは根本的に異なるものであり、厳密に記述できるものは何もない不確実な世界において、確たるものは何なのかを、自分自身で見つけ出していかなければならないのです。

不確実な世界の中で、頼りにできるものというのは一体何なのでしょうか。暗闇の中から飛び出し、初めてこの世界と対峙することになる赤ちゃんは、何を頼りにして、この世界を知るのでしょうか。この情景を思い浮かべるために、自分自身が、暗闇の中に放り込まれた状態を、想像してみてください。まず、最初にすべきことは、手探りで、自分にとっての脅威となるもの（危ないもの）を探すことなのではないでしょうか。実際、赤ちゃんは、手足をばたつかせることで、自分にとっての「手足（を含む身体）」というものがどういったもので、どのような動きが可能なのかということを理解します。身体を動かし、周囲の環境と相互作用させることを通して、自分自身の身体を理解するのです。この考え方は、環境との相互作用を通して、自分自身の身体がどのようなものか（すなわち「自己」の認識）を脳内で作り出すという意味で「身体地図（ボディ・マップ）」を作り出す、と表現される場合があります。[25]-[29]

不確実な世界において、「世界を知る」ということは、環境との相互作用を通して、「自己」を作り出していく、と言い換えることができます。こうした「自己」とは、身体を通して、環境と相互作用することによって初めて得られるものであり、それは「環境との調和的な関係」を作り出すとも表現されます。[30][31]

これまで見てきた「全体」に関する「仮説」を立てるということは、まさに、部分と部分との相互作用、それらと自己との相互作用を通して、「調和的な関係」というものを見出すことであると解釈できます。そうしたことから考えると、私たち生物は、環境との相互作用により、「自己」を見出し、環境との調和的な関係を作り出すことによって、この不確実な世界を生きていくことができると言えます。そして、それこそが「知能」の役割であり、知能が「生命知」と呼ばれる所以なのです。[32]-[34]

人間の知覚から何を学ぶことができるのか

本章の振り返りとして、脳がどのようにして世界を知覚するのかについて改めて理解し、そこから得られる学びについて考察します。まず、本章では、「ゴンドラ猫」の実験を通し、「世界は、自ら能動的に働きかけることによってはじめて認識できる」ということを理解しました。ゴンドラに乗せられた受動的な動きによって世界を見る「ゴンドラ猫」は、空間認識能力を十分に身につけることができず、簡単に障害物にぶつかってしまったり、目標までの距離感がつかめなかったりしました。私たち生物が、視覚情報によって空間を認識する能力（どこにものがあるかを判断する能力）を身に付けるには、視覚情報だけでは不十分であり、能動的な運動を必要とします。世界は、世界を認識しようとする主体である私たち生物の一個体一個体が、自らの身体を使って、能動的に関わることによって初めて認識することができます。そして、一人一人異なる身体を持つ私たちの認識する世界は、厳密に言うと、まったく同じというわけではありません。世界を認識するということは、世界と自分の身体との関係を認識するということであり、世界を「主観的」に理解するということでもあるのです。こうした「主観的」な理解は、「錯視」に顕著に現れます。

錯視とは、ある意味での「思い込み」であり、現実とは異なる主観的な理解かもしれません。しかしながら、「そこにものがある」と錯覚すること（思い込むこと）なしに、目で世界を見ることはできません。そうした観点で考えると、私たちは、世界を見ている「つもりになっている」だけであり、実際には、そのような世界は存在しないのですが、その一方で、私たちは、「錯覚する（思い込む）」ことによって、脳内で、世界を主観的に作り出すことができるのだと解釈することもできます。私たちが「客観的に見ている」と「思い込んでいる」この世界の様子は、実は、私たちが、脳内で主観的に作り出しているものであり、それによって、私たちは、生きていくことができると言えるのです。これは、初めて目が見えるようになった開眼手術患者や、赤ちゃんの「見え」を知ることで、更に理解できるようになります。

私たちが見ている世界というものは、目に光が入ってくるだけでは「見る」ことができず、成長と共に、徐々に「見える」ようになります。そして、その成長は、積極的に「動き」に着目し、動きから「空間」を、そして、「構造」を発見できるようになる、という段階を踏んで進みます。積極的に世界に働きかけることで、「思い込む」ことができるようになり、それによって、世界を見る（作り出す）ことができるようになるのです。

「世界を主観的に作り出す」ということは、私たち人間にとって、何故必要だったのでしょうか。私たち人間をはじめとする「生物」にとって、「世界」は、形の定まったものではなく、時々刻々と変化する、変幻自在の「無限定空間」です。こうした「無限定空間」を生きていくということは、厳密に記述されたアルゴリズムがなければ動作ができないコンピュータの世界（論理演算の世界）とは根本的に異なるものであり、厳密に記述できるものは何もない不確実な世界において、確たるものは何なのかを、自分自身で見つけ出していかなければなりません。その際に、唯一頼れるものは「自分自身」であり、私たちは、自分自身と環境との相互作用を通し、調和的な関係を見出すなかで、「自己」を作り出していくのです。これが、私たち生物の持つ「知能」の役割であり、「生命知」と呼ばれるものです。

新潮社
新刊案内

2018 8 月刊

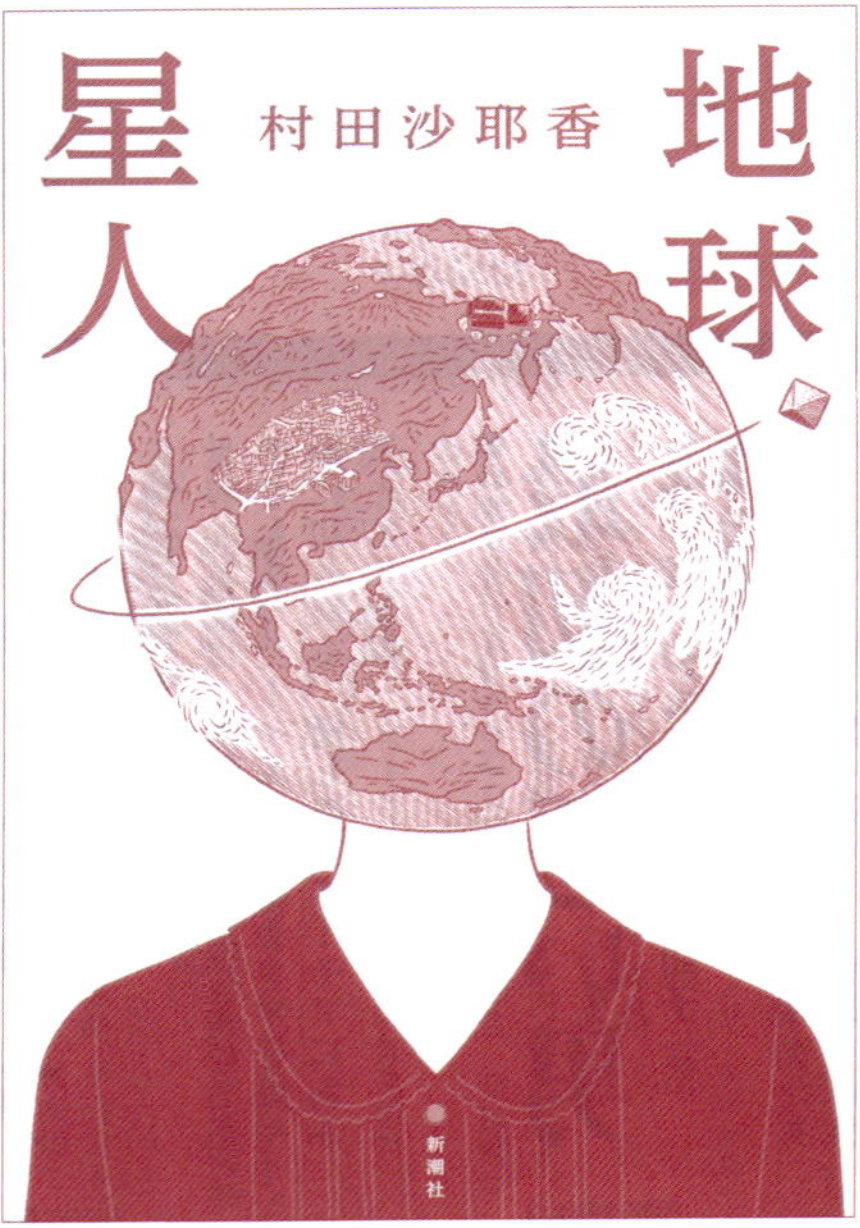

次章では、私たち人間の「自己」についての理解を深めるために、「意識とは何なのか」という問いに迫っていきます。

第三章　参考文献・参考ウェブサイト

[1] 大頭仁他『視覚と画像』森北出版（1994）
[2] アンドリュー・パーカー（渡辺政隆他訳）『眼の誕生　カンブリア紀大進化の謎を解く』草思社（2006）
[3] 佐々木正人『アフォーダンス　新しい認知の理論』岩波書店（1994）
[4] 乾敏郎他『認知心理学１　知覚と運動』東京大学出版会（1995）
[5] 鳥居修晃他『知覚と認知の心理学２　視知覚の形成２』培風館（1997）
[6] 佐々木正人他『アフォーダンスの構想　知覚研究の生態心理学的デザイン』東京大学出版会（2001）
[7] 福島邦彦他『基礎情報工学シリーズ19　視聴覚情報処理』森北出版（2001）
[8] 銅谷賢治他編『脳の計算機構　ボトムアップ・トップダウンのダイナミクス』朝倉書店（2005）
[9] 佐々木正人『コレクション認知科学７　からだ：認識の原点』東京大学出版会（2008）
[10] Richard Held, Alan Hein「Movement-Produced Stimulation in the Development of Visually Guided Behavior」Journal of Comparative and Physiological Psychology. 56(5). pp. 872-876（1963）
[11] ユクスキュル他（日高敏隆他訳）『生物から見た世界』岩波文庫（2005）
[12] 日高敏隆『動物と人間の世界認識　イリュージョンなしに世界は見えない』ちくま学芸文庫（2007）
[13] 後藤倬男他編『錯視の科学ハンドブック』東京大学出版会（2005）
[14] 北岡明佳『だまされる視覚　錯視の楽しみ方』ＤＯＪＩＮ選書（2007）
[15] 藤田一郎『「見る」とはどういうことか　脳と心の関係をさぐる』ＤＯＪＩＮ選書（2007）
[16] 藤田一郎『脳はなにを見ているのか』角川ソフィア文庫（2013）
[17] 藤田一郎『脳がつくる３Ｄ世界　立体視のなぞとしくみ』ＤＯＪＩＮ選書（2015）
[18] 波多野完治編『ピアジェの認識心理学』国土社（1965）
[19] 小西行郎『赤ちゃんと脳科学』集英社新書（2003）
[20] 山口真美『赤ちゃんは世界をどう見ているのか』平凡社新書（2006）
[21] 山口真美他『赤ちゃんの視覚と心の発達』東京大学出版会（2008）

[22] 日本赤ちゃん学会編『赤ちゃん学カフェ vol.3 赤ちゃんを知りたい』日本赤ちゃん学会（2010）
[23] 山口真美『赤ちゃんは顔をよむ』角川ソフィア文庫（2013）
[24] 松田雄馬『人工知能の哲学　生命から紐解く知能の謎』東海大学出版部（2017）
[25] サンドラ・ブレイクスリー他（小松淳子訳）『脳の中の身体地図　ボディ・マップのおかげで、たいていのことがうまくいくわけ』インターシフト（2009）
[26] ジャコモ・リゾラッティ他（茂木健一郎監修、柴田裕之訳）『ミラーニューロン』紀伊國屋書店（2009）
[27] 開一夫他編『ソーシャルブレインズ　自己と他者を認知する脳』東京大学出版会（2009）
[28] マルコ・イアコボーニ（塩原通緒訳）『ミラーニューロンの発見　「物まね細胞」が明かす驚きの脳科学』ハヤカワ・ノンフィクション文庫（2011）
[29] クリスチャン・キーザーズ（立木教夫他訳）『共感脳　ミラーニューロンの発見と人間本性理解の転換』麗澤大学出版会（2016）
[30] 淺間一他編『シリーズ移動知　第一巻　移動知　適応行動生成のメカニズム』オーム社（2010）
[31] 矢野雅文『日本を変える。分離の科学技術から非分離の科学技術へ』文化科学高等研究院出版局（2012）
[32] 清水博『生命と場所　意味を創出する関係科学』NTT出版（1992）
[33] 清水博『生命知としての場の論理　柳生新陰流に見る共創の理』中公新書（1996）
[34] 清水博『生命と場所　創造する生命の原理』NTT出版（1999）

第四章　意識にみる人工知能の限界と可能性

私たち生物が、世界を知覚するということは、無限定な実空間の中で、世界を作り出すということです。自ら世界に働きかけ、世界を作り出す中で、世界を認識し、同時に、自己を認識します。実空間を生きないコンピュータ・プログラムやシステムは、世界を認識し、自己を認識することはできません。しかしながら、実空間を生きる私たち生物の真似をせずに、人工知能を実現することはできないのでしょうか。実空間を生きることを知ることで、人工知能の研究がどのように発展するのでしょうか。この問題を解く鍵は「意識」にあります。

私たち生物の生きる世界は、時々刻々と変化する、変幻自在の無限定空間であり、その中で生きるということは、常に自分自身の世界を変化させ、作り出すということです。これが、生物の知能が「生命知」[1-3]と呼ばれる所以であり、実空間を生きない「ニューラルネットワーク」をはじめとする機械やシステムには到達することが極めて難しい「知能」[4]であると言えます。人間の手で「知能」を作り出すこと、すなわち、「人工知能」を作るということに困難が伴う理由が、ここにあると言えるのです。

確かに、人間の知能を人工的に実現する「人工知能」という試みは、容易なことでないというのは誰の目にも明らかです。ニューラルネットワークなどのプログラムによって動くシステムは、実空間を生きていないどころか、実空間を動き回る「身体」すら持っていないため、実空間を生きる人間の知能を超えることは難しいように思えます。しかしながら、「実空間を生きる」という人間の真似をしなければ、人間を超える「人工知能」は作れないのでしょうか。人工知能研究の分野では繰り返し起こる議論として「人工知能を実現するのに、人間の真似をする必要があるのか」というものがあります[5-9]。一九〇三年に飛行機を発明したアメリカ人のウィルバー・ライトとオーヴィル・ライト（ライト兄弟）は、「空を飛ぶ」という夢を実現するのに、鳥の真似をしたわけではありません。「人工知能」に関しても、人間の真似をする必要は、必ずしもあるわけではないのです。

重要な議論はそれだけに留まりません。確かに、実空間を生きないニューラルネットワークをはじめとする、プログラムやデータに基づくシステムは、実空間を生きる人間の知能を超えることは難しいかもしれません。しかしながら、人間を超えないまでも、人間に限りなく近づくことはできるかもしれません。一度見ただけではワインを認識できないとしても、数多くのワインを学習させることによって、それに近いことができるようになるかもしれません。そもそも、コンピュータは、計算速度や精度、そして記憶容量に関しては、人間を優に超えています。さらに言うならば、世界中に張り巡らされた情報通信ネットワークを使えば、世界中の情報を収集できるのです。こうした事実を考慮すると、(疑似的に)人間を超える「人工知能」というものは、できそうな気もしてきます。このような議論の中で、「実空間を生きる」ということは、どういう意味を持つのでしょうか。人間の知能というものは、一体、何なのでしょうか。

これらの議論に対し、地に足をつけて検討していくためには、「意識」について理解することが重要です。「意識」という観点から、「人工知能」を捉えなおすと、「人工知能」について、どのように考えるべきかが見えてきます。それだけでなく、人間の「知能」についても、さらに深い理解を得ることができます。本章では、「意識」という観点から「人工知能」を知るために、まず、歴史的な「人工知能」に関する議論について振り返ったうえで、人工知能研究における「意識」の役割について、考えていきます。

人工知能への「楽観主義者」とその論争

「一〇年以内にデジタルコンピュータはチェスの世界チャンピオンに勝つ」

「一〇年以内にデジタルコンピュータは新しい重要な数学の定理を発見し証明する」
（ハーバート・サイモンとアレン・ニューウェル、一九五八）

「二〇年以内に人間ができることは何でも機械でできるようになるだろう」
（ハーバート・サイモン、一九六五）

「一世代のうちに（中略）人工知能を生み出す問題のほとんどは解決されるだろう」
（マービン・ミンスキー、一九六七）

「三年から八年の間に、平均的な人間の一般的知能を備えた機械が登場するだろう」
（マービン・ミンスキー、一九七〇）

第一章の冒頭でも紹介した通り、人工知能に対して楽観的な予測を立て、「すぐにでも人間を超える人工知能が実現するだろう」といったことを主張する人々は、洋の東西を問わず、いつの時代にも少なくありません。[8][10]-[12] こうした「楽観主義者」と呼ばれる人たちは、批判的な見方をする人たちとの間で論争を巻き起こしてきました。この「楽観主義者」たちは、元々は「ハッカー」（今風の言葉で言う「天才プログラマー」）と呼ばれた人たちです。ここで、「楽観主義」的な予測が生まれた背景を理解するために、ハッカーを育んだ一九六〇年代のＭＩＴの様子を描写しているアメリカの評論家ハワード・ラインゴールドの著作『新・思考のための道具』の一節を紹介します。[8]

《MITというのは工科系大学の中でも最高峰の大学であり、毎年学部生が「キャンパス一の醜男」コンテストを開くような学校でもある。外見を気にしない、自称〝究極のオタク〟の国立避難所のような場所なのだ。キャンパスには国中から学生が集まってきているが、誰もみな、ほかの友だちがソックホップダンスなどに興じているときに、家にこもって積分の勉強をしたり、アマチュア無線機を作ったりしているような若者たちである。そんなふうに、型にはまった若者文化をみずから拒むような、教養はあるが時代遅れな学生の雰囲気の中にあってさえ、コンピュータ・マニアはさらに浮いた変人のように思われていた。彼らの物の見方はまったく独特だった。（中略）

広い社会からも仲間の技術者からも、そしてほかの多くのコンピュータ科学者からさえも捨ておかれていたハッカーたちだが、未来のコンピュータ、すなわち初のタイムシェアリング・システムを創造したのは、そのハッカーにほかならないのである。（中略）

ハッカーとは、ただハッカーだと名乗ればなれるというものではない。当然、ハックしなければならないわけだ。ハックするというのは要するに、コンピュータを作った人間が考えてもいなかったようなことをコンピュータにやらせるということだ（そのためのプログラミングのことを、ハッカーは〝黒魔術《ブラックマジック》〟と呼んでいる）》

ハッカーに限らず、コンピュータ科学の分野の研究者は、これまで世界中の誰もが考えてもいなかったシステムやサービスを作り、それを発表することが求められます。そして、そうした仕事を生業にしている研究者は、これまで誰にもできなかったことを、自分の力で（あるいは自分たちの力で）実現してきたという自負を持っています。そうした研究者が、一般的には難しいと言われていることであっても、最先端のテクノロジーを駆使すれば、十分にできる可能性があると考えるのは、寧ろ自然なことと言えるのです。

しかしながら、ハッカーたちが「黒魔術」を使ったとしても、あらゆることが直ちにできるわけではありません。ハッカーたちの描く楽観的な未来予想は、常に批判され、論争を巻き起こしてきました。人工知能の歴史の中で、初めて楽観主義に対する批判を行ったのが、アメリカの哲学者ヒューバート・ドレイファスです。彼は、一九六七年に、報告書「錬金術と人工知能」[5]の中で、「人工知能というペテンをネタに国家予算をせしめ、できもしないことを宣伝する」楽観主義者たちを公然と批判しました[8][13]。

ドレイファスは、楽観主義者を「コンピュータのプログラムによって簡単な知的行動をさせる試みが成功したので、ＡＩはコンピュータで実現可能だ、ただ複雑さの程度が違うだけだという確信をもつ人たちがいる」と紹介したうえで、楽観主義的な見方の問題点について指摘します。彼は、人工知能の実現は「予想したよりも難しいことがわかってきた」とし、「コンピュータで知的行動を解析する試みは、人間の基本的な知的情報処理、すなわち周辺認識、本質と偶然性の区別、あいまいさの許容を、系統的に排除している」と指摘します。すなわち、コンピュータの情報処理は、人間のように、文脈を読んだり、あいまいな状況の中で判断を行ったりといった、「人間らしさ」を排除しているというのです。そのうえで、彼は、人間らしい情報処理を必要としない問題分野では、「コンピュータでプログラム可能である」が、「それ以外の分野においてAIが実現するためには、完全に違ったアプローチをするしかない。それは人間の脳を真似ることだが、まだ脳はほとんど理解されていないのである」と指摘します。つまり、人間らしい情報処理を実現するには、脳を真似る必要があるが、脳のことがよくわかっていない今、人工知能の実現は難しいというのが、彼の主張の要約です。

ドレイファスの主張自体は、理路整然としたものではありませんでしたが、その正しさが検証できるほど、当時の人工知能の研究は進んでいませんでした。そして、彼の批判はラディカルな言葉を多用していたこともあり、楽観主義者たちとの間で激しい論争が巻き起こり、「ドレイファス事件」と呼ばれるまでに発展します[5][8]。そして、ドレイファス事件は、短期間で収束するものの、その後、ＥＬＩＺＡと呼ばれるチャットボットを発明したドイツ系アメリカ人のジョセフ・ワイゼンバウムによる批判が起こるなど[14]、楽観主義的な未来予測に関する論争は、常に繰り返されてきました。こうした論争の中で、「人工知能」という概念が、少しずつ建設的に設計されていきました。

人工知能と精神

一九八〇年、アメリカの哲学者ジョン・サールは、「Minds, Brains, and Programs」という論文の中で、「人工知能とは何か？」に関する考察を行いました。彼はそこで、人工知能への理解を深めるにあたって、「強い人工知能（Strong AI）」「弱い人工知能（Weak AI）」という二つの概念を提唱しました[15]。それらの意味は、次の通りです。

強い人工知能（Strong AI）：知能を持つ機械（精神を宿す）。
弱い人工知能（Weak AI）：人間の知能の一部を代替する機械。

実空間を生きる人間のような知能、すなわち、「強い人工知能」というものは、人間のように精神を宿すものであり、現在のところ、人工的に実現することはできていません。一方で、人間の知的活動の一部を代替すると定義される「弱い人工知能」は、知的活動を行う人間にとっての「道具」です。人間の知的活動をサポートする道具という表現は、まさに、機械の特徴を表していると言えます。将棋や囲碁といった、人間が作ったルールの上で、最善の答えを導き出す、すなわち最適解を導くようなアルゴリズムである「弱い人工知能」は、精神を宿す人間が作ったルールの上で問題を解く、「道具」であると言えます。サールは、知能を持つ機械である「強い人工知能」というものは、「精神を宿す」と指摘しています。確かに、実空間を生きる私たちには、「精神」があるように感じられます。すなわち、「精神を宿す」ということが、「強い人工知能」

と「弱い人工知能」との最たる違いであるということです。

現状、「精神を宿す」プログラムやロボットは、未だ、開発されていません。そうした観点では、未だ「強い人工知能」は発明されておらず、開発が進んでいるのは「弱い人工知能」のみであると言うことができます。そして、「強い人工知能」の発明が実現するとすれば、「精神」に関する理解が不可欠であると言えます。すなわち、物質としての「脳」を扱う脳神経科学と、現象としての「心」を扱う心理学による「精神」の理解が不可欠であるということです。

「精神」は、長い間、科学が立ち入ることが難しい領域とされてきました。[16]-[18]その理由は、「意識」や「感情」といった「精神」に関する問題は、科学的にアプローチする方法が確立されていなかったことにあります。従来は、「意識の研究などというものは教授の終身在職権を手にする前に関わるようなものではない」とまで言われてきました。成果の出せない「精神」の領域に安易に踏み込むことは、研究者生命すら危うくするということです。しかしながら、近年の脳神経科学の進歩は、「精神」という未知の領域の開拓を、少しずつではありますが、可能にしています。

特に、アメリカの神経科学者であるアントニオ・R・ダマシオは、「意識」というものの解明を中心に、「精神」の謎を解き明かし、脳神経科学の分野で、物質としての脳や身体と、現象としての精神とを統合するパイオニアとして活躍しています。こうした近年の「精神」の謎の解明によって、「強い人工知能」の実現は、どこまで見えてきたのでしょうか。ダマシオは、著作『無意識の脳　自己意識の脳』の中で断言します。[18]

「半導体に感情は生み出せない」

ダマシオは、意識の実現には、感情の存在が不可欠であり、感情は、脳と肉体との相互作用がなければ生まれないと言います。そして、肉体を持たない半導体には、感情も、そして、意識を持つことも、できないと言うのです。確かに、彼の主張には説得力があります。しかしながら、脳神経科学が「精神」の問題の多くを解明しているだけでなく、近年の目覚ましい技術の発展により、「人工知能が自ら（の意思で）学習をし、概念を理解するに至った」というような言葉を、ニュース記事などを通じて毎日のように目にする昨今、「精神」の問題は既に解決しているか、或いは、近い将来には解明されるのではないかという展望も感じます。ダマシオが著作『The Feeling of What Happens』（邦題『無意識の脳　自己意識の脳』[17][18]）を一九九九年に出版してから二〇年近い年月が経過した今、脳神経科学の分野は、当時に比べて大きく進歩しています。そうした現代にこそ、今一度、ダマシオの思想に立ち戻り、その是非について問い直すと共に、精神を宿す「強い人工知能」の可能性について考察することには、大きな意味があると考えられます。

一般的に、「精神」や「心」というものについて考えるとき、ダマシオが指摘するように、「感情」についての考察を避けて通ることはできません。そして、興味深いことに、ダマシオは、単に「感情を持つ」ということと、「感情を認識する」ということは、別問題であると指摘します。「感情を認識する」ということは、「今、まさに、『感情を認識している』という自分自身を認識する」ことであり、それは、すなわち「自己そのものを認識する」ということでもあります。私たちは、旅先の美しい風景を目にしたとき、「美しい」という感情が湧き上がると共に、「『美しい』と感じている自分」がいることを同時に感じます。そうした自分自身を感じるからこそ、「この場所に来てよかった」といったように、旅をしている自分自身に対しても、感情を持つことができます。このように考えると、「自己を認識する」ということそのものが、「意識」を持ち、「精神」を宿すことなのではないかとも考えられるのです。

ここからは、そうした「精神」の問題の根幹となり得る「認識」の問題についての思索を深めるために、まず、(弱い)人工知能にとっての「認識」について考察します。そこで、(弱い)人工知能における「認識」の限界について指摘したうえで、「自己を認識する」人間の「意識」について考察することで、私たちの「精神」について考えていきます。

「弱い人工知能」にとって「認識」とは何なのか

「世界一の顔認識技術を開発」
「画像内のすべての物体を自動認識」

このように、「(弱い)人工知能」の分野において、「認識」という言葉は、極めて頻繁に使われる用語です。[19]-[22] しかしながら、ここで立ち止まって考えてみたいことがあります。「人工知能」が(あるいは機械が)、「ものを認識する」とき、その内部では、どのようなことが起こっているのでしょうか。

私たちは既に、「ゴンドラ猫」の実験[23][24]を通して、「受動的に動く猫は、世界を認識することができなかった」という事実を知っています（第三章）。身体を持たず、受動的に動くことすらできないコンピュータは、世界を「認識」することはできないはずです。ここで、第二章で紹介した、グーグル社の「猫を認識したニューラルネットワーク」の例をもう一度思い出してみましょう。

グーグル社は、自社開発したニューラルネットワークに、YouTubeにアップロードされている動画を、一〇〇〇台のコンピュータで三日間かけて学習させたところ、「人間の顔」、「猫の顔」、「人間の体」の写真に反応するニューロン（神経細胞）が作られたと表現します。[25]-[27]ここで、「ニューロンが作られた」という表現の意味を理解することは重要です。たとえば「人間の顔」が映された画像に対して最も敏感に反応するニューロンがあったとします。このニューロンが、もしも、他の「人間の顔」が映された画像に対しても、最も敏感に反応するとすれば、このニューロンは、一般的な「人間の顔」に対して反応するという特徴を獲得したと解釈できます。「人間の顔」に反応する特徴を獲得したという意味で、「人間の顔ニューロン」という表現が用いられています。このようなプロセスによって、グーグル社のネットワークの中で、「人間の顔」や、「猫の顔」や、「人間の体」に対して特徴的に反応するニューロンが、YouTubeにアップロードされている動画をランダムに学習させていった結果として、作られたのです。

第二章で既に説明した通り、グーグルのニューラルネットワークは、確かに人間の顔や体や、猫を認識することができるようになったかもしれません。しかし、仮にそうであったとしても、人間や猫以外の何かを認識できているかどうかはわかりません。たとえば、犬を認識できるかどうかは、ニューラルネットワークに、犬を見せてみてはじめてわかるのであり、ニューラルネットワーク自身が犬を認識できるかどうかを自分で確認する術はないのです。

一方、これまで見てきたように、私たちの脳は、身体によって環境と相互作用し、環境との調和的な関係を創り出す中で、世界を「認識」[4]、[28]-[31]します。その場その場で、一回限りの「即興劇」を演じることができるのは、まさに、身体を持ち、環境との調和的関係を創り出した結果と言えます。この、「人間（生物）」と「（弱い）人工知能（機械）」との「認識」の違いについて、もう少し掘り下げてみましょう。少し、禅問答のような問いかけになりますが、お付き合いください。

今、考えてみたい問いは、「猫を認識した」と言われているグーグル社のニューラルネットワークは、自分自身が「猫を認識している」ということを認識しているのかどうかということです。私たち人間が、猫を目にして（あるいは触れるなどして）、今、目の前に猫がいるということを認識したとします。その時、意識的にか無意識的にかはさておき、私たちは、「私たち自身が猫を認識している」ということをも認識しています。つまり、私たち人間が、猫を認識しているとき、「あなたは猫を認識していますか？」と、誰かに質問されたとして、「はい。今、私は猫を認識しています」と答えることができます。これは、自分自身が主観的に猫を認識していると同時に、猫を認識している自分自身を客観的に観察していなければ、できることではありません。

勿論、これに対する反論もあるでしょう。ニューラルネットワークは確かに、「猫ニューロン」が明滅するだけであり、自分自身が「猫を認識しているかどうか」を知る術はないかも知れません。しかし、この猫ニューロンの明滅を検知するための「猫ニューロン」を用意することができれば如何でしょうか。これを用意すれば、「猫ニューロンの明滅検知ニューロン」の明滅によって、先ほどの「あなたは猫を認識していますか？」という質問に答えることは可能かもしれません。

しかし、人間の脳はさらに高度です。私たちは、「あなたは猫を認識していますか？」という質問に対して、「はい。今、私は猫を認識しています」と答えている自分もまた、客観的に観察して認識することができます。つまり、「あなたは、猫を認識している自分を認識していますか？」という質問に対して、「はい。猫を認識している自分を認識しています」と答えることができます。あるいは、「あなたは、自分が猫を認識しているということがわかりますか？」という質問に対して、「はい。自分が猫を認識しているということは、わかっています」と答えることもできます。

もちろん、機械であっても、そうした「はい。今、私は猫を認識しています」と自分自身が答えているかどうかを判断する機構をプログラムとして埋め込めば、「私は今、『はい。今、私は猫を認識しています』と言いました」と言うことくらいはできます。しかしながら、それは依然として、プログラムとして埋め込んだに過ぎません。事前にプログラムとして埋め込んでいなければ、そうした受け答えを行うことができないのは当然のこと、たとえ、「私は今、『はい。今、私は猫を認識しています』と言いました」と言うことができたからといって、それは自分自身を認識できた上で発した言葉ではないので、当然ながら、「私は今、『はい。今、私は猫を認識しています』と言いました」と発言した自分自身を認識することはできないのです。

このように、プログラムを埋め込んでいなければ、自分自身を認識しているという発言を行うことすらできない機械に比べて、私たち人間は、客観的に観察する自分そのものを、客観的に観察することができます。「プログラムとして埋め込む」という方法では、人間の持つ「認識」の能力には原理的に到達できないのです。こうした問題は、論理学の分野では、イギリスの哲学者であり数学者でもあるバートランド・ラッセルが「自己言及のパラドックス」として指摘したことであり、紀元前から指摘されていました。[32]-[36]「クレタ人は嘘つきだとクレタ人が言った」という表現に代表されるようなパラドックスは、「自己言及」という構造によって生じます。「自己言及」を行うものは、常に「パラドックス」を含み得ます。「自己言及」に関する問題は、コンピュータ科学においても問題視されてきました。

現在のコンピュータの基礎となる「チューリング・マシン」を考案したイギリスの数学者アラン・チューリングは、「自己言及のパラドックス」が引き起こす問題として、「任意のアルゴリズムがいつ停止するかを事前に決定するアルゴリズムは存在しない」という「停止性問題」を指摘しました。[37]-[39] 論理によって「自己言及」を取り扱うことは極めて困難であり、こうした構造の中で「自己」を認識する「自覚」というものを、「場」の哲学の創始者である西田幾多郎は、「自己の中に自己を映し出す影」と表現しています。[40]-[42] 私たち人間や生物に特有の「認識」というものは、論理によって作られている機械には到達できていないばかりか、そもそも到達できる目処も立っていないのです。

さて、ここまでの議論から、「確かに、人間と同等の認識を、機械が実現するのは難しいかもしれない」ということが見えてきた一方で、別の疑問が生じます。それは、「人間の認識を真似なくても、人間のように『精神を宿す』機械、すなわち、『強い人工知能』は、何か別の方法で、作れるのではないか」という疑問です。より端的に表現するならば、「強い人工知能の実現には、『認識』など、重要な問題ではないのではないか」と言い換えられます。「認識」とは、それほど重要な問題なのでしょうか。人間のような「認識」が実現できないからといって、直ちに、「強い人工知能は実現できない」と言えるのでしょうか。

こうした議論は、人工知能の研究の長い歴史の中で、繰り返し論じられてきました。[5-14]（強い）人工知能をアルゴリズムによって記述することができると信じる研究者は、「空を飛ぶのに鳥を真似なくとも、飛行機を発明することはできた」ということを根拠に、（強い）人工知能はルールを記述する「ルールベース（推論ベース）」という方法によって実現可能だと考えました。それに対立する考え方として、「人間の脳を模すことによって（強い）人工知能が実現可能」と考えた多くの研究者は、「ニューラルネットワーク」を研究しました。しかしながら、ニューラルネットワークは、人間の脳の「認識」の仕組みを模しているわけではありません。（強い）人工知能をどのように実現するのかという方法論自体は、多くの研究者によって議論されてきた一方で、「認識」というものについては、その必要性を含め、人工知能という研究分野の中では、ほとんど議論されることはありませんでした。

人間の「認識」を軽視したことによって、実際は、工学（情報科学）の分野において、大きな問題が生じています。これは、人間や生物の知能を探究する筆者の立場からは、明確に指摘しておかなければなりません。「不良設定問題」[28][29]、[43]-[45]と呼ばれるその問題は、機械（弱い人工知能）が、世界を認識するということが、原理的に困難であるということを教えてくれます。こうした問題を理解しないまま、盲目的に、「弱い人工知能」を使う、或いは開発を続けていると、思わぬ落とし穴にはまることになります。ここからは、弱い人工知能にとっての大きな問題の一つである「不良設定問題」についての理解を深めていきましょう。

工学的な「認識」に立ちはだかる「不良設定問題」の壁

私たち人間は、これまで理解してきた通り、身体を持つからこそ、世界を認識することができます。私たち人間や生物は、身体を持つことによって、環境と相互作用し、環境との調和的な関係を創り出す中で、世界を認識します。私たちの目は、自らの身体と外界との関係によって、ものの運動と形の両方を認識するのです。

ものの形の認識を行う際にも、自分自身の身体との関係というものは無視できません（第三章）。グラスにワインが注がれている様子というものは、私たちにとっては、見慣れた光景であり、当たり前のように「グラスにワインが注がれている」ということを理解できます。しかしながら、それを理解するためには、脳内において複雑な情報処理が必要なのです。人間にとっても機械にとっても、ワイングラスが「画素（ピクセル）の集まり」として表現されているという事実に変わりはありません。そうした何の変哲もないピクセルの集まりから「ワイングラス」や「ワイン」といった意味のあるものを認識することは、決して容易ではありません。こうした「認識」を工学的に（弱い人工知能によって）実現しようとするときに、立ちはだかる問題が「不良設定問題」なのです。

目の前に広がる景色、或いは、画像や映像を見る際、単なる画素（ピクセル）の集まりとして「見ている」だけでは、「ものを見ている」とは言えません。画素で表現されているだけでは、「どこにどんな物体があって、どのような様子か（どのような姿勢でどのように動いているか）」を理解することは極めて困難です。図4-1の右側の図を見ると、私たちの目には「二匹の馬が草を食べている様子」が見えます。しかしながら、ロボットの目には、拡大した左側の図のように、無味乾燥な、ピクセルの羅列が映るのみであり、「どこからどこまでが馬なのか」「あるピクセルと隣のピクセルがどういった関係なのか」といった情報は、何も読み取れないのです。

では、人間は、どのようにものを「見ている」のでしょうか[46]-[52]。人間がものを見るプロセスについては、大脳生理学、認知心理学などの分野で、これまでに多くの研究がなされているので、既に解明されている謎のように思われるかもしれません。しかしながら、実は「人間がどのようにものを見ているのか？」という問いこそ、どの研究分野でも解かれていない、最大の謎の一つなのです。そして、それを謎たらしめているのが、まさに「不良設定問題」であると言えます。

物体を「形」として認識する際、私たちの脳内では、まず、「形」というものは、画素や点の

図4－1　ロボットが見た世界　ロボットには馬が草を食べる様子も、後ろの村の様子も見わけられず、ただただピクセルの羅列が見えるばかり

集まり、すなわち、「点」によるパターンとして知覚されます。続いて、その「点」のパターンによって、「線」が表現され、「形」は、「線」による「多角形」のように知覚されます。そして、「線」と「線」が連なる「多角形」は、「曲線」による「輪郭」として知覚され、最後に、「形全体」が知覚される、と言われています。脳内で、視覚情報を処理する領野である「視覚野」では、詳細な区分けがなされており、「直線」は主に「一次視覚野」が、「曲線」は「四次視覚野」が担当するなど、「形」というものは、段階を経て認識されていくということが知られています。ここまでは、大脳生理学の分野を中心に、古くから積み上げられた知見であり、これだけを聞くと、脳の情報処理は、その多くが既に解明されているようにも思えてしまいます。

　しかしながら、ここに、大きな問題が生じるのです。確かに、「形」が、「点」のパターンによって描かれているならば、その「点」の情報を使って「線」を、「線」の情報を使って「曲線」を描くことは可能かもしれません。たとえば三角形が、三つの点を頂点として、それぞれの頂点をつなぐ形で線分が伸びている、という「形」は、三角形を目にすれば、誰にでも容易に理解できる話です。しかしながら、ここに、隠れた前提があり、それが問題を極端に難しくしているということは、あまり指摘されることがないのです。形を認識する際の隠れた前提、それは、最初に「どこからどこまでが形か」がわかっていなければ、「点」を取り出すことができない、ということです。これがどういうことかを理解するために、先ほどの「馬」の写真に含まれる「線」を表現したときに、何が起こるのかを見ていきましょう。

先ほどの「馬」が映った写真を、「線」で表現したのが図4-2です。馬のところを見ると、確かに、馬の輪郭が見えてくるかもしれません。しかしながら、これらの「線」は、背景の輪郭と重なってしまい、最早、どこが馬だかわかりません。実際に拡大してみると、確かに馬の背中と思しきところに「線」が描かれていますが、その「線」は何重にもなってしまっており、さらに、背景と重なってしまっていて、一本の「馬」だけの輪郭を見つけて背景と分離することは容易ではありません。「線」で「馬」を認識するということは、言葉ではわかりやすいですが、実際にやってみると、このように、大変な困難を伴うものなのです。

これに比べて、もしも、「ここに馬がいる」ということを事前に知っているのであれば、問題は途端に簡単になります。どこからどこまでが馬で、どこからどこまでが背景かがわかれば、馬の形を背景と分離することができるので、馬の形を、「点」や「線」や「曲線」で表現することが可能になるのです。しかし、当然ながら、私たちの脳にとっては、「馬」を見つける前に、馬

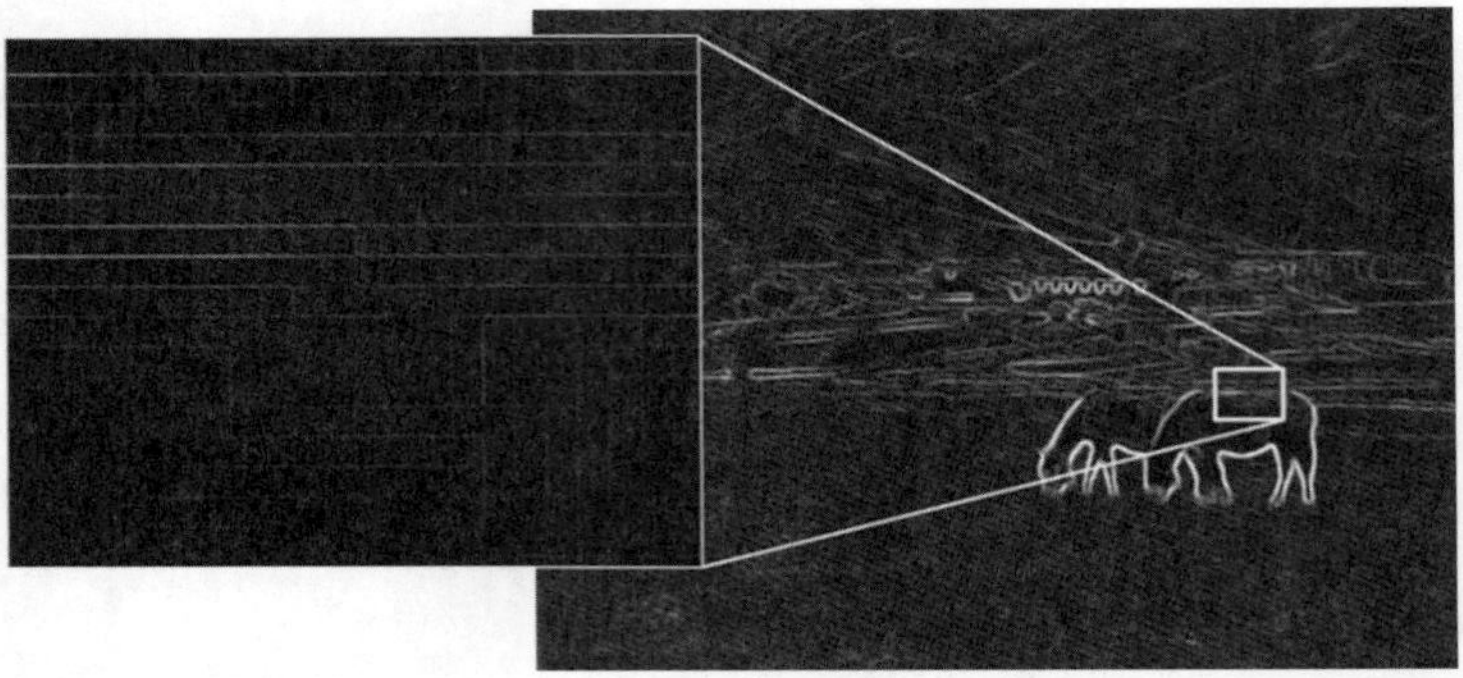

図4－2　「線」で表現される世界　多くの線の中から馬の輪郭を見つけるのは容易ではない

がそこにいるということを知る術はありません。馬がいることを知るには、そもそも画素（点）で描かれた、画像や映像を見なくては始まりません。

すなわち、「形」を知るためには、「馬である」ことを最初に知っておく必要があり、「馬である」ことを知るためには、「形」を見る必要があります。これは、「卵が先か鶏が先か」と同様の、循環論的な問題と言えます。そして、この問題は、そもそも、問題設定の時点で「解けない」構造になっていることから、「不良設定問題」と呼ばれているのです。これが、身体を持たない（弱い）人工知能の前に立ちはだかる大きな壁であり、「認識」というものを困難にしている問題なのです。

不良設定問題を解く方法を探すとすれば、客観的に画像や映像だけを見ているだけでは限界があります。第三章で紹介した「ゴンドラ猫」の例を思い出すと、私たちは、自分自身の身体があり、身体を能動的に動かすことで、はじめて、世界を自分と相対化して見ることができると考えられます。勿論、ただ単に「身体」があれば、不良設定問題は解決し、世界を認識することができるとは言えません。身体を持つロボットであっても、不良設定問題を解決して世界を自在に認識することはできません。

実は、不良設定問題を解き、世界を自在認識することにおいては、「意識」というものが中核を担っているのではないかというのが、「人工知能」を研究する視点から脳研究をとらえた結果の、筆者の考えです。ここからは、不良設定問題を解決し、「認識」というものを可能にする私たち人間や生物の「意識」についての考察を深める意味で、「認識している自分自身を認識する」という私たち人間の「意識」の謎に迫っていきましょう。

「認識」を「認識」するということ

私たちは、何かを「認識」するとき、同時に、「認識している自分自身」をも認識します。自己を認識する「自己言及」は、論理的にはパラドックスを生じる構造であることが知られており、アルゴリズムによって記述できないことは、既に説明した通りです。一方、論理的にパラドックスを含む「自己を認識する」という行為を、私たち人間はどのようにして実現しているのでしょうか。すなわち、自己を認識する「意識」の働き、つまりは「精神」「心」の働きは、どのようにして生じているのでしょうか。

ダマシオの著書『生存する脳』の翻訳を行った科学評論家の田中三彦は、訳者まえがきの中で、「心」の問題を解くにあたっての問題点を指摘しています。[53]

《ジグソーパズルというものがある。数ピースのものならどうということもないが、何十、何百とピースが増えていくにしたがって、全体に対する個々のピースの関係が見えにくくなり、パズルを解くことが難しくなる。しかし、普通はあらかじめ「全体」の姿がわかっているから救われるが、もし前もってそれがわかっていないような、多数のピースからなるジグソーパズルがあったとしたら、どうだろう。すべてのピースを矛盾なく組み合わせ、全体像を提示するのは容易なことではないだろう。

今日、いわば「究極」に挑んでいるいくつかの現代科学は、全体像が見えないままおこなわれているジグソーパズルにも似ている。

「心」を理解しようとする脳科学の場合、ピースはすでにかなり出そろっている。神経細胞の構造、シナプスのメカニズム、そして脳内化学物質といったミクロのピースはもとより、言語野、体性感覚野、運動野、視覚野など、マクロのピースもかなりそろっている。にもかかわらず、現代の脳科学は、それらがたがいにどう連携し、最終的にわれわれ人間の情動や感情が、あるいは合理的な推論や意思決定が、あるいは自己や意識が、どのようにもたらされるかといったことについて、矛盾のない包括的な理論をいまだに構築できないでいる。

理由はひどく単純であるようにも思える。つまり、百数十億のニューロン（神経細胞）からなる人間の脳はあまりにも複雑であるということ。この複雑さゆえに、謎は永遠に解明できそうにないと考える科学者もいる》

「心」の問題に向き合うにあたって、ダマシオは、医学的見地から、多くの脳損傷患者と関わり、その知見に基づき、脳のメカニズムの解明を行う中で、「脳だけ」を議論の対象にすることに限界を感じ、脳の概念を「身体」にまで拡張することで、心と脳と身体を統合しようと試みます。心と脳と身体を包括的に考えることで、はじめて、それぞれの役割が明らかになってくるという考え方です。ここでは、そうしたダマシオの脳と身体を統合する考え方を理解することで、「認識」そして「意識」についての理解を深めていきましょう。

「身体」における「心」の役割

私たち生物は、その進化の過程で、脳を大きくすることで、より巧みに、環境の変化に対して適応できるようになったと考えられています[54]。つまり、脳を肥大化させ、身体の運動の巧みさを身に付けることで、環境に適応できるようになったと言えます。

こうした「身体」が環境に適応した状態を維持することを目的に「心」が存在するというのが、ダマシオの考える「心」の位置付けです[17][53]、[55]-[57]。ダマシオは、心は身体に関するものでなければならず、そうでなければ、心は存在し得なかっただろうと言います。身体は、環境に適応する以前に、その内部状態を一定に維持しなければなりません。この、身体の内部状態を維持するための生理的反応を「ホメオスタシス（恒常性）」と呼びます。ホメオスタシスは、体温、体内の酸素濃度、身体のペーハーなどを自動的に調整することで、私たちの身体を、常に安定した「生命体」として維持する役割を担っています。そして、ホメオスタシスを理解することこそが、心を理解することであり、心と脳と身体を統合的に理解することに繋がるのです。しかしながら、伝統的なホメオスタシスに関する研究は、ホメオスタシスに直接的に関わる自律神経系の神経構造の理解や、内分泌系、免疫系の研究に閉じており、脳や心の役割については論じられてこなかったと、ダマシオは指摘します。

それでは、身体を維持するホメオスタシスにおける心の役割とは何なのでしょうか。人間の身体と脳は、分かつことのできない一個の生命体です。それらは、互いに作用しあう生物化学的調整回路（身体）と、神経的調整回路（脳）とによって統合されています。そして、生命体が環境との相互作用を行うとき、身体だけが環境と相互作用しているわけでも、脳だけが相互作用しているわけでもなく、一個体として、環境と相互作用をしています。こうした環境中で相互作用する一個体の中ではじめて、「心」という「現象」は理解可能になります。心は、統合的に環境と相互作用する身体と脳からなる生命体の中に存在し、また、生命体がその状態を維持していくために存在していると言えます。

心は、生命体が環境の中で生きていくための「基準」を構築します。この考え方を理解するには、やはり、私たち人間を含む生物の生きる環境が「無限定環境」であるということが重要です。都市部に住み、変化のない「普段の生活」を営んでいると、「環境というものは変化がないもの」と思い込んでしまいがちです。しかしながら、人間と同じような二足歩行ロボットを製作し、実際に動かそうとしてみると、私たちの置かれている環境というものが、如何に変化が激しく、同じ状態というものが二度とない、一つの状態として限定することが難しい「無限定環境」であるかということが理解できます[7][58][59]。

たとえば、二足歩行ロボットを製作し、「前に進む」ということをさせようとしたとします。ロボットを動かすためには、「左足の関節を動かして脚を上げ、着地したと同時に反対側の脚を上げて……」などといった動作をプログラムによって記述し、命令として与えます。そうすると、二足歩行ロボットは、全く同じ動作を行うことができます。ロボットが行う動作は毎回全く同じ動作なので、環境が同じであれば、問題なく「前に進む」ことができるでしょう。しかしながら、足元に小石があったらどうでしょうか。風が吹いてきたらどうでしょうか。そうした予測できない小さな環境の変化があったとしても、ロボットは、常に「同じ動作」を繰り返します。環境がどのような状態であるかに関係なく、「同じ動作」を行い、たとえ転んだとしても、自分自身が転んだということを認識することすらなく、倒れた状態で、脚を動かし続けるでしょう。

ロボットを製作せずとも、「無限定環境」を理解するには、目をつぶって、あなたの居る部屋の中を歩いてみるとよいかもしれません[60]-[63]。目の前に何があるのかがわからない状態では、手探りで環境を理解する以外に方法はありません。つい先ほどまで目の前にあったコップはどこにあるでしょうか。そのコップは、本当に今も存在しているでしょうか。誰かが持ち去ったという可能性はないでしょうか。そもそも、今自分が居る場所は、先ほど自分が居た場所と同じなのでしょうか。同じでないとすれば、コップがあった場所を知る手段はあるのでしょうか。自分の居る場所がわからなくなれば、コップを手にして水を飲むことも、食べ物を食べることもできません。そうした状態で、どのようにして、生きていくことができるのでしょうか。

ダマシオの指摘する心とは、こうした「無限定環境」の中で、私たち生物が、生きていくための拠り所となる「基準」を構築するものではないかと解釈できます。ダマシオは、私たち生物は、そうした無限定環境である「外界」を理解するにあたり、自分自身の「身体」を「判断基準」にして、思考や行動を行っていると言います。同じ状態が二度とない変幻自在の「無限定環境」を生きていくために頼りにできるものは、自分自身の「身体」しかありません。私たちの身体には、その内部状態が変化すれば、もとの安定的な状態を維持し続けようとするホメオスタシス（恒常性）が備わっています。つまり、ホメオスタシスの正体は、自分自身の身体の内部状態を「基準」にして、「自己」の変化を「認識」したうえで、安定した状態を維持し続けようとするプロセスであると解釈できるのです。

こうした生命維持のプロセスにおいて、「自己」を「認識」する「自己感」こそが、「意識」の原点であり、これが「心」という現象の根幹であると言えます。ここからは、「自己」と「意識」について、幾つかの症例を頼りにしながら理解することで、私たち生物の脳の根源的な役割についての理解を深めていきましょう。

「自己」と「意識」

脳研究の歴史は、脳損傷患者の研究史と呼べるかもしれません。脳を損傷した多くの方々によって、私たちの脳への理解が進むというのは、実に皮肉な話ではあります。ダマシオは、アルツハイマー病患者を観察することで、「自己」と「意識」についての理解を深めています[17]。

アルツハイマー病について語られる場合、記憶喪失などの症状が語られる場合がほとんどですが、この病気に関して特筆すべきことは、意識障害が引き起こされる場合があるということです。アルツハイマー病は、初期には記憶喪失が支配的であり、意識に関しては完全ですが、その症状が進むと、意識低下が進行していくと言います。覚醒はしているけれども、「私が私である」ということが、徐々にわからなくなっていくというのです。

《私は何人ものアルツハイマー患者にこうした崩壊が起きるのを目にしてきたが、いちばん辛かったのはそれが親友に起きたときだった。彼は、その世代の著名な哲学者の一人で、そのきわだった知性ゆえに、彼にもっとも近しい者以外、だれも彼の心の衰えに気づかなかった。私が最後に会ったとき、彼は一言も発せず、奥さんや私を認識している兆候もなかった。目の表情は内側からうつろになっていて、目が数秒間人や物を捉えても、それによって顔や身体に何か反応が起こることはなかった。肯定的にも否定的にも、情動の兆候はまったく生じなかった。しかし、部屋のあちこちに車椅子を動かすことはできた。そしていくぶん唐突に、たとえば大きな窓ガラスに近づき、とくに何を見るでもなく外に目をやったりした。

私は前に一度、彼がほとんど空の本棚に近づいて、車椅子の肘掛けの高さで本棚に手を伸ばし、一枚の折りたたまれた紙を取り上げるのを見た。それは四つ折りにされた六切りの古びた印画紙だった。彼はそれを膝の上に置き、ゆっくり開いた。そして長い間、写真の中の美しい顔を見つめていた。それはほほえんでいる奥さんの顔で、繰り返し折りたたまれた印画紙の深い皺によって、いまやその顔は四つに分割されていた。彼は目にしていたが、わかっていなかった。その間、かすかにも反応はなかった。その肖像写真を、数フィート離れたところに座っている生けるモデルと結びつけることもなかった。また一〇年前、ともに喜びを分かち合ったときに実際にその写真を撮った私と結びつけることもなかった。

その写真はすでに、病気の進行の早い段階から定期的に折りたたまれたり開かれたりしていた。そのころはまだ、彼は何かがおかしいことを認識していた。写真を折りたたんだり開いたりしていたのは、たぶん、確かな過去にしがみつきたいという必死の努力だったのだろう。しかし、いまやそれは無意識の儀式になっていた。いつも同じようにゆっくりしたペースで、同じように黙々と、同じように感情の共鳴がないまま、それをこなしていた。その悲しみの中で、私は彼がもはや何も認識できないことを確信した》

アルツハイマー病の特徴は、その症状の進行に従って、「自己感」が崩壊してしまうことにあると言えます。ダマシオが指摘するように、アルツハイマー病に関する素人の説明は、初期症状の記憶喪失などにフォーカスしがちですが、本来は、進行的な意識低下と、それに伴う自己感の崩壊こそが、注目されるべき特徴です[17]、[64]-[66]。

アルツハイマー病の進行によって、まず影響を受けるのは「延長意識」であり、それによって「自伝的自己」を喪失すると言います。「自伝的自己」とは、個人的な「記録」であり、自分がこれまで生きてきた過去から現在に至るまでを繋ぐ一本の「物語」のようなものと考えると理解しやすいかもしれません。つまり、アルツハイマー病が進行すると、単に記憶を喪失するだけに留まらず、自分がどこから来て、どこに行こうとしているのかという「自伝的」な「自己感」を喪失してしまうということです。

そして、アルツハイマー病は、最終的に、「中核意識」をも低下させ、患者は、単純な「自己感」すら失ってしまうと言います。「中核意識」とは、「中核自己」と呼ばれる、「今」「ここ」を意識する「自己」であり、自分が今ここに存在し、環境の中に在ることを確かにするものです。アルツハイマー病の最終状態は、そうした単純な「自己感」すら失われてしまう状態だということです。

さて、ダマシオの分析をまとめますと、「自己」には幾つかの段階があり、それによって「意識」というものが構成されているということです。自己の根源は「原自己」と言われ、生存のために、身体の状態を、継続的かつ非意識的に安定した状態に保つ、身体全体の活動状態を指します。原自己は、非意識的に身体を安定した状態に保つ活動ではありますが、これがあるからこそ、「意識」と関わる「中核自己」や「自伝的自己」といったものがあると考えることができるでしょう。「中核自己」は、「今」「ここ」の自己であり、過去でも未来でもなく、今まさに自分が自分として在るということを自覚できる「自己」だと言えるでしょう。そうした中核自己を自覚する意識が「中核意識」と呼ばれます。そして、「自伝的自己」は、「あなた」と「わたし」というアイデンティティーに関わるものであり、これまで自分が生きてきた過去と、これから生きていくであろう未来とを自覚し、また、外界を認識しながら自分というものを認識し、自分を自分史という歴史の中の一点の時間に位置づける「自己」だと言えます。そうした自伝的自己を自覚する意識が「自伝的意識」と呼ばれるものです。

こうした重層的な自己の構造は、「場」の概念で自己を捉える〈いのち〉の哲学においても見られます。存在を持続させる能動的な活《はたら》きとして〈いのち〉を捉える哲学を提唱する東京大学名誉教授の清水博は、浄土真宗をはじめとする連綿と受け継がれてきた思想に基づき、自己を重層的に捉えています[1]-[3]、[30][31][67][68]。清水によると、認知症患者が最初に失うのは「認知的自己」であり、認知的自己が失われても「感性的自己」が残り、それを失って、最後に残るものが、「霊性的自己」であると言います。そして、自己の根源である霊性的自己のはたらきによって、認知症の症状が改善することがあると言います。

自己と場所は、鍵と鍵穴のような関係であり、互いに切り離すことのできない、非分離の関係にあります。非分離な自己と場所は、自己中心的な自己と、場所中心的な自己という関係で捉えることができます。そしてお互いがお互いの形を規定していく仕組みを「相互誘導合致」と呼び、そうした仕組みから自己を作り出すサイクルを「自己言及サイクル」と呼びます[2]。生命という現象を、生命という状態を能動的に持続させていく「はたらき」と捉えることで、生命を、一つの「場」のようなイメージで捉えられ、そうした生命というものを安定した状態に保つ能動的なはたらきとして、「自己」というはたらきがあるというイメージを持つことができるのではないでしょうか。

フレーム問題と人間の意思決定

ここまで見てきたように、人間や生物の身体と脳は、「有機体」として一体となります。そして環境と相互作用しながら、内部状態を維持する中で、「自己感」を持ち続け、無限定な環境の中を生きていくことができます。まさに、生きようとする「意思」を持つものが生命体であると言えるのです。

その一方で、コンピュータは、意識を持たないどころか、アルゴリズムがなければ動作一つしません。そのようなアルゴリズムによって動作する「(弱い)人工知能」は、その構造自体が人間の脳や身体のそれと大きく異なることから、必然的に多くの「問題」を内包します。既に指摘した「不良設定問題」は、まさにその典型です。ここでは、人工知能と人間の知能の違いについての理解を更に深めるため、人工知能の研究史において、旧くから指摘されている「フレーム問題」と呼ばれる、人工知能が解けないとされる難問についての理解を深めていきましょう。

フレーム問題は、人工知能研究の創始者であるアメリカの研究者ジョン・マッカーシーらが一九六九年に指摘した問題です。フレーム問題とは、今、自分が解こうとしている問題に関係のある事柄を選び出すことが極めて難しいという問題です。数多ある事柄から、関係のある事柄を枠組み（フレーム）として選び出すことから、「フレーム問題」と呼ばれます。フレーム問題の説明に関しては、アメリカの哲学者ダニエル・デネットによる、爆弾を処理するロボットを例にした説明が有名です。[5][69][70]

作業ロボット1号の悲劇

「作業ロボット1号」は、人間の代わりに危険な作業をするロボットです。彼は、爆弾が仕掛けられている部屋から貴重な美術品を運び出してくるという任務を与えられました。彼は、美術品の入った台車を押して美術品を運び出してきましたが、不幸なことに爆弾は台車に仕掛けられていたので、爆発に巻き込まれてしまいました。

作業ロボット1号は、美術品を運び出すために荷車を押せばよいということは理解していました。そして、「台車に爆弾が取り付けられている」ということも、認識していました。しかしながら、「美術品を台車で運ぶと、爆弾も一緒に運ばれる」すなわち、「美術品が破壊される」という推論ができなかったのです。

作業ロボット2号の悲劇

そこで、この問題を改良した「作業ロボット2号」が製作されました。作業ロボット2号には、「(自分の行動によって）周囲に何が起こるかを推論する機能」が追加された。すなわち、美術品を台車で運ぶことによって、爆弾も一緒に運ばれ、その結果として、美術品が破壊されるという悲劇を、前もって推論することができるようになったのです。これで、作業ロボット1号の悲劇は起こらなくなる。作業ロボット2号は、安心して、美術品を運び出せる……そのはずでした。しかしながら、作業ロボット2号にもまた、悲劇が訪れたのです。

彼は、美術品を運び出しに部屋に再び向かいました。しかし、美術品を運び出すには台車を動かせばよいと思いついたあと、台車を動かしたときの影響を、

もし台車を動かしても、天井は落ちてこない。
もし台車を動かしても、部屋の壁の色はかわらない。
もし台車を動かしても、部屋の電気は消えない。
もし台車を動かしても、壁に穴があいたりしない。……

といったように、あらゆる可能性を想定しはじめ、延々と思考しているうちに、爆弾が爆発してしまいました。私たち人間の思考であれば、わざわざ「台車を動かしても天井が落ちてこないか」などといったことは、考える必要すらない、すなわち、台車と天井には何の関係もない、ということは、言うまでもありません。しかしながら、ロボットにとっては、何が関係があって、何が関係がないのかということは、考えてみないとわからないのです。そうしたことから、作業ロボット2号は、無限にあるあらゆる可能性を想定しはじめ、いつまでたっても自分がすべきことを判断することができなかったのです。

作業ロボット3号の悲劇

では、爆弾と台車に関係ないことを考える必要はないとして、「爆弾と関係のあることしか考えない」作業ロボット3号を製作すると何が起こるでしょうか。作業ロボット3号もまた、「爆弾と何が関係があって、何が関係がないのか」を無限の可能性の中から、延々と考え始めてしまい、やっぱり、爆弾が爆発してしまうのです。

ロボット（弱い人工知能）にとっては、あらゆる可能性を考えてみないと、何が影響があるかが分かりません。しかも、台車を動かしても影響を受けないことは無数にあるため、あらゆる可能性を考えるには、無限の時間がかかってしまうのです。

そして、作業ロボット3号が経験した通り、「爆弾と台車以外の関係のないことは考えなくてもいいのではないか？」と考えたとしても、壁、天井、電気などありとあらゆることについて、爆弾や台車と関係があるかどうかを考えているうちに爆弾が爆発してしまいます。このように、たとえどんな方法をとっても、途中で世の中のありとあらゆることについて考える必要が生じてしまいます。これが、一般的にフレーム問題と呼ばれる問題です。

囲碁や将棋というルールが決まっているゲームを行うプログラムや、工場の中で決まった動作をするロボットのプログラムに関しては、既にやろうとしていることが限定されているため、こうしたフレーム問題というものは生じません。しかしながら、人工知能が「無限定空間」に対応しようとすると、フレーム問題が無視できないものとして現れてくるのです。

勿論、フレーム問題に遭遇するのは人工知能に限った話ではなく、人間においても同様に起こり得るということは、様々な研究者によって既に指摘されています。人間や生物は、フレーム問題を完全に解決しているというよりは、回避していると言ったほうが良いかもしれません。私たちは、ロボットのように、身の回りのあらゆる事象に注意を払っていては（文字通り）身が持ちません。このため、うまくフレーム問題を回避できる仕組みが（身体に）備わっていると考えられます。研究者の中には、この様子を「上手に手抜きしている」と表現する人もいます[70]。

それでは、人間は、どのようにして、フレーム問題を回避しているのでしょうか。この問いに関しては、ダマシオによる脳損傷患者に関する報告が、多くの示唆を与えてくれます。

《そう昔のことではないが、前頭前・腹内側部に傷をもつわれわれの患者の一人が、ある寒い冬の日に研究所に来ていた。（中略）私はその患者とつぎの来所日をいつにするかを相談していた。私は二つの日を候補にあげた。どちらも翌月で、それぞれは数日離れていた。患者は手帳を取り出し、カレンダーを調べはじめた。そして何人かの研究者が目撃していたことだが、そのあとの行動が異常だった。ほとんど三〇分近く、患者はその二日について、都合がいいとか悪いとか、あれこれ理由を並べ立てた。先約があるとか、べつの約束が間近にあるとか、天気がどうなりそうだとか、それこそだれでも考えつきそうなことをすべて並べ立てた。凍結部分を冷静に運転し、女性の車の話を平静に披露した患者は、いま、そのときと同じぐらい平静に、退屈な費用便益分析、果てしない話、実りのないオプションと帰結に関する比較を、われわれに話していた。

テーブルも叩かず、やめろとも言わず、こういった話に耳を傾けるのは大変な忍耐がいった。しかし、ついにわれわれは患者に、二番目の日に来たらどうか、と静かに言った。すると患者の反応もまた同じように静かで、しかもすばやかった。彼はひとこと、こう言った。

「それでいいですよ」

手帳をポケットに戻すと、患者は去っていった》

ダマシオは、以上の報告を、「ソマティック・マーカー」という概念を用いて説明しています。「ソマティック・マーカー」とは、身体や内臓の反応というものは、身体に対する「良し」「悪し」によって起こるものであるという考えから、身体や内臓系の反応（ソマティック反応）は、身体に対する意思決定機構（マーカー）として働くとする仮説です。これまで説明してきたように、身体がもつホメオスタシスという、身体を安定した状態に保つ働きによって、身体をより安定的な状態に保つ外的な刺激を「良い」刺激と判断し、そうでない刺激を「悪い」刺激と判断することができる性質に基づきます。

すなわち、私たち人間をはじめとする生物は、身体を持ち、その身体を安定的な状態に保つ働きが内在しているため、「フレーム問題」に直面しても、無限に計算を行うことなく、身体に対する良し悪しから、何らかの意思決定を行うことができると考えられます。確かに、来所日を決定するためには、（本来は）考慮すべき事柄が無限に存在します。間近に迫った約束や、天気など、その一つ一つを考え始めればきりがありません。しかしながら、私たちは、そのほとんどを、取るに足らないこととして無視します。身体を持つ私たちは、そのそれぞれを、身体に対する「刺激」と考えた上で、重要な刺激のみを身体感覚として処理していると考えることもできるのではないでしょうか。

ダマシオの患者は、確かに理性的ではあったかもしれません。しかしながら、理性的であるだけでは、思考のループを止めることができず、意思決定を下すことができませんでした。私たちは、身体を持っているからこそ、その状態を安定的に保つことを「良い」とする判断を下せます。しかしながら、その「装置」が損傷してしまうと、無限に思考のループを止められない、すなわち、いつまでも計算を止められない作業ロボットに似た状態に陥ってしまうのです。

「意識」と「基準」

ここまで、ダマシオの知見と思想を軸に、「意識」が自覚されるに至るまでのプロセスについての考察を行ってきました。身体の内部の状態を、安定的な状態に維持するための生理的な反応である「ホメオスタシス」は、それ自体、生命が、自らの存在を持続させるための能動的な活き《はたら》であると言えます。

この、身体の内部の状態を安定的に維持するはたらきそのものが「自己」の根源であり、そのはたらきは、私たちの「意思決定」や「決断」の源になっています。身体を安定的に維持させるものを「良い」ものとして判断するソマティック・マーカーの働き。これを持つからこそ私たちは身体を持つ生命でいられるのではないでしょうか。

ダマシオはさらに、そうしたホメオスタシスのはたらきは、私たちの思考に「秩序」を与え、「推論のプロセス」を実行可能にすると言います。私たち生命がホメオスタシスを持つことで、必然的に、身体に対する「良いもの」と「悪いもの」が決まってきます。それは、すなわち、私たちが選択するであろう多数の「可能性」が、(自動的に)ランク付けされることを意味します。つまり、身体維持のプロセスは、私たちにとって、意思決定の「基準」を与えるのです。

さて、身体維持のプロセスが与える「基準」という概念は、それが単純に「意識」の根源を作っているというだけでなく、生命を、生命たらしめる上で不可欠な概念であると筆者は考えています。「基準」という概念を持つかどうかということが、生命と機械の違いの根幹であると言ってても良いかもしれません。生命とは、無限定空間の中で調和的関係を作り出して生きるものであると提唱する東北大学名誉教授の矢野雅文は、「基準」を持つ生命システムの働きを「自己言及システム」と呼びます。矢野は、著書『日本を変える。分離の科学技術から非分離の科学技術へ』の中で、近代科学を支える「物質科学」の限界を指摘し、生命システムを分析する必要性を訴えています[29]。

《これまで人類が展開してきた科学技術は、物質世界だけに適用できる科学技術です。(中略）人間も生命体ですから、人間の諸活動に適用する法則性は少なくとも生命世界で働く法則を包含していなければなりません。（中略）

これまでの自然科学は自他分離が可能な系の法則性を探してきたということに尽きます。この法則性を因果律と呼びますが、この因果律は系の継時的な秩序に関する法則性にすぎません。因果律に基づく微分方程式を用いて系の時間発展を記述するのに必要なことは、初期条件、境界条件、パラメータがすべて既知であることです。これらがすべて既知である時に情報が完全であると言います。すなわち、情報が完全でなければ因果律に基づく時間発展は解けないことになります。情報が完全である問題は良設定問題といい、情報が不完全で問題が解けない場合は不良設定問題といいます。問題が解けるという意味で良設定問題という言い方をしていますが、情報が完全であることが今日の科学が成り立つ前提なのです。

これに対して、人間を含めて生きている世界は、明日は何が起きるかわからないという意味では無限定な世界です。無限定な世界において、生命システムはどのようにして生き抜いているのかを明らかにすることが生命世界における科学になります。（中略）

生命システムが生きている実世界は無限定な世界なので、必ずしも予測可能ではありません。一瞬後には何が起きるかわからない世界で、しかも空間的にも複雑な世界なので、必要な情報が必ずしも全部得られるとは限らない世界なのです。つまり、生命システムは部分的な情報であるとか不完全な情報を頼りに何が起きるか分からない世界を生きていることになります。つまり、生命の論理を明らかにするということは、生命システムが無限定環境で生きるためにどういう情報処理をしているのか、不完全な情報しかない時にどうやって情報処理をしているのかを明らかにすることになります。つまり、物質科学が取り扱う想定された世界と生命システムが生きている無限定な世界の間には非常に大きなギャップがあることになります》

無限定空間の中で生きる私たちには、逐一、環境の変化や動作を指示してくれる者がいるわけではありません。自分自身の力で、環境の変化を知り、動作を作り出して生きていく必要があります。自らの力で生きていくためには、自分自身を「規範」とする以外に方法がないのです。生命システムとは、自律的に環境との調和的な関係を創り出し、環境との関係を拘束条件とし、自らの状態（内部状態）の在り方を決めていくものです。すなわち、時々刻々と変化する「今ここ」の環境が決まることで、自分自身の状態が決まり、自分自身の状態が決まることで、外部環境が決まっていくという、自分自身を中心としたサイクル（自己言及サイクル）を描いており、こうしたサイクルがうまく回っている状態が、「調和的関係が築かれている」状態であると考えられます。このように、生命は、環境と分離できない「自他非分離」の状態の中で成り立っている現象であると言えます。

こうした生命の在り方に対し、近代の科学技術は、「自他分離」が可能であるという前提で成り立っていると言えます。これは、一七世紀のフランスの哲学者ルネ・デカルトの提唱した方法論[7]であり、「デカルト切断」とも呼ばれる、人間と対象を切り離し、他と干渉しないところで、現象を切り取ろうとする近代科学の基本的な方法論です。「自他分離」は、「（弱い）人工知能」に象徴される情報技術についても同様であり、現代の情報化社会の前提となっていると言えます。情報化社会の限界について冷静に分析したうえで、その可能性を考えるならば、「自他非分離」を前提とする生命システムに学ぶことが不可欠であると筆者は考えます。ここからは、「自他分離」を前提とする機械の動作メカニズムについて紹介しながら、生命システムに学ぶことの可能性について模索していきます。

ゴミ収集ロボットに学ぶ「中央制御」の限界

私たち生物が生きる「無限定空間」という不確実な世界で、「世界を知る」ためには、まず、手足をばたつかせるなどして、自分自身の身体を通して、環境と相互作用することで、「自己」そのものを作り出していくことが必要です。自己は、そうして初めて得られるものであり、「環境との調和的な関係」を作り出すとも表現されます。

こうした一連のプロセスを経て、私たちは、「世界」という「全体」に関する「仮説」を立てることができます。私たちが相互作用することができるのは、世界という全体の「部分」でしかないかもしれません。しかしながら、部分と部分との相互作用、部分と自己との相互作用を通して、「調和的な関係」というものを見出すことによってこそ、世界という全体の仮説が作り出されるのです。

私たち生物は、そのようにしてこの不確実な世界を生きています。そして、不確実な世界で生きるのを可能にすることが、まさに「知能」の役割であると言えるのです。では、こうした「知能」を持たないものが身体を動かすと何が起こるのか。近年盛んに研究がなされている「自動運転」の一種である、ゴミ収集車（ロボット）の例に学びながら考察していきましょう。

豪州など一部の地域では、既に、ゴミ収集の作業が、ロボットの手によって自動化されています。ゴミを収集するという作業は、単純なように見えますが、実際は、無限定空間の中で自らの身体を制御する代表例であると言えます。ゴミ収集ロボットの実際の様子は、動画サイトなどでも見ることができます。ここでは、そのうちの一例をご紹介します（図4-3）[72]。まず、ゴミ収集ロボット（車）が収集しやすいように、ゴミ箱の大きさや位置が決められており、その中に住民はゴミを捨てているようです。さて、決まった位置に置かれたゴミ箱の中のゴミを収集するために、ゴミ収集ロボットがやってきました（a）。まず、真ん中のゴミ箱をゴミ収集ロボットのロボットアームが大胆に掴みます。高出力のアームなので、重いゴミ箱であっても問題なく持ち上げられます（b）-（d）。そして、中身を収集し終わったら、もとの位置に戻すようにプログラムされています。さて、一つ目のゴミ箱を収集し終えたロボットは、二つ目のゴミ箱を掴むために、若干後ろに下がります。そして、今度は左隣のゴミ箱を掴みます（e）。先ほどの真ん中のゴミ箱と同じく、重いゴミ箱であっても問題なく持ち上げてしまいます（f）-（g）。そして、先ほどと同じように、ゴミを収集し、もとに戻そうとした瞬間に、「事件」は起こります。ゴミ

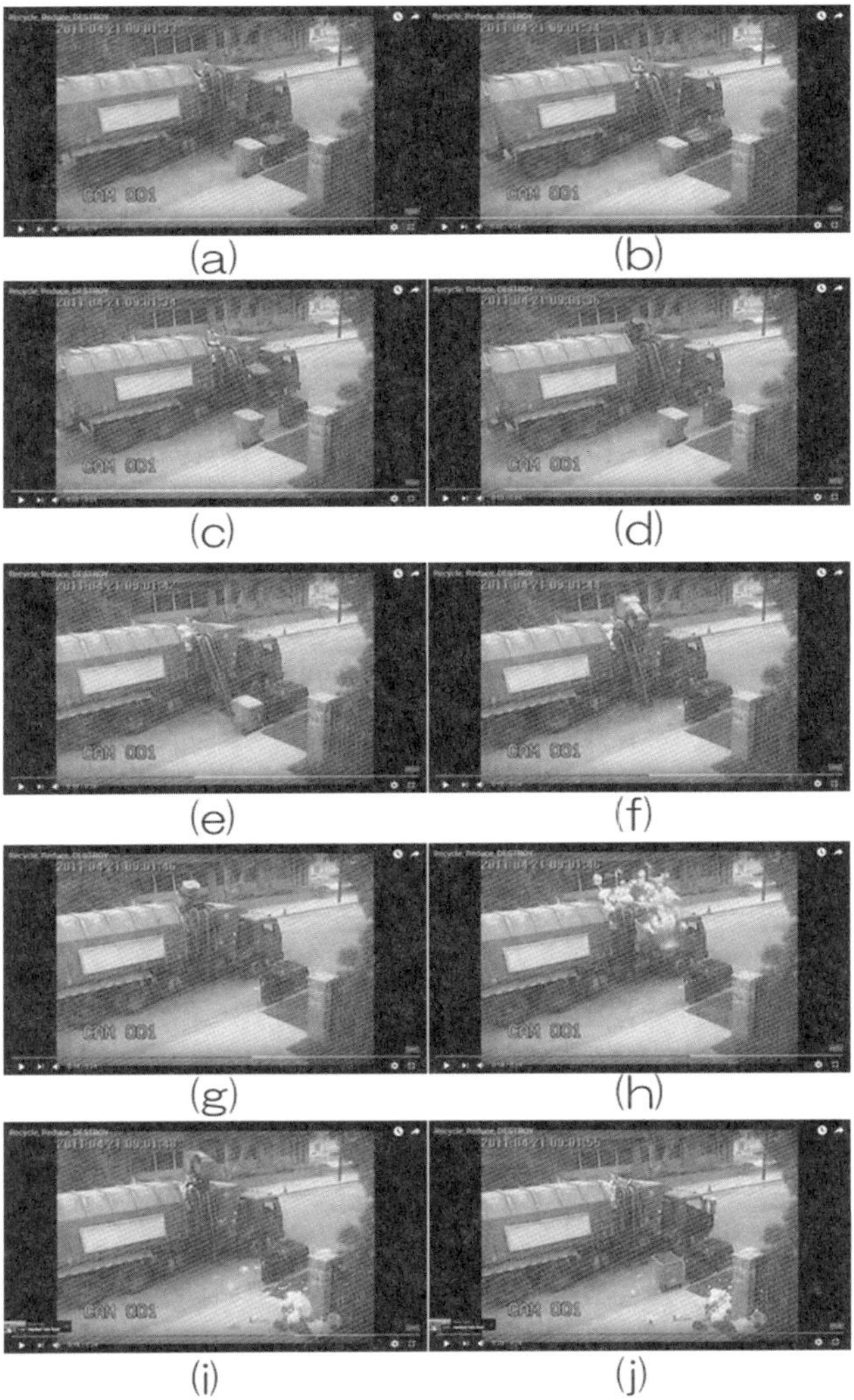

図４－３　ゴミ収集ロボットの作業の様子

箱の中に残っていたゴミを、勢いよく周囲にばら撒いてしまうのです（h）。

勿論、人間が同様の作業を行おうとしても、このようにゴミを周囲にばら撒いてしまうような事故というのは起こってしまうでしょう。しかし、問題はその後です。ロボットは、まるで、何事もなかったかのように、引き続き作業を続けています（i）-（j）。ロボットは、単にゴミ収集を「失敗した」だけでなく、失敗した後に、作業が失敗してしまったということに「気付く」ことすらできないのです。

どうしてこのようなことが起こってしまうのでしょうか。ロボットの動く世界はコンピュータ上とは異なる実世界であり、まさに「無限定空間」です。無限定空間では、コンピュータ上のように、常に全く同じ条件を再現する（限定する）ことはできず、どのような環境の変化が起こるのかが予想できません。[5][7][58][59]

ロボットは、コンピュータ（CPU）によって制御されているので、ゴミ収集のロボットアームは、常に同じ動きを再現します。その一方で、実世界は、常に予想のできない環境の変化を起こします。このため、突然小石が飛んでくるかもしれませんし、ゴミの量や重さが、予想を上回って（または下回って）しまうかもしれません。それに、マシンの予想できない場所に、突然ゴミが詰まって動作が止まってしまうかもしれないのです。

勿論、前もって想定できる環境の変化に対しては、その変化を検知できるセンサーを備えたり、その変化をフィードバックして動作を変更したりといった制御を、プログラムとして埋め込んでおくことも、できるかもしれません。ただ、この方法は、まるで、自分で考える能力のない部下や生徒に、逐一、手続きを一から十まで「もしこのようなことが起こった場合はこのように対処しなさい」などと細かく厳密に指示するといった方法と同じであり、指示漏れがあった際には、相変わらず「我関せず」という態度を取られてしまうのです。このような指示の方法では、上司や先生が疲れ切ってしまうのと同じで、ロボットを開発するエンジニアは、「完璧な」システムを世に出す前に疲れ切ってしまうでしょう。

こうしたコンピュータ（CPU）による制御は、広い意味で「中央制御」や「集中制御」と呼ばれます。これは、簡単に表現すると、中央に「賢い人」を集め、末端は、その「賢い人」の決定に従う、というような設計思想に基いています。中央制御は、「賢い人」が、すべての情報（完全情報）を入手できるという前提では、極めてうまく動作する一方で、末端の情報が必ずしもすべて中央に届かなかったり（必要十分なセンサーを前もって用意できなかったり）、中央があらゆる状況に対応できるほど賢くなかったり（アルゴリズムがあらゆる場合を網羅できていなかったり）する場合には、必ずしもうまく機能しないのです。もっとも、必要十分なセンサーやアルゴリズムを用意するというのはそれほど生易しい話ではなく、「ゴミを収集する」ためだけに、ありとあらゆるセンサーを用意するという設計思想は、そもそも経済的とは言えないでしょう。

「自律分散」に基づく生命システム

こうした「中央制御」の問題を解決するために、「では、末端が自由に意思決定できるようにすれば良いではないか」と考えるのは早計です。学校で先生が何も指示をしないと簡単に学級崩壊が起こってしまうのと同様に、ロボットや人工的に作られたシステムは、末端に制御を丸投げしてしまっては、予想できない動きをするだけでなく、その動きを修正する必要があるかどうかすらも、わからない状態に陥ってしまいます。

それでは、中央制御の問題は、どのようにすれば解決できるのでしょうか。この鍵を握る「システム」が、まさに、私たち生物だと言えます。例えば、人間という「生物」を見てみましょう。人間も、脳というCPUのようなものが「中央制御」を行って、身体を動かしているように見えるかもしれません。しかしながら、実際、脳をつぶさに観察すると、「中央制御」とはほど遠い性質が明らかになってきます。

脳は、一二〇億もの神経細胞（ニューロン）と呼ばれる細胞の群れであり、一つ一つの細胞は、不揃いで、同じ動作を再現できるかどうかも心許ない、頼りないものです。しかしながら、そうした不揃いの細胞たちが群れることによって、一つの「村社会」を形成し、それぞれが一つの生物として生きながらも、全体では「人間」という一個体として動くというメカニズムを持っているのです[73]-[81]。

人間の身体は更に複雑です。神経細胞一つとっても、脳だけでなく、身体中に張り巡らされており、すべての細胞を合わせると、六〇兆にも達すると言われています。そうした、一つ一つが生物である細胞は、自律分散的に動いているにもかかわらず、全体として統制の取れた動きをしています。では生物は、どのようなメカニズムによって、それを達成しているのでしょうか。

中央制御は、見方を変えると、それぞれの部品（部位）のおかれた環境を、外側（中央）で予測したうえで、その予測された環境に対しての動作を、中央の指示通りに行うという制御方法だと言えます。それに対し、生物の置かれている環境では、環境を教えてくれる者もいなければ、動作を指示してくれる者もいません。こうした実世界の無限定環境の中で、自分自身を規範とする生命のメカニズムこそが、矢野の提唱する「自己言及システム」であると言えます。矢野らの研究グループは、生命システムに関する哲学的考察を行うだけでなく、それを情報技術として昇華させる試みを行っています〔29〕〔82〕〔83〕。ここでは、矢野らの開発した技術の中で重要な「自己言及システム」としてのロボットアーム制御技術を紹介しながら、これからの情報科学が発展していく可能性について考察していきます。

生命システムが動かすロボットアーム

矢野らのロボットアーム制御の仕組みは、「（各関節を）まず動かしてみる」ことによって、それぞれの関節が「目標とする動きに対して自分自身がどの程度貢献できているか」を定量化し、その上で、それぞれの関節が最も調和的になるように、すなわち「動かすべき関節が最も大きな貢献ができるように」関節の動きを調整していくという仕組みを採用しています。これこそが、「自己言及システム」の設計思想に基づいてロボットアームを制御する方法です。外部環境（他の関節との関係）によって自分自身の状態（どれくらい貢献するか）が決まり、同時に、自分自身の

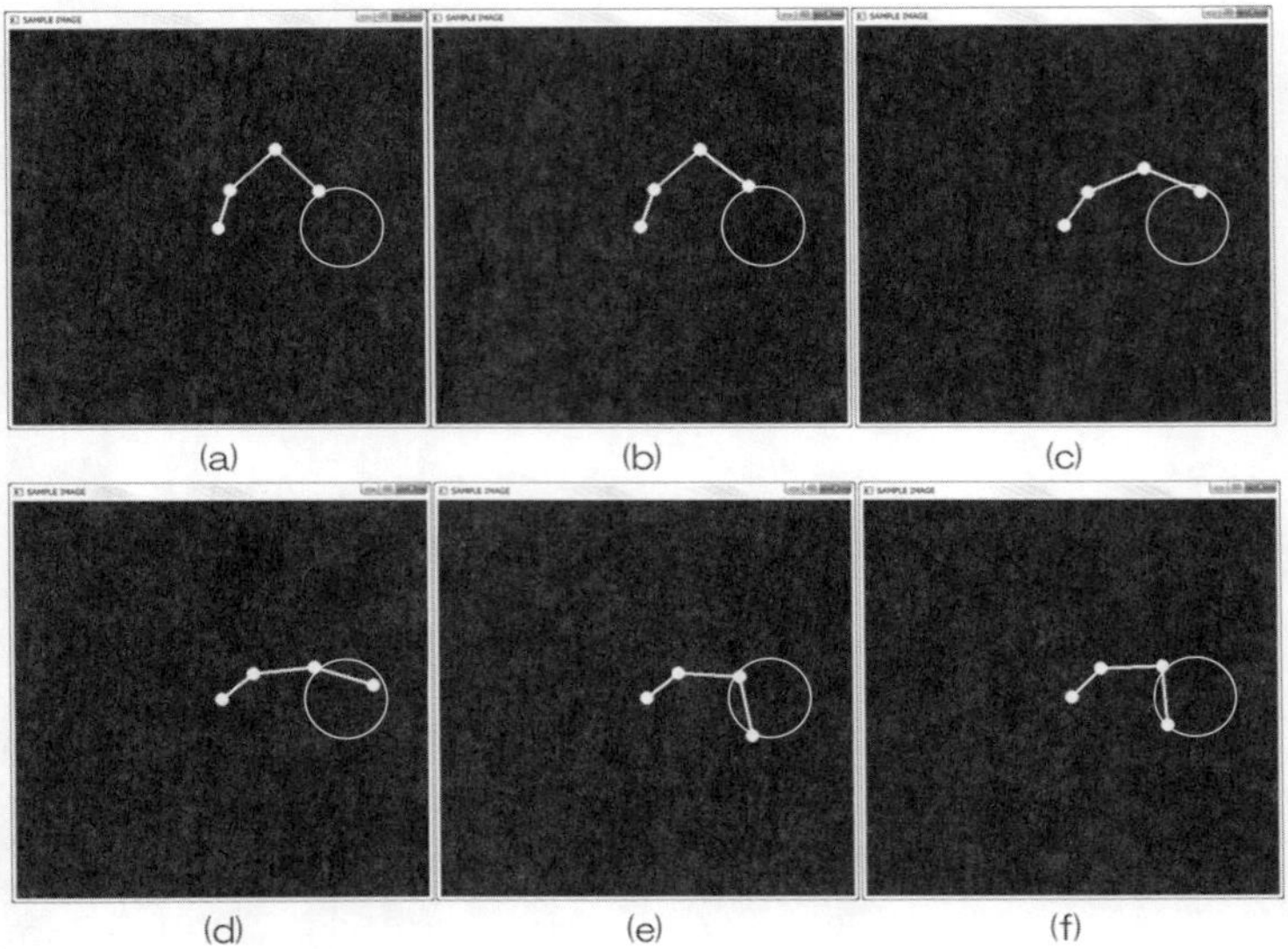

図4－4　自律分散でありながらも統制のとれたロボットアームの動作

状態によって外部環境との「調和的関係」が決定されるという全体のサイクルを創り出しています。

このような制御を実現するにあたって、それぞれの関節は自分自身の貢献度合いを評価する「自己評価関数」を持ち、関節と関節が「協調」と「競合」という二種類の相互作用（コミュニケーション）を行っています。それぞれの関節が（中央制御を必要とすることなく）分散的に、自分自身の制御を行える仕組みになっているのです。図4－4は、名古屋大学助教の吉原佑器が（矢野らと共同で）行った研究を、筆者が再現したロボットアームの様子です（幾つかのパラメータは筆者が設定し直しています）。図の中の円は、「アームの先端が描く目標」であり、白丸で表現された各関節が、白線で表現されたアームの先端が円を描くように、回転する速度（角速度）を調整していきます。各関節の回転する速度（角速度）が、どのように調整されていくかというところが、まさに、このロボットアーム制御の本質です。「自己言及システム」として働く各関節は、「協調」と「競合」という二種類の相互作用によって、円を描くのに最も適した角速度を、「動かすべき関節が最も大きな貢献ができるように」調整していきます。時々刻々と変化するアーム全体の姿勢に対し、その瞬間に最も適した関節が、最も適した貢献をするように、それぞれが角速度を調整していくのです。

このような仕組みを取り入れることによって、アームの長さが変わったり、または、ある関節が突然故障したりなどの不測の事態が起こった場合であっても、その状況に対して最適な動きを、自律的に創り出し、与えられた目的を達成することができる仕組みになっています。まさに、生命システムが、細胞一つ一つが不揃いであっても、全体として目的を達成できるということと同等の仕組みを実現していると言えるのです。

意識を持つ生命という概念から何を学ぶことができるのか

私たち生物の生きる世界は、時々刻々と変化する無限定空間である「実空間」です。そして、その中で生きるということは、時々刻々と、世界を作り出すということであり、それがまさに、私たち人間を含む生物の「知能」の役割であると言えます。そうした人間の持つ「知能」と「人工知能」との違いに直面したサールは、人工知能への理解を深めるにあたり、知能を持ち、精神を宿す機械を「強い人工知能（Strong AI）」と呼び、一方で、人間の知的活動をサポートする道具を「弱い人工知能（Weak AI）」と呼びました。

現在、数多くの「弱い人工知能」が開発されている一方で、精神を宿す「強い人工知能」に関しては、開発の目途すら立っていない状態です。その理由としては、人間の持つ「精神」や「心」というものが何であるかについての理解が十分になされていないということが挙げられます。「精神」は、「自己」を「認識」する「意識」を持ちます。しかしながら、「弱い人工知能」は、たとえ、画像や音声を（ある一定の精度で）「認識」できるとしても、そうした「認識」を行っている自分自身を「認識」することはできません。これは、「不良設定問題」と呼ばれる問題を引き起こし、「弱い人工知能」が世界を認識することを困難にする根本原因であると言えます。「不良設定問題」とは、ある景色（画像や映像）に含まれる「馬」を認識するためには、「景色の中のどこに馬がいるか」を認識する必要があり、それを知るためには、そもそも「馬がいる」ということを認識する必要があるという、「卵が先か鶏が先か」と同様の、循環論的な問題です。

そして、人間が、不良設定問題を解いているとすれば、客観的に画像や映像を見ているだけではなく、自分自身の身体があり、身体を能動的に動かし、世界を自分と相対化することによって、それを行っているのではないかと考えられます。身体は、環境に適応する以前に、その内部状態を一定に維持しなければなりません。この、身体の内部状態を維持するための生理的反応を「ホメオスタシス（恒常性）」と呼びます。ホメオスタシスは、体温、体内の酸素濃度、身体のペーハーなどを自動的に調整することで、私たちの身体を、常に安定した「生命体」として維持する役割を担っています。身体の持つ、ホメオスタシスの働きは、無限定環境を生きるうえでの「基準」を作り出し、そのため環境がどのように変化しても、適応していくことができると考えられます。これに対し、身体を持たず、生きていくうえでの「基準」を持たない「弱い人工知能」は、無限定空間で動作をする際に「フレーム問題」に直面し、原理的に、意思決定を行って動作することができないのです。

自分自身を基準とすることで、環境との調和的な関係を常に作り出す生命の働きを、矢野は、「自己言及システム」と呼びます。生命の「自己言及システム」は、前もって与えられたプログラムによる「中央制御」とは異なり、時々刻々と、調和的な関係を作り出すことから、想定外の環境の変化に対しても柔軟に対応することが可能です。原始的であるとは言え、自己を規範とするシステムの設計思想は、自分自身をも認識しているとも考えられます。こうした生命の在り方は、社会システムの設計思想とも無関係ではありません。次章では、現代の情報化社会を支える思想について改めて考えると同時に、「生命」に立脚した、これからの社会の在り方について、見ていきたいと思います。

第四章　参考文献・参考ウェブサイト

[1] 清水博『生命と場所　意味を創出する関係科学』ＮＴＴ出版（1992）

[2] 清水博『生命知としての場の論理　柳生新陰流に見る共創の理』中公新書（1996）

[3] 清水博『生命と場所　創造する生命の原理』ＮＴＴ出版（1999）

[4] 松田雄馬『人工知能の哲学　生命から紐解く知能の謎』東海大学出版部（2017）

[5] 星野力『ロボットにつけるクスリ　誤解だらけのコンピュータサイエンス』アスキー（2000）

[6] 都築誉史他『高次認知のコネクショニストモデル　ニューラルネットワークと記号的コネクショニズム』共立出版（2005）

[7] ロドニー・ブルックス（五味隆志訳）『ブルックスの知能ロボット論　なぜＭＩＴのロボットは前進し続けるのか？』オーム社（2006）

[8] ハワード・ラインゴールド（日暮雅通訳）『新・思考のための道具　知性を拡張するためのテクノロジー——その歴史と未来』パーソナルメディア（2006）

[9] 甘利俊一『コレクション認知科学11　神経回路網モデルとコネクショニズム』東京大学出版会（2008）

[10] Simon, H. A.; Newell, Allen「Heuristic Problem Solving: The Next Advance in Operations Research」Operations Research 6: 1（1958）

[11] Russell, Stuart J.; Norvig, Peter「Artificial Intelligence: A Modern Approach（2nd ed.）」Prentice Hall（2002）

[12] McCorduck, Pamela「Machines Who Think: A Personal Inquiry into the History and Prospects of Artificial Intelligence（2nd ed.）」A K Peters/CRC Press（2004）

[13] ヒューバート・L・ドレイファス（黒崎政男他訳）『コンピュータには何ができないか　哲学的人工知能批判』産業図書（1992）

[14] ジョセフ・ワイゼンバウム（秋葉忠利訳）『コンピュータ・パワー　人工知能と人間の理性』サイマル出版会（1979）

[15] John Searle「Minds, Brains, and Programs」Behavioral and Brain Sciences 3, pp.417-424（1980）

[16] 小泉英明『脳の科学史　フロイトから脳地図、ＭＲＩへ』角川ＳＳＣ新書（2011）

[17] アントニオ・R・ダマシオ（田中三彦訳）『無意識の脳　自己意識の脳　身体と情動と感情の神秘』講談社（2003）

[18] Antonio Damasio『The Feeling of What Happens: Body and Emotion in the Making of Consciousness』Houghton Mifflin Harcourt（1999）
[19] 今岡仁「安全・安心を実現する世界一の顔認証技術」ＮＥＣ技報 Vol.67 No.1（2014）
[20] 佐藤敦「安全安心な社会を支える画像認識技術」人工知能学会誌29巻5号（2014）
[21] 岩元浩太他「スマートフォンを用いた画像認識サービス『GAZIRU』」日本画像学会誌 55(3)（2016）
[22] 仲田智他「監視映像を解析・認識するビジョンセンシング技術」日立評論 Vol.98 No.03（2016）
[23] Richard Held, Alan Hein「Movement-Produced Stimulation in the Development of Visually Guided Behavior」Journal of Comparative and Physiological Psychology. 56(5). pp. 872-876（1963）
[24] 佐々木正人『コレクション認知科学7 からだ：認識の原点』東京大学出版会（2008）
[25] Quoc V. Le「Building High-level Features Using Large Scale Unsupervised Learning」ICASSP2013（2013）
[26] 「Using large-scale brain simulations for machine learning and A.I.」Official Google Blog（2012.06.26）
https://googleblog.blogspot.jp/2012/06/using-large-scale-brain-simulations-for.html
[27] 「Google、大規模人工ニューロンネットワークを用いた研究成果を紹介」日経ＢＰ ＩＴｐｒｏ（2012.06.27）
http://tech.nikkeibp.co.jp/it/article/NEWS/20120627/405501/
[28] 淺間一他編『シリーズ移動知 第一巻 移動知 適応行動生成のメカニズム』オーム社（2010）
[29] 矢野雅文『日本を変える。 分離の科学技術から非分離の科学技術へ』文化科学高等研究院出版局（2012）
[30] 清水博『新装版 場の思想』東京大学出版会（2014）
[31] 清水博『〈いのち〉の自己組織 共に生きていく原理に向かって』東京大学出版会（2016）
[32] 三浦俊彦『ラッセルのパラドクス 世界を読み換える哲学』岩波新書（2005）
[33] 高橋昌一郎『ゲーデルの哲学 不完全性定理と神の存在論』講談社現代新書（1999）
[34] 高橋昌一郎『理性の限界 不可能性・不確定性・不完全性』講談社現代新書（2008）
[35] 高橋昌一郎『知性の限界 不可測性・不確実性・不可知性』講談社現代新書（2010）
[36] 高橋昌一郎『感性の限界 不合理性・不自由性・不条理性』講談社現代新書（2012）
[37] 西垣通他『思想としてのパソコン』ＮＴＴ出版（1997）

[38] デイヴィッド・バーリンスキ（林大訳）『史上最大の発明アルゴリズム　現代社会を造りあげた根本原理』ハヤカワ文庫（2012）
[39] マーティン・ディヴィス（岩山知三郎訳）『数学嫌いのためのコンピュータ論理学　何でも「計算」になる根本原理』コンピュータエージ社（2003）
[40] 上田閑照『西田幾多郎を読む』岩波書店（1991）
[41] 西田幾多郎『西田幾多郎全集〈第三巻〉芸術と道徳　働くものから見るものへ』岩波書店（2003）
[42] 西田幾多郎（小坂国継注釈）『善の研究〈全注釈〉』講談社学術文庫（2006）
[43] 矢野雅文「不良設定問題へのアプローチ　情報生成による運動制御」日本シミュレーション学会 15(4)（1996）
[44] 矢野雅文「生体運動における即興的適応制御」日本神経回路学会誌 Vol.20 No.1（2013）
[45] 坂本一寛「複雑系神経科学からの10の問題意識」日本神経回路学会誌 Vol.20 No.4（2013）
[46] 松本元他編『脳とコンピュータ3　神経細胞が行う情報処理とそのメカニズム』培風館（1991）
[47] 鳥居修晃他『知覚と認知の心理学2　視知覚の形成2』培風館（1997）
[48] 福島邦彦他『基礎情報工学シリーズ19　視聴覚情報処理』森北出版（2001）
[49] 藤田一郎『「見る」とはどういうことか　脳と心の関係をさぐる』ＤＯＪＩＮ選書（2007）
[50] 山口真美他『赤ちゃんの視覚と心の発達』東京大学出版会（2008）
[51] 藤田一郎『脳はなにを見ているのか』角川ソフィア文庫（2013）
[52] 藤田一郎『脳がつくる3Ｄ世界　立体視のなぞとしくみ』ＤＯＪＩＮ選書（2015）
[53] アントニオ・Ｒ・ダマシオ（田中三彦訳）『生存する脳　心と脳と身体の神秘』講談社（2000）
[54] ニコライ・アレクサンドロヴィッチ・ベルンシュタイン（工藤和俊他訳）『デクステリティ　巧みさとその発達』金子書房（2003）
[55] アントニオ・Ｒ・ダマシオ（田中三彦訳）『感じる脳　情動と感情の脳科学　よみがえるスピノザ』ダイヤモンド社（2005）
[56] アントニオ・Ｒ・ダマシオ（田中三彦訳）『デカルトの誤り　情動、理性、人間の脳』ちくま学芸文庫（2010）
[57] アントニオ・Ｒ・ダマシオ（山形浩生訳）『自己が心にやってくる』早川書房（2013）
[58] 多賀厳太郎『脳と身体の動的デザイン　運動・知覚の非線形力学と発達（身体とシステム）』金子書房（2002）

[59] 衣笠哲也他『受動歩行ロボットのすすめ　重力だけで2足歩行するロボットのつくりかた』コロナ社（2016）
[60] ダイアログ・イン・ザ・ダーク　ウェブサイト　http://www.dialoginthedark.com/
[61] 志村真介『暗闇から世界が変わる　ダイアログ・イン・ザ・ダーク・ジャパンの挑戦』講談社現代新書（2015）
[62] 伊藤亜紗『目の見えない人は世界をどう見ているのか』光文社新書（2015）
[63] 伊藤亜紗『目の見えないアスリートの身体論　なぜ視覚なしでプレイできるのか』潮新書（2016）
[64] クリスティーン・ボーデン（桧垣陽子訳）『私は誰になっていくの？　アルツハイマー病者からみた世界』クリエイツかもがわ（2003）
[65] NPO法人認知症当事者の会編（永田久美子監修）『扉を開く人　クリスティーン・ブライデン』クリエイツかもがわ（2012）
[66] クリスティーン・ブライデン（馬籠久美子訳）『認知症とともに生きる私　「絶望」を「希望」に変えた20年』大月書店（2017）
[67] 清水博『コペルニクスの鏡』平凡社（2012）
[68] 清水博『〈いのち〉の普遍学』春秋社（2013）
[69] DANIEL C. DENNETT「Cognitive Wheels: The Frame Problem of AI」Cambridge University Press（1984）
[70] J・マッカーシー他（三浦謙訳）『人工知能になぜ哲学が必要か　フレーム問題の発端と展開』哲学書房（1990）
[71] デカルト（谷川多佳子訳）『方法序説』岩波文庫（1997）
[72] Recycle, Redirc, DESTROY　Fail Clips Daily（YouTube 動画／2015.11.08）https://www.youtube.com/watch?v = t6lqdSk_Qno
[73] アルバート・ラズロ・バラバシ（青木薫訳）『新ネットワーク思考　世界のしくみを読み解く』NHK出版（2002）
[74] 蔵本由紀編『非線形・非平衡現象の数理　第1巻　リズム現象の世界』東京大学出版会（2005）
[75] 松下貢編『非線形・非平衡現象の数理　第2巻　生物にみられるパターンとその起源』東京大学出版会（2005）
[76] 柳田英二編『非線形・非平衡現象の数理　第3巻　爆発と凝集』東京大学出版会（2006）
[77] 三村昌泰編『非線形・非平衡現象の数理　第4巻　パターン形成とダイナミクス』東京大学出版会（2006）
[78] 蔵本由紀『非線形科学』集英社新書（2007）

[79] 中垣俊之『粘菌　その驚くべき知性』ＰＨＰサイエンス・ワールド新書（2010）
[80] 蔵本由紀『非線形科学　同期する世界』集英社新書（2014）
[81] スティーヴン・ストロガッツ（長尾力訳、蔵本由紀監修）『ＳＹＮＣ　なぜ自然はシンクロしたがるのか』ハヤカワ文庫（2014）
[82] Y. Yoshihara 他「Autonomous Control of Reaching Movement by 'Mobility Measure'」International Journal of Robotics and Mechatronics 19(4)（2007）
[83] 吉原佑器他「関節の動きやすさのリアルタイム最適化は大域的最適な腕運動を生成するか?」計測自動制御学会論文集 45巻11号（2009）

第五章

シンギュラリティの喧噪を超えて

一九五六年、アメリカのダートマス大学で「人工知能」という言葉が誕生する遥かに以前から、人類がコンピュータに支配されるのではないかという創作物語は、繰り返し、描き続けられています。しかしながら、その後六〇年以上が経過した現在に至るまで、人間の「知」を超えるコンピュータは出現する目途も立っていません。実は、「人工知能」という言葉の誕生と時期を同じくして「人間とコンピュータの共生」という概念が生まれました。興味深いことに、この概念こそが、現在の情報化社会の基礎を作ってきたと言えます。本章では、「生命」という概念を改めて捉えなおすことで、これからの人間とコンピュータが共生する社会の在り方について、考察していきます。

一七世紀、ドイツの数学者ゴットフリート・ライプニッツをはじめとする研究者が、思考機械の実現に着手して以来[1]-[5]、人類は、自らを代替する「人工知能」の実現を目指してきました。そして、一九五六年、アメリカのダートマス大学にて「人工知能」という言葉が誕生し、自らを代替する仕組みの開発に、世界中の研究者が着手するようになりました。しかし、それから六〇年以上が経過した現在に至るまで、「人工知能」という言葉は繰り返し注目を集めてきた一方で、人間の「知」を超えるコンピュータの発明、すなわち、「強い人工知能」の発明は、その目途も立っていません。

一方、情報科学の歴史をひもといてみると、「人工知能」という言葉の出現とほぼ時期を同じくして生まれた「人間とコンピュータの共生」という概念は、コンピュータの役割を、「弱い人工知能」、つまり人間の知的活動を補助する役割として描いており、その後の情報化社会の発展を予言するものでした[6]-[9]。一九六〇年、アメリカの音響心理学者であり、アメリカ音響学会会長でもあったジョゼフ・カール・ロブネット・リックライダーは、「Man-Computer Symbiosis（人とコンピュータの共生）」[9]という論文を発表しました。リックライダーは、論文の中で、人間とコンピュータが共生することによって、人間はこれまで誰も考えたことのなかった方法で考えることができ、マシンはこれまで到達できなかったデータ処理が可能となるだろうという、人間とコンピュータの在り方についての提言を行い、それを実現する具体的な方法論を提示しました。彼は、生態系の中でのイチジクとイチジクコバチという蜂との、切っても切れない共生関係に着想を得て、人間とコンピュータが、どのように「共生」していけるのかを分析しました。こうした概念は、彼が、人工知能の技術を開発する技術者ではなく、人間についての探究を行う心理学者であったからこそ、描けたものなのかもしれません。彼は、当時の大勢の人工知能研究者とは違って、コンピュータが人間のようになるという未来を描いてはいませんでした。人とコンピュータとの違いを冷静に分析したうえで、「人は目標を定め、仮説をまとめ、尺度を決め、評価を実行する。計算機械はルーチン化された仕事はするが、それは技術的かつ科学的な思考の洞察や決定の材料に過ぎない」と断じていたのです。[7]

リックライダーは、「共生」という考え方を軸に、人間の「知」の在り方についても考察を深めます。一九六五年に著した「未来の図書館（Symbiont）」[7]という報告書の中で、彼は、人間の「知」がネットワークを介して繋がる情報通信の在り方についても提唱します。広く描かれていた、人工知能が情報を蓄積するという未来予想図とは一線を画し、人間が「知」を共有することによって、「人間はこれまで誰も考えたことのなかった方法で考えることができ、マシンはこれまで到達できなかったデータ処理が可能となる」という図を描いたのです。この構想が、アメリカ国防総省国防高等研究計画局（ＡＲＰＡ）に認められ、非軍事の将来性のある技術として、投資を受けました。彼は、ＡＲＰＡの研究部門ＩＰＴＯ（Information Processing Techniques Office）の部長に任命され、「地球規模のコンピュータ・ネットワーク」を構築するＡＲＰＡＮＥＴと呼ばれるコンピュータ・ネットワークの研究開発を牽引することとなりました。これがまさに、現在、私たちが日々利用している、インターネットの原型です。すなわち、私たちの生きるこの情報化社会を支える根本思想は、「コンピュータが人間に取って代わる」という思想ではなく、「人間とコンピュータが共生する」という思想だと言えるのです。

これは、情報科学の歴史を学んでいる専門家には、広く受け入れられている思想ではあります。しかしながら、（良くも悪くも）情報科学が生み出した情報技術が一般的になり、誰もが容易に利用できるようになった昨今、情報科学の根底に流れる思想は軽視されがちであり、二〇世紀半ばに語られていたような「人間を超えるコンピュータがすぐにでも実現するのではないか」という幻想が、ファンタジーの域を超えて、有識者の間でも、再び、まことしやかに語られるようになりました。特に、アメリカの実業家であるレイ・カーツワイルが提唱する「シンギュラリティ（特異点）」という考え方は、人工知能が、自ら成長し、進化することによって、やがて人間の知能を超越し、無限大に近い速度で成長していく、という（ある意味で）わかりやすい考え方であることも影響し、少なくない有識者に受け入れられています[10]-[12]。しかしながら、本書で繰り返し議論してきたように、私たち生物の「知」というものが、「（弱い）人工知能」とどのような違いを持っているかということを理解していれば、こうした誤解は生じることはありません。とは言え、「人工知能」という言葉が一般的になっている昨今、「シンギュラリティ」という言葉を無視することはできません。

人工知能や情報科学の未来について、冷静に論じるためにも、本章では、カーツワイルの提唱する「シンギュラリティ」という考え方が具体的にどのようなものなのかということを、今一度、整理します。その上で、前章までの議論を振り返ることで、現在の情報科学とその可能性について、冷静に論じていきます。そして最後に、私たち人間を始めとする生物が宿している「生命」

というものが一体何なのかということを、歴史的な観点から見つめなおし、私たちの創るこれからの未来について、考察を深めていきます。

シンギュラリティとは何か

カーツワイルの提唱するシンギュラリティについて理解するためには、まず、コンピュータとインターネットを中心とする、情報科学の分野の「進化」について理解する必要があります。まず、情報科学の分野では、「毎年二倍のスピードで成長する」という数字が「ムーアの法則」という経験則として常識のように知られています。[13] 簡単に言うと、コンピュータの計算速度が、毎年二倍の速度に進化するということです。一年で二倍ということは、一〇年で一〇〇〇倍、三〇年後は一〇億倍という成長速度なのです。カーツワイルは、この情報科学の分野における「進化」を、そのまま人間や生物の「進化」と同じものと解釈しました。そして、近い将来、コンピュータ（機械）の「知性」もまた急速に進化し、やがては、人間の「知性」を上回る「特異点」に達すると予測したのです。

カーツワイルは、「シンギュラリティ」を、「われわれの生物としての思考と存在が、みずからの作り出したテクノロジーと融合する臨界点」であると定義し、その世界は、依然として人間的ではあっても生物としての基盤を超越しているとしています。特異点以後の世界では、人間と機械、物理的な現実とヴァーチャル・リアリティとの間には、区別が存在しないというのが、カーツワイルの考え方です。

カーツワイルは、単に盲目的に、情報科学の分野における「進化」という言葉を、人間や生物の「進化」に当てはめているのではありません。情報科学における「進化」が、人間や生物の「進化」に通じる理由を、彼は、「収穫加速の法則」が成り立っているからだと考えています。「収穫加速の法則」とは、進化のスピードは、進化が起こるに従って、加速していくという考え方です。「収穫」とは、元々は経済学用語なのですが、人間や生物の「知能」を、農地から取れる収穫量になぞらえ、農業技術が進歩すればするほど、収穫量が加速度的に増大していくように、「知能」もまた、進化すればするほど、その能力が加速度的に大きくなる、といったものだとイメージすれば、わかりやすいかもしれません。

実際、生物の進化は、生命の誕生から多細胞生物が誕生するまでには長い時間を必要としましたが、それから陸に上がるまでの時間、霊長類が誕生するまでの時間、人間が直立歩行を始めるまでの時間、知能を進化させることによって「言葉」を発明するまでの時間、文字、活版印刷を発明するまでの時間、そして、コンピュータを進化させるまでの時間、というものを見ていくと、急ピッチでその間隔が短くなっているということがわかります。これこそが、「収穫加速の法則」の根拠であり、コンピュータの進化が間もなく人間を超えるという「シンギュラリティ」の根拠でもあります。

確かに、生物の進化の速度を考えると、最初の生命の誕生から、細胞の構造を進化させて多細胞生物が生まれるまでに、数十億年が経過している一方で、その後、現在の生物種の基礎となる

「門」がすべて出現した「カンブリア大爆発」と呼ばれるイベントに至るまでには、僅か一〇〇〇万年にも満たない極めて短い期間しか要していません。「収穫加速の法則」は、そうした観点からも妥当そうではありません。カーツワイルは、この法則から、「二〇二〇年には、コンピュータが人間の知性を凌駕し、そして二〇四五年には、コンピュータの知性は人間の知性の一〇億倍の能力をもつと考えています。そのとき、人間の生物学的な知性の重要性は、かなり低下するでしょう」と予測しています。[10]

こうした予測は、情報科学のみを対象に語るのであれば、妥当であると言えなくはありません。近年、私たちの掌にある携帯電話やスマートフォンは、二〇年前に世界一だったスーパーコンピュータの性能（演算性能）を凌駕しています。こうしたテクノロジーの加速を見て、「コンピュータが人間を支配するのではないか」などという想像が働くのは無理のない話かもしれません。しかし、カーツワイルの考え方は、重要な視点を見落としているように感じられます。カーツワイルの言う「シンギュラリティ」というものがやってきたとき、コンピュータが上回る人間の「知性」とは、何なのでしょうか。そして、そもそも、コンピュータが上回るという「人間」とは、何なのでしょうか。私たち人間の持つ「生命」をコンピュータが超えるとすれば、その「生命」とは、何なのでしょうか。

こうした問いは、まさに本書において、様々な角度から検討してきた問いであり、現代の科学が答えられない問いではありません。勿論、前章で述べたように、現在開発が進む「人工知能」と呼ばれるものはすべて、人間の知的活動の一部を担う道具である「弱い人工知能」にすぎず、精神を宿す「強い人工知能」とは、性質を異にするものです。こうした違いについて問い直し、「人間とコンピュータの共生」という情報化社会のあるべき姿（実際の姿）について考え直すことは、私たちの社会の未来を考えるうえでも、大きな意味があるのではないでしょうか。

人間の持つ知能とは何か

本書では、コンピュータの知能とも言える「弱い人工知能」と、人間や生物の持つ精神をも宿す「強い人工知能」との違いについて、考察を深めてきました。

第一章では、「人工生命」というものについての理解を深めることで、コンピュータ上で再現されている生物進化のようなものは、実際は「最適化問題」を解いているにすぎず、生物そのものとは言い難いのではないかという考察を行いました。また、人工生命に関する研究の延長線上にある「人工社会」というものについても簡単に紹介し、人間や社会をモデル化することの限界についての考察も行いました。生命や社会というものをコンピュータ上で再現することは、それほど容易ではなく、現代の科学技術では、まだまだ十分に解明されていない謎が多いのです。それでは、現代の科学技術で解明されていないものの根幹には何が横たわっているのでしょうか。この問題に斬り込むために、私たちは「人工知能」についての探究を行いました。

第二章では、「人工知能」の研究の歴史を俯瞰することで、私たち人類が、生物の「知能」について、どのような視点で探究してきたのかを理解しました。人工知能の研究は、もとを辿れば、太古の昔に、人類が道具を発明することで、その生活をより便利に、そして豊かにしてきたことに始まります。その後、人間の論理的な思考を代替する手段として、コンピュータの研究が始まりました。これが人工知能の研究の源流であると言えます。現在、私たちが手にしている、論理的な計算を行うコンピュータ（電子計算機）は、アルゴリズムさえ与えられれば、どのような計算を行うことも可能です。一方、コンピュータは、「想定外」への対処（アルゴリズムとして記述されていないものへの対処）ができないという問題があります。人間の脳の神経細胞のネットワークをモデル化したニューラルネットワークを用いても、この問題が解決されるわけではありません。ニューラルネットワークの象徴的な限界として、「ものを見る」ことが難しいという問題があります。グラスにワインが注がれている様子を見て、人間であれば、その状況を容易に理解できるものであったとしても、ニューラルネットワークにとって、それを理解することは必ずしも容易ではありません。その理由は、ニューラルネットワークが処理する「画像」が、単なるピクセルの羅列であり、そこには何の情報も含まれていないということにあります。それでは、人間はどのようにして「見る」ということを行っているのでしょうか。

第三章では、「見る」ということに象徴される、世界を知覚するとはどういうことかに関しての議論を行いました。私たちは、空からこちらに向かって飛んでくるボールを見て、そのボールがテニスボールか野球のボールかにかかわらず、自分の身が「危ない」ということに気付き、即座にボールを避けることができます。すなわち、私たちは、身体を持っているからこそ、身体と外界との関係を知ることができ、それがまさに「世界を知覚する」ということに繋がります。このように、身体によって世界を知覚する人間の「知」は、ニューラルネットワークをはじめとするアルゴリズムによって動く「弱い人工知能」とは大きく異なるものであり、ジョン・サールは、人間と同等に、自ら思考する「強い人工知能」は、「精神を宿す」とも表現しています。

このように、身体を持ち、精神を宿す人間の「知」に関する理解を更に深めるために、第四章では、「意識」を中心とする脳と心のはたらきについての考察を行いました。私たちは、世界を認識している自分自身（すなわち自己）をも、認識することができます。こうした自己の認識というものが、意識とも密接に関わっているのではないかと言われています。自分自身の身体の内部状態を安定的に維持する生理的反応を「ホメオスタシス」と言います。ホメオスタシスは、まさに、身体そのものを世界の認識の基準とする「原自己」と対応して考えられます。そして、自己の構造は、原自己の上に中核自己が、その上に自伝的自己が重なる階層構造になっており、それによって初めて、一年前の自分と今の自分が同じ自分であるという自伝的意識が現れると考えられているのです。

身体を持ち、それ自体を無限定環境の中で安定的に維持していくためには、「自分が自分であること」を常に維持し続ける必要があります。これ自体が、自らを認識する「意識」であり、無限定環境の中で、自らを認識する中で、世界の認識というものが行われる、これがまさに、「生命」の働きと言えるのではないでしょうか。

さて、ここまでのお話は、人間を含む生物についての考察であるとは言え、あくまで、「人間」を中心としたものでした。しかしながら、私たちの生きる情報化社会の未来を考えるうえで、リックライダーの提唱した、情報科学の基礎となる「人間とコンピュータの共生」という思想を理解するためには、「人間」を中心とした理解だけでは十分ではありません。実際、リックライダーも、生態系の中での「共生」について言及したうえで、人間とコンピュータのあるべき関係について論じています。ここで、「共生」をはじめとする生物学的な概念を、盲目的に情報科学に適用し、人間社会について考察していくことは、往々にして誤解を生みだします。私たち人間は、生物であり、生物は、「生命（すなわち命）」を宿すものです。「人間とコンピュータの共生」という思想を理解し、そこから未来を創っていくとするならば、それには、「生命」というものへの理解が不可欠であると筆者は考えています。そして、「生命とは何なのか」という問いは、人類が誕生し、文明社会の中で生きるようになって以来、探究され続けてきた永遠のテーマでもあります。人類の生命探究の歴史、そして、生命進化の歴史をひもとくことにこそ、これからの情報化社会の未来へのヒントがあると筆者は考えます。ここからは、「生命とは何か」を考えることで、私たちの社会の未来の姿を考えていきましょう。

生命とは何なのか

生命については、未だ多くの謎が潜んでおり、数々の未解決問題が生命科学者たちを悩ませています。[14][15] そもそも生命という現象それ自体が未解決問題であるということが意識されないまま、コンピュータ科学の分野では、「生命」という用語が一人歩きしています。そして、その結果として、「コンピュータが人間の知性を凌駕する」といった誤った理解が、まことしやかに語られてしまっているのです。

「生命とは何なのか」

物理学を基礎とする生命科学では、この問題を解決できないのではないかと考えられてきました。古典的な物理学は、物理現象を個別要素に分解することで理解しようとする思想(還元主義)に基づいており、こうした思想だけでは、生命の誕生と死や、発生、分化、進化といった、時間と共に変化する「動的」な現象を理解することができないと考えられたのです[16]。

こうした背景から、二〇世紀末より、動的な現象を扱う「複雑系」と呼ばれる分野が注目され、電子工学・情報科学の発展とあいまって、多くの動的な物理現象が、コンピュータ・シミュレーション等を用いて理解されるようになりました[17][21]。物理学、そして、情報科学が高度に発展した現代、私たちは、どこまで「生命」を理解するに至ったのでしょうか。

生命誕生と進化の謎

約四六億年前、太陽系に地球という惑星が誕生しました。そのわずか数億年後に突如として、最初の生命である原始的なバクテリアが誕生したといいます。彼は一体、どこから来たというのでしょうか。何故、生命は誕生し、そして進化を続けているのでしょうか。自然科学の研究の進んだ現代においても、その問いに答えることは容易ではありません。この問いは、すなわち「生命とは何か」という問いです。もし、私たちが、この問いに対して、明確な答えを持てるのであれば、人工的に生命体を作ることができ、知能を持つまでに進化させることができるでしょう。

しかしながら、未だ、私たち人類は、細胞一つすら、人工的に作り出すことができません。[21][22]生命については「何もわかっていない」と言ったほうが正しいかもしれません。それでは、科学者は、生命誕生の謎について、手も足も出せないでいるのでしょうか。もちろん、古生物の化石を発掘調査することによって、古代の生物が、どのような道筋を辿って進化を繰り返してきたのかについては、理解することができます。さらに、私たち生物の身体を形づくる有機化合物の化学反応についての理解を深めることで、原始の生命がどのような化学反応を通して作られていったのか、推測を重ねていくことができます。まずは、生命誕生について、知られている事実や仮説を俯瞰してみましょう。

生命誕生のダイナミックな描像

「生命はなぜ発生して、なぜ進化し続けるのか?」

この、生命の発生と進化は、必然であったのでしょうか。「生命の起源」の謎に迫るうえで、こうした、生命の発生と進化に関する物理的必然性を明らかにすることは避けては通れない道です。生命を探究する物理学者は、長い歴史の中でこの問いに向き合ってきました。その探究の道筋を、追っていきましょう。

四六億年前に地球が誕生した当時、地球上には生命は存在しませんでした。そして、そうした無機的な世界である地球上に、有機分子が出現し、それが進化した結果がまさに生命であり、その延長線上に、生物の進化があると言えます。こうした一連のプロセス、すなわち、無機的な世界から有機分子が出現し、さらに生命が出現して進化をするに至るまでの「物理的必然性とは何か？」を知ることが、「生命の起源」についての根源的な問いを解く第一歩になるのではないかと考えられます。「なぜ」がわかれば、それに応じて「何が」「どこで」「いつ」「いかにして」生命になったか、を推論や経験によって順次突き詰めていくことができます。「なぜ」がわからなければ、謎に迫る道筋が見えません。

物質・材料研究機構名誉フェローの中沢弘基によると、「なぜ、生命は発生し、進化し続けるのか？」という問いに対する答えがわからない限り、生命というものの始まりが何であって、それは、いつ、どこで発生して、いかにして生命となったのか、という、生命に関する疑問に誤化しなく答えることは難しいといいます[23]。そして、その根源的な問いを解く鍵は、当時の地球のダイナミックに変化する環境にあると指摘します。

生命が誕生する以前、地球は「マグマオーシャン」とも呼ばれ、鉱物が溶けた灼熱の海に覆われていました。それが徐々に冷却され、惑星表面に海が形成されると、内側の核やマントルとの温度差が大きくなり、やがては「対流」が発生し、ダイナミックな流動が常に起こるようになりました。対流は、地球内部にある熱を外部に放出するメカニズムであると言え、熱を放出するなかで、地球規模で、熱の「循環」を引き起こします。

「循環」

この現象は、自然界の至る所で見られる現象です。大海原の海水は太陽熱によって蒸発し、上空で凝結すると雲となり、やがては雨や雪となって地上に降り注ぎます。降水は、地上の鉱物と共に移動し、やがては海に戻ります。こうした「循環」は、水だけに留まりません。大陸は長い年月をかけて移動し、その過程で、海底であった場所が山脈となり、陸地であった場所が海の底に沈んだりします。こうした中で、物質は、原子レベルで循環を繰り返していると言えます。

このような地球の動的（ダイナミック）な変化は、一見、生命の発生や進化とまったく関係がなさそうに見えます。しかしながら、物質であったものが生命となり、やがては自らの意思で動き出すまでに進化を遂げるという動的な変化は、地球規模で常に起こっている「循環」と何らかの関わりがあってもおかしくはありません。

勿論、これまで「生物はなぜ、進化するのか」という問いに対し、生物学者は探究を続けてきました。一九世紀のフランスの博物学者ジャン＝バティスト・ラマルクは、「用不用説」を唱え、キリンの首が長い理由を、その祖先が高い木の葉を食べるように努力していくうちに、その形質が遺伝したからだと説明しています。[24] また、一九世紀のイギリスの自然科学者チャールズ・ダーウィンは、「自然選択説」を唱え、ガラパゴス諸島に棲息する多様なヒワ（ダーウィン・フィンチ）を観察し、「それぞれの島にある餌の事情に最も適合した種が生き残った」と説明しています。[25][26]

　こうした進化に対する仮説は、いずれも、それぞれが特別な形態に進化した理由の説明を行っている一方で、「生物とは進化するもの」ということが前提となってしまっており、進化する原動力がどこにあるのかを説明しているわけではありません。すなわち、生物を取り巻く大自然の「循環」と、生物の進化が、ある意味で、切り離されてしまった場所で議論されているのです。そうした「循環」とは切り離された進化に対する仮説に基づき、まさに、第一章で紹介した「遺伝アルゴリズム」をはじめとする、生物進化のメカニズムを取り入れた「人工生命」の設計思想が生み出されたと言えます。[17][18]、[27]-[29] 大自然の「循環」とは切り離された設計思想では、「最適化問題を解く」以上のことができないというのは致し方ない話かもしれません。生物は、最適化問題を解くために進化しているわけではありません。進化の原動力がどこにあるのかを解き明かすことで、私たちの生命観は大きく広がり、ひいては、私たちの社会に対する設計思想も、自ずと変化していく可能性があります。

循環という概念から捉えなおす進化の原動力

　生命の進化の原動力として、地球内部からの熱放出、そして、太陽から降り注ぐ熱エネルギーによって引き起こされる「循環」という現象に着目することで、「進化」というものを、地球規模での自然現象として捉えなおすことができます。[23]

生物種の進化には、ある一定の法則があると言われています。それは、「巨大化し特殊化して絶滅する」というものです。確かに、生命体は、アミノ酸や核酸塩基など、水溶液の中で自由に動いていた有機分子を捉えて、さまざまな順番で結合し、組織の一部に取り込んで固定していきます。化石を見ると、進化の方向は、よりたくさんの有機分子を取り込み、より複雑な組織の中に固定する方向に働いたとも言えます。三葉虫、アンモナイト、恐竜、あるいは馬や象など、ほとんどすべての種は、最初は小型で出現しても、時代とともにより大型で、より特殊な（あるいは高度な）組織体に進化しています。

ある種が「巨大化し特殊化して絶滅する」ように進化するのは化石に見られる進化の一般則で、「種の定向進化則」と言われています。しかしながら、これに対し、中沢は、「種の定向進化則」は、個々の生物種には当てはまるかもしれないが、生物界全体には当てはまらないように見えると指摘します。ある生物種の絶滅は、より高度な組織を有する種へ飛躍的に進化するための前段階であるとも考えられるのです。

その最たる例は、二億三〇〇〇万年前から六五〇〇万年前の中生代の間にこの地球上を支配していたと言われる、恐竜を中心とする大型爬虫類ではないでしょうか。恐竜が絶滅した理由については諸説ありますが、大型化し過ぎた結果、身体の維持にエネルギーを費やすようになってしまったこと、環境の変化に適応できなくなってしまったことなどが原因であると言われています。[30]

しかしながら、そうした恐竜であっても、その系譜が途絶えてしまったわけではなく、一億五〇〇〇万年前に始祖鳥と呼ばれる種に進化し、その後は鳥類として世界中の空を席巻するに至ります。鳥類は、恐竜にはなかったとされる「巧み」な動きを備え、環境の変化に柔軟に対応できたため、六五〇〇万年前の生物の大量絶滅の際にも生き残ることができました[31]。これはまさに、中沢の指摘する「より高度な組織を有する種へ飛躍的に進化」した代表例であると言えるでしょう。

しかしながら、こうした飛躍的な進化という概念は、物理学の視点から考えると不自然であると言わざるを得ません。物理学の有名な法則である「熱力学第二法則」というものは、「エントロピー増大の法則」とも表現されますが、たとえるなら、こぼれた水がもと通りにならないのと同じで、あらゆる物質は、「バラバラ」の状態にはなっても、理路整然とした、秩序立った状態に、自ら向かう（すなわち、もとの状態に循環していく）ということは有り得ないと考えられています。

そうした物理学の視点に立って考えると、生物の進化というものは、不自然であると言わざるを得ないのです。生物は、誕生以来、巨大化し、特殊化し、絶滅していく一方で、飛躍的な進化を繰り返してきました。これは、単に「もと通りにならない」ということを超えて、螺旋状の循環的な進化と表現できます。こうした複雑な進化は、まさに、熱力学第二法則に抗う最たる例であり、古典的な物理学では説明がつかない現象なのです。

そうしたことから、物理学者は、長い歴史の中で生命の誕生や、生物の進化といった問題に向きあってきました。ここからは、そうした物理学者が探究してきた生命への考え方、すなわち、生命観の歴史を追っていきましょう。

物理学者が探究し続けてきた生命観

物理学という学問は、実は、生命の誕生や進化を含む、ダイナミックな循環が起こる現象とは、元来、あまり相性が良いとは言えません。物理学という学問が何なのかについて、ここで、少し触れておきたいと思います。日本の最高峰の国語辞典の一つ『大辞林』によると、「物理学」とは、物質の構造を探究し、微視的および巨視的な自然現象を支配する法則を、物質の構成要素間の相互作用として捉えて探究する自然科学の最も基礎的な分野であるといいます[32]。自然界のあらゆる物質の法則を探究する学問であると捉えて良いでしょう。

こうした物理学の観点から「生命」を俯瞰すると、そこには、一体何が見えるでしょうか。これまで多くの物理学者が、「生命」の謎に挑んできました[16][33]。しかし、そこには、大きな壁が立ち塞がっていたのです。

「要素還元」

自然現象を細かい要素に分解していくと、単純な規則が見いだせます。そうした要素を統べる規則を明らかにすることで、自然全体が理解できるようになります。物理学という学問、そして、それに基づく生命科学をはじめとする多くの学問は、こうした、要素に還元していくことで自然を理解する手法を、歴史的に採用してきました。生命は、遺伝子に書き込まれた情報（四種類の塩基配列の組み合わせ）を解明していくことで理解できるというのが、生命科学の基本的な考え方です。遺伝子という要素を理解することで、やがては生命全体が理解できるという仮説に基づき、多くの生命科学者は、遺伝子を通しての生命の探究を行っています。

しかし、一部の物理学者は、そういった生命観に対して疑問を持ってきました。生命というものは、要素に還元していくだけでは理解できない現象なのではないか。こうした疑問を持った物理学者は、生命に対し、ダイナミックに（動的に）循環していくイメージを育んでいきました。ここからは、生命という現象に向き合った物理学者たちの足跡を追うことで、生命に対する理解を深めていきましょう。

シュレーディンガーの「秩序性を土台とした秩序性」

生命を「物理学」の視点で捉えなおした最初の科学者は、二〇世紀を代表する物理学者エルヴィン・シュレーディンガーです。生命について考察する上で、シュレーディンガーの研究を抜きにして論を展開することはできません。彼は、一九四四年に、著書『生命とは何か』[16]の中で「秩序性を土台とした秩序性」という概念を提唱しました。従来の物理学の概念によって生命を捉えようとすると、生命は、ブロック塀のように、要素を積み上げただけの静的なものとして表現されることになってしまいます。そのような表現を用いると、生命に特有な、誕生、進化、成長といった、動的な現象を説明することに限界が生じてしまいます。彼は、生命の持つ動的な振る舞いに着目し、生命という現象の特徴を捉えなおしました。

私たちは、ある物質を観察する際、その物質が「生きている」と感じることがあります。コンピュータ上で動くイラストを見る際にも、「まるで生きているように成長し続ける」と表現することがあります。しかしながら、そうした「生きている」物質を細かく見ても、その要素は、物質で構成されており、「生きている要素」を取り出すことはできません。一塊の物質は、どういうときに、生きていると言われるのでしょうか。シュレーディンガーは、生きているものは、動くとか周囲の環境と物質を交換するといった「何かすること」を続けており、しかもそれは生命を持っていない一塊の物質が同じような条件の下で「運動を続ける」と期待される期間よりも遥かに長い期間に渡って続けられるということを指摘します。

人間の身体を構成する物質は、一か月で、その九〇%が入れ替わると言われています。しかし、それでも、「一か月前の私」と「今の私」が断絶することなく「同じ私」としてあり続けられるのは、まさに私たち人間が「生きている」からだということなのでしょう。生命活動というものは、物質一つ一つに着目するだけでは捉えられず、物質の「動き」として捉える必要があります。しかしながら、シュレーディンガーの時代の物理学は、物質の生命活動としての「動き」というものを捉える概念を持っていませんでした。従来の物理学は、「動き」を捉えるというよりは、「動き」がなくなった状態を取り扱う学問であると言えます。

シュレーディンガーは、そうした「動き」のない状態を、「エントロピー」という概念によって説明しています。生命を持たない一つの系（空間の一部）が、外界から隔離されるか、または一様な環境の中に置かれているときには、普通はすべての運動が、いろいろな種類の摩擦のために、急速に止んで静止状態になります。そして、電位差や化学ポテンシャルの差は均されて一様になり、化合物をつくる傾向のあるものは化合物になり、温度は熱伝導により一様になります。そのあげくには、系全体が衰え切って、自力では動けない死んだ物質の塊になります。目に見える現象は永久に何一つ起こらない状態に到達します。物理学では、これを「熱力学的平衡状態」、或いは「エントロピー最大」の状態と呼んでいます。

身近な例として、コップに真水が入っている状態を思い浮かべてみてください。コップに含まれた真水に、上から醤油を一滴、落としてみましょう。すると何が起こるでしょうか。醤油は、すぐに同心円状に広がっていき、やがては薄まって、見えなくなってしまうでしょう。これが生きていないものの動作であり、もとの醤油の状態に戻ることは二度となく、ただただあたり一面に広がって、やがては均質化されてしまうのです。水面に広がってしまった醤油のように、状態が大きく広がっていくことを、物理学用語では、「エントロピーが上昇する」と表現します。生きていないものは、「エントロピー」を常に大きくする方向に動いていき、やがては均質化が起こるのです。

このように、やがては静的な「平衡」状態に落ち着くという描像によって、「生命」を持つ生物を見ると、その一つ一つの現象が、実に不思議なものに見えます。生命現象を観察すると、まるで、自分の力では動けない「平衡」状態をわざと壊し、動けなくなることから免れているように見えるのです。私たちの身体の筋繊維が、運動によって断裂し、回復して強化するといったものは、その典型例と言えます。シュレーディンガーは、この現象を、はなはだ不思議な謎であると指摘します。生命現象に着目した太古の昔の先人たちは、ある特殊な力、というよりむしろ超自然的な力が生物体の中で働いていると主張してきました。一部の人々の間では、未だにそれが主張されていると言います。

確かに、もしも、水面に広がった醤油が、もとに戻っていく（平衡状態になるのを逃れる）とすれば、驚きを隠し切れません。生命というものは、常に、平衡の状態になることを免れ、秩序ある状態から、均質で無秩序な状態になるのを免れ、秩序ある状態に戻っていきます。こうした生きている「状態」を維持する作用は、どういった力によって引き起こされるのでしょうか。シュレーディンガーに続く物理学者たちは、この疑問に向き合い続けました。

マクロな現象としての生命現象

一度壊れてしまったものは二度と戻らないという自然界の掟。それに対して、食べ物など形あるものを壊しては自らの体内に採り入れ、自分の体の一部として再生させる生命の働きは、まるで、自然界の掟を超越しているようにも思えます。シュレーディンガーに続く物理学者たちは、こうした生命のもつ働きをどのように捉え、どのように理解していったのでしょうか。

生命を「場」という概念を通して捉える東京大学名誉教授の清水博は、一九七八年に、著書

『生命を捉えなおす』[33]の中で、物理学者の生命研究の歴史を軸に、生命を捉える基本的な考え方を提唱しました。清水をはじめ、「生命」を探究する物理学者は「複雑系」ブームを引き起こし、新しい物理学の枠組みを整備していきました。

清水は、「生命」について考える前に、より単純な現象を通し、「全体の性質を捉える」ということがどういうことかについて説明します。その単純な現象の一例が、「水」の状態変化です。水は、気体・液体・固体という、はっきりと区別することのできる三つの状態を取ります。しかし、もしも、水蒸気・水・氷を全く別の物質だと考えている科学者がいたとしたらどうでしょう。その人は、三つの物質を分析して、その要素である水の分子を探し当てたとき、大変驚くことでしょう。水蒸気から得た水分子も、水から得た水分子も、氷から得た水分子も、全く同じものであり、別の物質だと考えていた水蒸気・水・氷が、実は同じものだということがわかったのです。このことは確かに大きな発見といえます。しかし、同時に、水蒸気・水・氷といった物質の状態の差は、対象を分子という小さな要素にまで分けると失われてしまうのです。

このように、水という一つの物質だけを見ても、要素に分解すると、全体の性質がわからなくなってしまうのです。こうした「全体」は「マクロ」と呼ばれ、要素のような小さなものを表す「ミクロ」と対比して表現されます。水の例で明らかなように、マクロな性質（全体の性質）というものは、ミクロの性質（要素の性質）だけを見ていてもわかりません。水分子が集まったときに、水が持つ性質は、分子一個一個の性質の足し算で決まるものではありません。分子の集まりには何個かの分子が一緒にいるということによって、はじめて現われる性質があるばかりでなく、さらに、その性質が分子の集まり方によっても影響を受けるのです。これを感覚的に理解するために、一つの実験を行ってみましょう[19]。

図5-1の①のように、空間内にたくさんの点をプロットします。そして、それぞれの点を繋ぐリンクを少しずつ加えていきます。すると、点がリンクで繋がれ、二つの点による「クラスター」ができます。そして、どちらかの点と他の点が繋がれば、そのクラスターは大きくなります。このクラスターの様子は、リンクの数が増えるに従って、どのように変化していくでしょうか。

クラスターが生成されていく様子が図5-1の後に続くコマに示されています。この様子を見ると、最初はまばらにしかリンクが分布していなかったものが、いつの間にか、巨大クラスターになっていることがわかります。この様子を、「クラスターの大きさ」を通して見ると、興味深いことがわかってきます。リンク数が増えるに従って、どれほどクラスターが大きくなるか、すなわち、リンク数とクラスターサイズとの関係を図5-2に示します。

興味深いことに、図5-2を見ると、リンク数が五〇に達するまでは、ほとんど大きなクラスターというものは見られず、せいぜい五点くらいまでの小さなクラスターしかできていませんでした。それが、リンク数が五〇を超えると、途端に急成長を始めるのです。このように、「リンク」というミクロな性質が五〇という数字に達すると、突如として、「クラスター」というマクロな性質に変化を起こし始めるのです。このリンク数五〇という数字は、その前後で、マクロな性質が急激に変化する値です。マクロな性質が急激に変化するときのミクロの数字を「閾値」と呼びます。そして、閾値を境にして、その前後で状態（相）が変化する、このような現象を「相

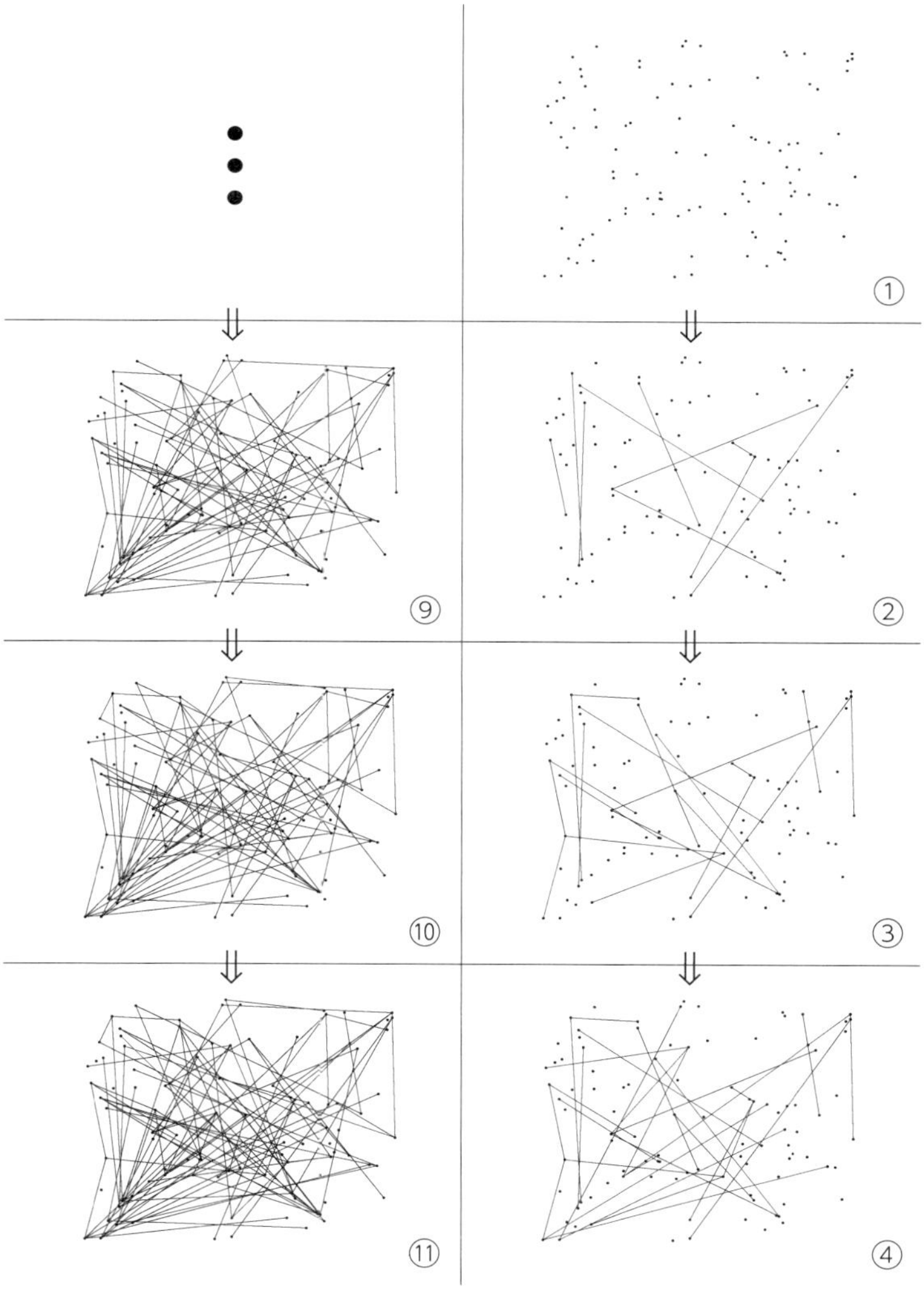

図5－1　マクロな性質を理解するためのクラスター生成の実験

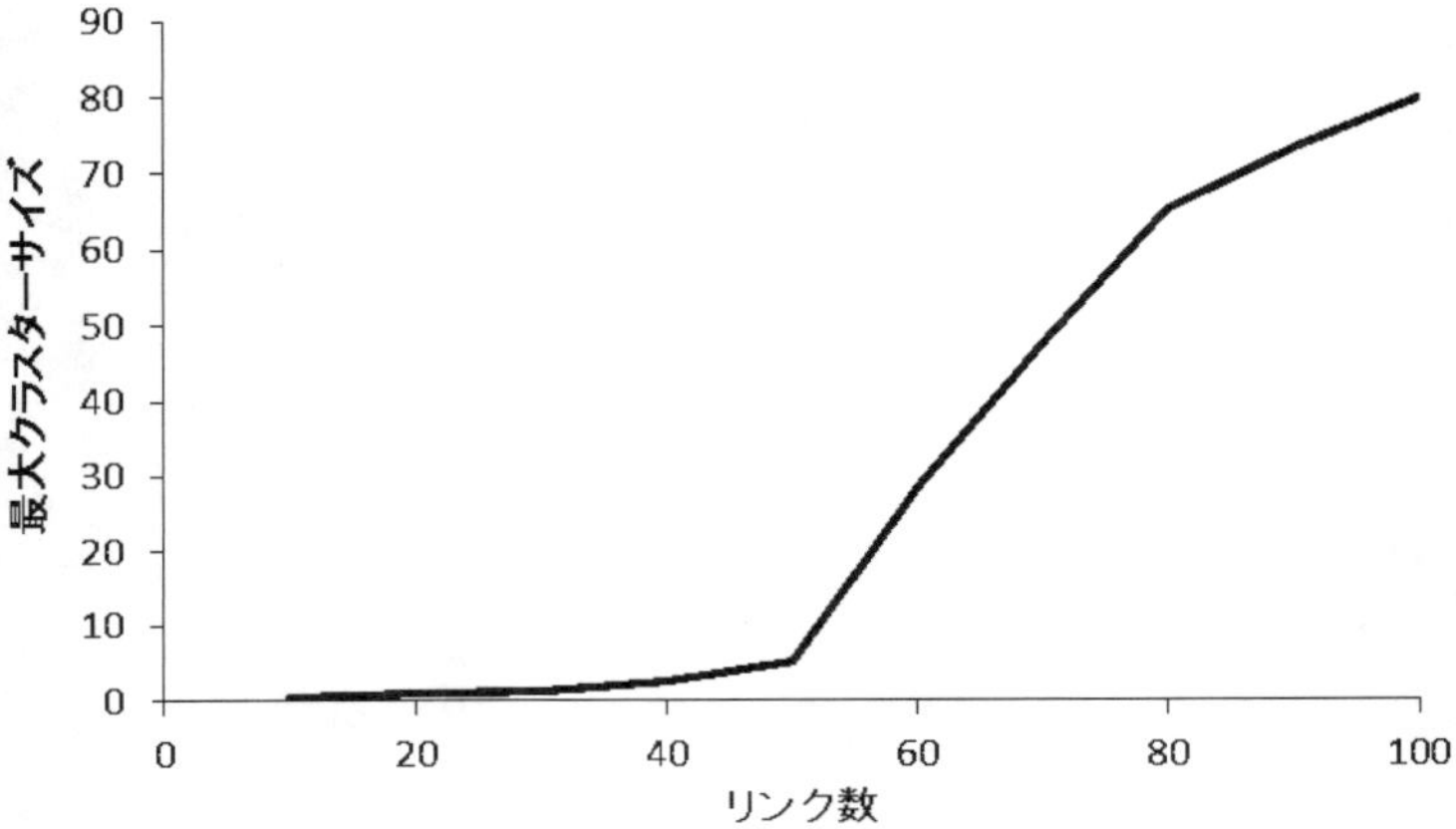

図5－2　リンク数とクラスターサイズの関係

転移」と呼びます。

クラスター形成の実験そのものは、単に、点をリンクで繋いだだけのものですが、これは、私たちが日常的に目にするものと無関係ではなく、「相転移」は至るところで起こっています。例えば、噂や口コミの伝わり方です。最初のうちは数人で話していたことが、ある日突然、「世の中の常識」のようになっていることがあります。ここからは、人間関係の中で、何故こうした「相転移」が起こるのかについて、考察していきましょう。

まず、人間が一人だけで暮らしているときに取る行動について考えてみましょう。他に影響を受ける人がいない状態ですから、その一人は、勝手気ままに振る舞うことでしょう。しかし、このような人を、一個所にたくさん集めてみると、お互いに他の人間の存在を気にかけるようになります。場合によってはお互いの利害が対立して競争したり、また、時には、共通の目的を見つけ、協力して作業をするかもしれません。いずれにしても、人間の行動は他に人間がいるかいないかによって変化します。そして、その変化の大きさの程度は、集団がどれくらい大きいか、またそれがどれほど混み合っているかによって、大きく異なります。集団の大きさや、混み具合の変化によって、人の行動というものは「相転移」を起こします。

人の集団の中で起こる「相転移」の典型的な例が、先に述べた噂や口コミの伝わり方です。今、多くの人が、デパートの中で買い物をしているとしましょう。この時、一人の嘘つきの子供が、人を驚かせようとして、「火事だ！」と言って数メートルほど駆け出したとしましょう。まわりの人々が、冷静であったり、または買い物に気を取られたりしていて、これを無視すれば、子供の声は周囲の雑音の中に吸収され、「火事だ！」という嘘が伝わることはありません。しかしながら、一〇名以上の人が一斉に「火事だ！」と叫びながら駆け出したとしたら、きっと人々は驚き、群集心理にまかせて出口に向って一斉に殺到することでしょう。このように、噂の伝わり方というものは、影響を受けた人数がある程度を超えると、突如として広がっていくという性質を持っています。これは、クラスター形成の実験で「リンク数五〇」という「閾値」を超えたときのように、噂を伝える人の数がある値（閾値）に達し、「相転移」が起こったということなのです。

クラスターの形成や、噂の伝わり方のように、ミクロの状態がある値（閾値）に達すると突然「相転移」を起こすような性質を説明する際、「非線形」という言葉が使われます。ここで、「非線形」という重要な概念について、簡単に説明しておきましょう。「非線形」を一言で説明すると、「線形」ではない性質です。つまり、「線形」とは何かを理解しなければ、「非線形」を理解することはできません。「線形」という言葉は、「足し算」と置き換えると、少し理解しやすいかもしれません。例えば、ある人が、りんごを二つ持っていたとします。そして、別の人が、りんごを五つ持っていたとします。ここでりんごの総数は、「足し算」によって七つであると容易にわかります。当然ですが、りんごの数が一〇〇だろうが一〇〇〇だろうが、足し算をすれば、二人のりんごの数というのは決まります。これが「線形」の世界です。では、非線形の世界とはどういうものでしょうか。先ほどの「クラスター」の例を思い出してみましょう。例えば、ある人の友達関係などの「交友関係」がゼロだったとします。そして別の人の交友関係もゼロだったとすると、二人の交友関係の輪はゼロです。ところが、それぞれに友人が一人いたとします。そして、その友人にもまた、交友関係があるかもしれません。こうした交友関係の拡がりは、友人の数が増えれば増えるほど、大きくなっていくものです。最早、単純な「足し算」では、交友関係の拡がりが計れなくなってしまいます。このように、足し算では捉えきれない状態を、「非線形」と表現します。そして、「マクロな性質」というものは、ミクロの状態を単純に足し算するだけでは出現せず、その連鎖反応などから突如として出現する「非線形」の性質（非線形性）を持っています。そして、今、私たちが探究している「生命」という現象は、まさに「非線形性」を持つ「マクロな性質」であると言えます。

それでは、「生命」という現象に見られる「マクロな性質」とは、どのような性質なのでしょうか。一言で表現するならば、それは「マクロな系に秩序（生物的秩序）が自発的に出現することである」と表現されます。例えば、多細胞生物の細胞に注目してみましょう。細胞の形というものは、本来、一定しているわけではありません。したがって、一定の形をしたブロックのような細胞が積み重なって生体の形態ができるというよりも、むしろ、一定の生体の形態を構築するために細胞の形が変わっていくと考えたほうが自然です。たとえば、トカゲのしっぽを切ったとき、切り口から各種の細胞が増えていき、やがて新しいしっぽになります。これを「もとのしっぽに戻る」と表現してしまうと、細胞は、まるで一定の形をしたブロックのように感じてしまうかもしれません。実際の生物の成長というものは、「まったく同じ状態に戻る」というわけではないのです。切り口から細胞が増え、しっぽに成長していく過程で、しっぽの形態は徐々に変化していきます。もしも、細胞の形がはじめから変わらないのであれば、その形態も一定のはずです。細胞は、その位置が、体全体のどこにあるかによって、自らの形態を変化させます。細胞は、周囲との関係によって、自分自身の位置づけを変化させ、全体で、「しっぽ」という秩序だった形態を作り上げるのです。このような、生物の形態の形成は、「秩序の自己形成」と表現され、「生命とは（生物的）秩序を自己形成する能力である」と言われています。このように、生物は、常に変化を繰り返す中で、秩序を自己形成していくからこそ、しっぽを失ったり、怪我をしたりしても、自らを治癒することができます。変化を起こさない無生物は、変化をしないが故に、一度崩れると、もとに戻ることはありません。崩れてももとに戻る（秩序を自分で作り出す）ことができるのは、生物のみが持つ能力であると言えます。清水は、こうした生物の形態にみられるような、変化を繰り返す中で、自ら作り出していく秩序を「動的秩序」と呼びます。清水は、生物の持つ特徴を、以下のようにまとめています。[33]

① 生きている状態は、特定の分子や要素があるかないかということではなくて、多くの分子や要素の集合体（マクロな系）が持つ、グローバルな状態（相）です。
② 生きている状態にある系は、高い秩序を自ら発現し、それを維持する能力を持っています。
③ その秩序は結晶にみられるような静的秩序ではなく、動的秩序であり、その秩序を安定に維持するためには、エネルギーや物質の絶えざる流れを必要とします。

こうした、エネルギーや物質の絶えざる流れによって生まれる生命的な現象は、至るところでみられ、「非平衡開放系」と呼ばれることがあります。ここからは、こうした生命的な「非平衡開放系」について、見ていきましょう。

動的秩序を生み出す生命

生命は、しばしば、川の流れの中にできる渦に喩えられることがあります。[34] 川の流れの中にできる渦は、動的秩序の一つの例です。渦は、それを形作る水分子自体は絶えず入れ替っているにもかかわらず、その形は「ずっとそこにある」ように維持されます。同様に、爪や皮膚などの細胞もまた、絶えず生まれたり死んだりしますが、身体を外側から見ると、私たち一人一人は、同じ個人として存在し続けます。細胞が入れ替わっても、人そのものが入れ替わるということはありません。

動的秩序は、生命だけでなく、伝統工芸品の中にも多く見られます。[35]-[37] 日本庭園にはお馴染みの「ししおどし」がその例です。ししおどしは、高い位置の水が低い位置に流れ落ちるという、水の流れを受けて周期運動を行う装置です。高い位置から流れ落ちた水を、底が閉じた竹筒で受け、水が竹筒を満たすと、竹筒の上部が重くなり、支点を中心にして、ガクンと下に傾き、竹筒の中に入った水が吐き出されます。これによって竹筒の上部が軽くなることで、竹筒はもとの姿勢に戻り、再び同じ運動を繰り返します。このような仕組みによって、周期運動という動的な秩序が生まれるのです。

このように、動的な秩序というものは、水やエネルギーの流れの中で作られるものであり、自然界の至るところで見られます。その仕組みを、図5-3のように模式的に示せば、川の流れの中にできる渦や、ししおどしだけでなく、自然界の至るところで見られる現象であることがわかります。

鍋の底を加熱することで生まれる味噌汁の「対流」もそのうちの一つですし、周期運動を行う振り子時計や、ぜんまいを巻くことで周期的なパフォーマンスを行う木彫りの人形も、この仕組みを利用しています。私たち人間や動物が「体内時計」を持っているのも、心臓をはじめとする臓器を周期的に動かすことができるのも、こうした動的秩序の自己形成の仕組みがあるからこそ、可能になると考えられます。

図5－3　動的秩序のイメージ

こうした動的秩序を自ら作り出す働きについての最初の物理学的な研究は、一九五二年のアラン・チューリングによる、後に「チューリングパターン」と呼ばれる化学反応方程式（反応拡散方程式）に関する研究[38]ではないかと言われています。チューリングは、生命の持つ動的秩序の自己形成のはたらきは、エネルギーが周囲に拡散していき、徐々に「崩壊」を起こす（形あるものはいずれ壊れるという自然の法則を表現する）「拡散」のはたらきと、拡散したエネルギーが再び構造化され、動的な秩序を形成する「反応」のはたらきの二つの相互作用（コミュニケーション）によって起こるという考え方を提唱し、「反応拡散方程式」として定式化しました。

チューリングパターンは、動的秩序の自己形成を説明する基礎理論であるだけでなく、シマウマやゼブラフィッシュなど、生物の模様を作り出す仕組みとしても有名です。チューリングパターンを研究する大阪大学教授の近藤滋は、タテジマキンチャクダイやグッピーなどの熱帯魚の縞模様（図5－5）が、成長と共に変化する様子に着目しました[39][40]。これら熱帯魚の縞模様は、成魚になっても消失などを起こすことがなく、観察に適していました。そして、近藤はその縞模様が、成長と共に縞の本数が増える一方で、間隔が一定に保たれることを発見したのです。この縞模様の変化の様子は、チュ

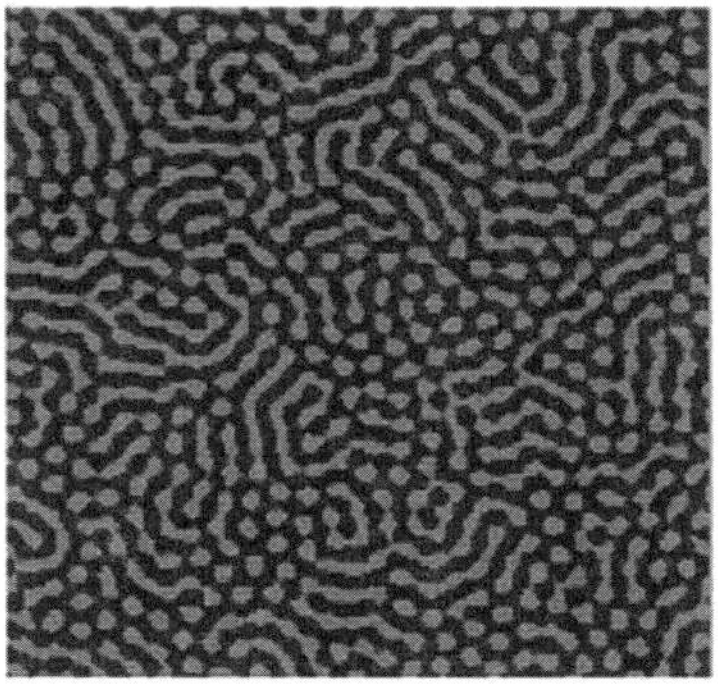

図５－４　チューリングパターンのひとつ

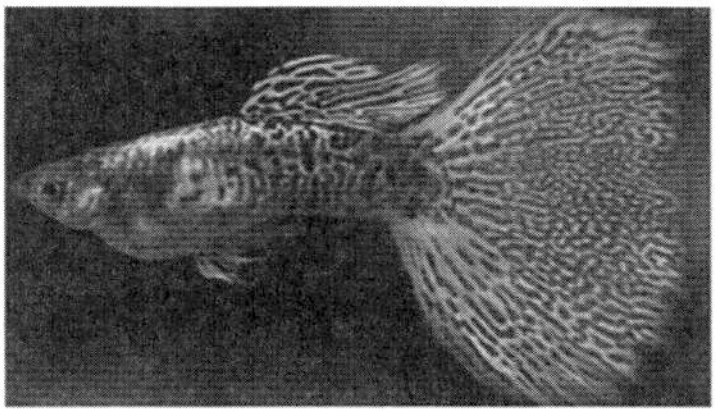

図５－５　縞模様が特徴のグッピー

ーリングパターンと同じ性質を示していました。つまり、チューリングパターンの特徴である「反応」と「拡散」という、たった二つのはたらきの相互作用（コミュニケーション）によって生まれているようだということがわかってきたのです。

　そして、チューリングパターンのさらに興味深い点は、「反応」と「拡散」というものが、周囲の環境との「競合関係」と「協調関係」の双方を示す相互作用（コミュニケーション）であるという点です。生命というものは、単に協調関係を持つだけでは、エネルギーを拡散していくだけで、新たな形を形成することができません。その一方で、単に周囲と競合するだけであっても、一度作られた形が硬直してしまい、新たな関係を築いていくことができません。その双方がうまく働いているからこそ、時々刻々と変化する自然環境であっても、適応的に、調和的関係を築いていくことができるのです。[41]-[45] こうした現象が端的に表現されているのが、自然界の中で、生物の群れが協調することで生まれる「リズム」です。

　パプアニューギニアなどで見られるホタルの群れは、まるでオーケストラが一つの音楽を奏でるように、一斉に明滅を繰り返します。興味深いことに、このホタルの群れには、指揮者がいるわけでもなければ、一匹一匹のホタルに、前もって厳密なリズムがプログラムされているわけでもありません。その場その場で、即興演奏のように、周囲のホタルと協調しあって明滅しているうちに、全体で同期しあって、一つのリズムを生みだすのです。[35]-[37]

同じように、人間や、多くの生物個体も、数十兆もの細胞からなる大きな「群れ」であると考えることができます。この「群れ」が、一つの個体として動くために、一つ一つの細胞は、こうした即興演奏によってリズムを生みだすというはたらきを行っています。そして、その原理が、それぞれの細胞が行う、周囲の細胞との「競合」と「協調」なのです。競合と協調、この何れか一方だけでは、そうした即興演奏によるリズムは生まれません。その二者のバランスにより、動的秩序が作られ、周囲との調和的関係が、時々刻々と作り出されるのです。

動的な生命システムとしての「身体」と「運動」

動的秩序の自己形成というものが、生命現象の至るところに見られるということは、確かに納得のいく話です。水やエネルギーの流れが、動的秩序を作り出しており、それが、生命の謎を解き明かす鍵になりそうだということも、確かな話でしょう。しかしながら、それだけで、私たち人間のような「高等生物」が持つ、高度な知能を説明できるのかというと、疑問の声が聞こえてきそうです。

筆者は、こうした高等生物の持つ知能と、生命の動的秩序の形成の仕組みとの繋がりを解く鍵は、生物の「身体」と、それが引き起こす「運動」にあるのではないかと考えています。身体による運動は、それ自体が、周囲の環境とのコミュニケーションだと言えます。例えば、今、私が前に進もうと思って足を出したとしても、そこに道がなければ前に進むことはできません。自らが意図した運動を行うには、周囲の環境を理解し、それに従って自分自身を動作させる（変化させる）という高度なコミュニケーションが必要なのです。第三章で説明した通り、身体なしには、世界を知覚することができません。私たち人間が持つ「脳」は、身体を持って運動を行う「動物」にのみ与えられたものです。そして、動物の脳は、その運動を複雑化、高度化させるに従って、肥大化していったとされます。[51]そのように考えていくと、生物の脳のもつ高度な「知能」の謎を解き明かす鍵は、「運動」にあると言えるのです。

脳を「運動」という視点で考える際には、脳の神経回路の働きだけを追いかけても意味がありません。その神経回路がどのように身体を動かしているのか、すなわち、脳の神経回路と身体との相互作用（コミュニケーション）を考えることが不可欠です。さらに言うならば、身体の運動は、一個体の身体だけで閉じる話ではありません。身体の運動は、環境があってはじめて決まるものです。そう考えると、「運動」を考えるうえで、脳の神経回路と身体との相互作用（コミュニケーション）、そして、身体と環境との相互作用（コミュニケーション）といったものを複合的に考える必要が出てきます。

身体と環境との相互作用（コミュニケーション）を考えるうえで、まず、第一に念頭に置く必要があるのは、環境の「無限定性」です。私たち生物の置かれた環境は、常に変化し、その変化は予測困難です。同じ状態というものは二度と起きないという意味では、本来、環境の変化を予測するということは不可能であり、「過去のデータを用いて予測する」というのは、あくまで確率的な予測に過ぎず、実際にその予測が当たるかどうかは「当たるも八卦当たらぬも八卦」です。生物は、こうした変化が予測不可能な環境との相互作用（コミュニケーション）を繰り返すことで、環境に適応して生きていく方法を知っているようです。この、環境に適応して生きていくということが、まさに、これまで見てきた「動的秩序」の自己形成なのではないかと言われています。

発達脳科学を研究する東京大学教授の多賀厳太郎らは、こうした脳（神経系）と身体、身体と環境との間のダイナミクスを、動的秩序の自己形成を行う一連のシステムとして捉える「グローバルエントレインメント」という考え方を提唱し、それによって脳の行う「運動」という知的活動を解き明かしています。[46]

グローバルエントレインメントを説明する上でわかりやすい運動は、「歩行」です。歩行は、ある一定のリズムを持つものではありますが、環境に合わせて適応的にそのリズムパターンを変化させていく必要があります。地面の柔らかさに合わせて踏み込む強さは異なるべきであるし、重い荷物を背負っている場合と、荷物を持っていない場合とでは、適切な歩行パターンは変化して然るべきです。こうした歩行パターンというものは、予め決まったプログラムを実行するコンピュータとは異なり、その場その場で、動的秩序を自己形成していく必要があります。こうした歩行パターンの自己形成を、神経、身体、環境の相互作用（コミュニケーション）の中で行っていく仕組みが「グローバルエントレインメント」です。

歩行などの運動のリズムパターンを制御している神経回路網は脊髄に存在し、中枢パターン生成器（CPG）と呼ばれています。過去の研究では、CPGがリズムパターンを生成し、身体に運動指令を行っているとされていました。しかしながら、グローバルエントレインメントによると、CPGは単純に身体に対して運動指令を行うだけでなく、身体の影響を受けているというのです。すなわち、CPGとしての神経回路網が身体を引き込もうとするのと同時に、身体も神経回路網を引き込もうとするのです。このように、神経回路網のリズムと身体のリズムは、相互に影響を与え合うことによって、動的にリズムを自己形成しているのです。このリズムの動的な自己形成は、神経回路網と身体に留まりません。身体と外部の環境との間にも、同様の相互作用（コミュニケーション）が働きます。このため、身体のリズムは環境の影響を受け、同時に、身体は環境に対して作用します。こうして環境の影響を受けた身体のリズムは、神経回路網（CPG）のリズムにも影響を与えます。すなわち、身体を通して、神経回路と環境が、動的にリズムを自己形成していくのです。

こうした動的に自己形成されるリズムは、「リミットサイクル」と呼ばれる周期運動をすることが知られています。リミットサイクルは、ばねのような周期運動にたとえられることがありますが、外乱が発生しても、もとの軌道に戻ろうとする力が働くことによって、安定軌道を描く仕組みが備わっていることが特徴的です。このリミットサイクルの働きによって、外部環境と身体が、身体と神経回路網が、それぞれ相互作用（コミュニケーション）を行い、安定した歩行を行うことができるのです。

こうしたリミットサイクルの働きに支えられるグローバルエントレインメントの仕組みをシンプルに実感できる実験があります。幼少期に遊んだであろう、坂道をトコトコと歩いていく「トコトコおもちゃ」です。[47] トコトコおもちゃは、専門用語では「受動歩行ロボット」と呼ばれます。ボール紙で簡単に工作できるほど単純なおもちゃではありますが、立派な「ロボット」でもあります。このトコトコおもちゃを紙で作った小さな坂道に置き、坂道の角度を傾けていくと、ある角度で突然歩き出します。坂道の角度という「環境」が、トコトコおもちゃという「身体」に影響を与えることで、トコトコおもちゃの身体の歩くリズムパターンが動的に自己形成されるのです。坂道の角度を変化させたり、荷重をかけたりと、環境を少しずつ変えてみると、リズムパターンが生成されるという「質的」な変化は生じない（秩序の形成自体は安定して行われる）一方で、速度などの「量的」な変化は、環境の変化に合わせて敏感に生じます。すなわち、動的にパターンが自己形成されるということです。

さらに興味深いことに、環境の変化は、歩行パターンそのものを変化させるということが知られています。無限定環境に適応する実空間コンピューティングを研究する東北大学名誉教授の矢野雅文らは、六足歩行ロボットを用いることで、それが、環境によって歩行パターンを自在に変化させることを示してみせました。[48]

矢野らは、動的秩序を自己形成する振動子（リズムを引き起こすばね）と、それらを「興奮性」と「抑制性」の相互作用で繋ぐ六足歩行システムを設計しました（図5-6）。このようにして作

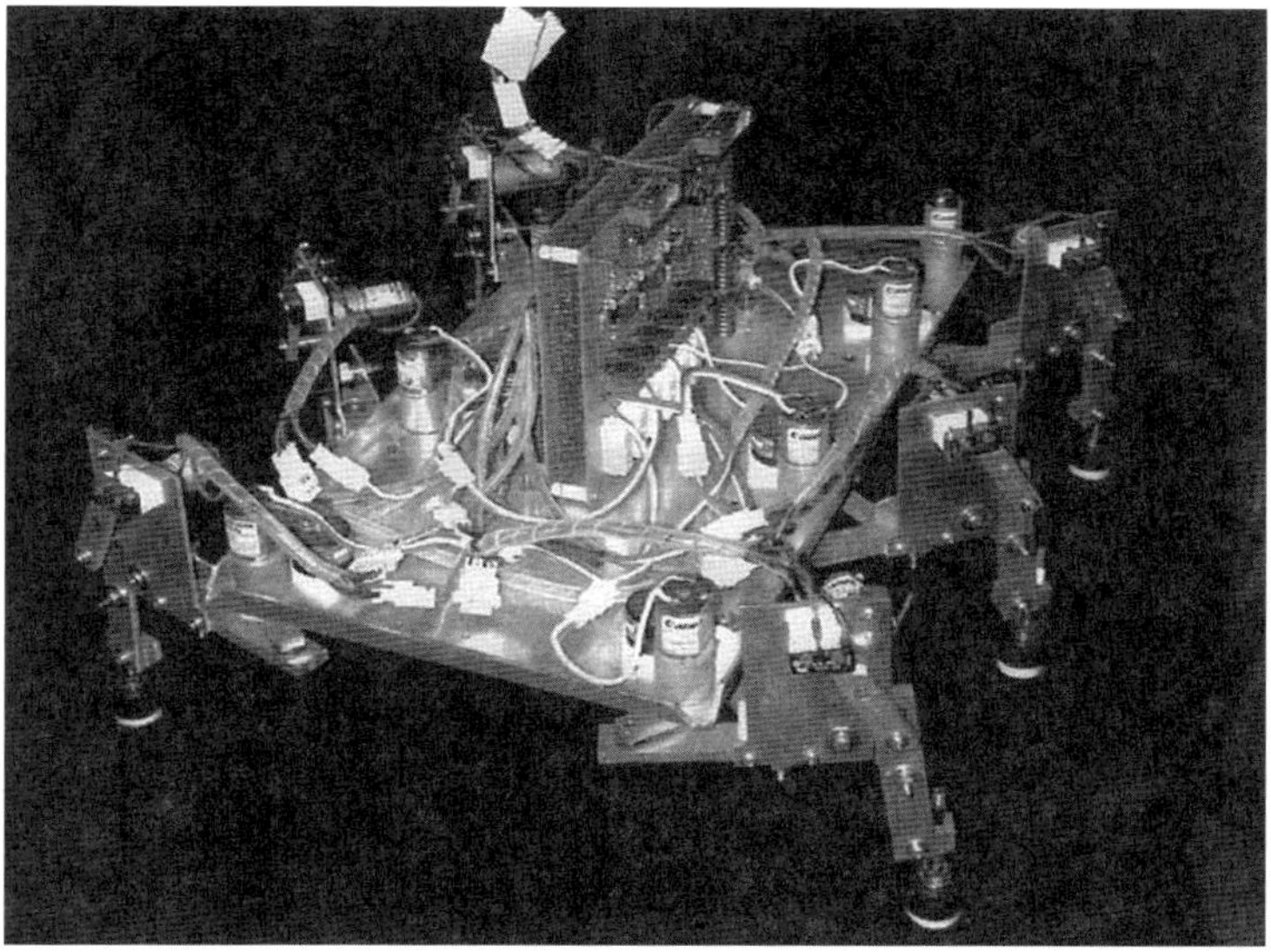

図5－6　矢野らの六足歩行システム（六足部分のみ抜粋）　動的秩序を自己形成する振動子（ばね）と、それらを繋ぐ「興奮性」と「抑制性」の相互作用によって成り立つ。この六足歩行システムは、特に歩行パターンをプログラムによって埋め込んでいないにもかかわらず、環境によって、「ゆっくり歩く」パターンと、「速く歩く」パターンとを、自在に変化させる。

られた六足歩行システムは、特に歩行パターンのプログラムを埋め込んでいないにもかかわらず、遅く歩かせたときや、重い荷物を背負っている場合には「トライポッド歩容」という「ゆっくり歩く」パターンに、速く歩かせたときや、背負う荷物が軽い場合には「メタクロナル歩容」という「速く歩く」パターンにと、環境や目的によって、自在にパターンを変化させせることが確認されたのです。

このように、振動を引き起こす「振動子」というものは、「興奮性」と「抑制性」という二種類の相互作用（コミュニケーション）のバランスにより、パターンを自律的に作り出し、これによって、時々刻々と変化する「無限定環境」において環境と「調和的な関係」を作り出して生きているということがわかってきました。

生命、情報、そしてコミュニケーション

ここまで見てきたように、生物の身体が引き起こす運動が、水やエネルギーの流れの中で引き起こされる動的な秩序を作り出す仕組みと同等のものであるということは、確かに受け入れられる話ではあります。しかしながら、私たち人間を含む生物の行う「歩行」をはじめとする比較的単純な運動だけでは、私たち人間のような「高等生物」が持つ、高度な知能を説明する題材として十分かというと、疑わしさが残ります。運動という現象は、それ自体が、周囲の環境とのコミュニケーションであるというのは確かかもしれません。しかしながら、私たち人間が、社会の中で行うコミュニケーションというものは、歩行のように同じパターン（あるいは限られたパターン）を繰り返す運動のように単純なものではなく、複雑な言語を駆使し、場の空気を巧みに読んだうえで適応していく、非常に高度な情報処理のようにも見えます。そうした高度なコミュニケーションを行う私たちの知能は、生命という観点から、どのように捉えることができるのでしょうか。

筆者は、人間が行うコミュニケーションを、生命という観点から捉えなおしてこそ、これからの情報化社会を豊かなものに進化させるためのヒントがつかめると考えています。それでは、本

章の締めくくりとして、私たちの行うコミュニケーションについて考えていきましょう。

「馬の耳に念仏」という諺があります。この諺は「情報」というものが何であるかを考える上で極めて有用です。[49]「馬の耳に念仏」とは、言うまでもなく、人間の言葉を理解しない馬に念仏を唱えても意味がないのと同じように、意見や忠告に耳を貸そうとしない人には、何を話しても効果がないということのたとえです。同じ「念仏」を聞いたとしても、馬と人間とでは、捉え方が異なるだけでなく、同じ人間であったとしても、その人の置かれた状況や、これまで生きてきた文化によって、その捉え方は大きく異なります。

　働き始めたばかりの新卒の社会人が、仕事というものをしてみて初めて、幼少期の頃に親に言われたことの意味を理解するというのは、よく聞く話です。新聞や報道で伝え聞くだけでは「何故、この人たちはこんなことを言っているのだろう?」と思うような異国の人々の言葉も、実際に現地を訪問し、その国の空気の中で歴史や文化を感じて初めて理解できる、といったことも、よくある話ではないでしょうか。「情報」というものは、そのように、言葉を単に耳に入れるだけでは、必ずしも理解できるとは限らないものなのです。

「馬の耳に念仏」を唱える時、何が起こっているのかをもう一度考えてみましょう。まず、お坊さんが、馬の耳に念仏を唱えた場合、確かに、馬の耳には、念仏の音の「信号」は伝わっています。そして、それによって、馬の鼓膜は振動します。この際に、馬は、確かに「何らかの音を聞いている」ということを知覚するでしょう。しかしながら、その音というものが、自分に対して何を伝えようとしているのか、ひいては、自分に対してどのような行動を起こすことを欲しているのかについての「情報」を得ることは極めて難しいのではないでしょうか。念仏は、馬にとっては「音信号」ではあるかもしれませんが、それは、意味のある「情報」であるとは言えません。「信号」は、受け手である馬が、自分に対して何を伝えようとしているのか、自分が何をすべきなのかという行動の意味を理解できてはじめて「情報」となるのです。

こうした「情報」を理解する上で鍵になるのが「コミュニケーション」です。私たち人間は、何か伝えたいことがある際には、言葉を発し、相手に対して「情報」を伝えることによって、意思疎通（コミュニケーション）を行っています。このコミュニケーションというものは、何気なく行っていますが、いざ、機械にそれをやらせようとしてみても、そうそううまくいくものではありません。「馬の耳に念仏」という諺どおり、機械にとって、言葉は意味をもつ情報ではなく、単なる「音信号」に過ぎないのです。

それでは、私たち人間は、どのようにコミュニケーションを行っているのでしょうか。それを解き明かすうえで、現代の情報通信技術の基礎となる「情報理論」を築き上げた二〇世紀のアメリカの通信工学者クロード・エルウッド・シャノンらの考え方を参考にしないわけにはいきません。[50]

シャノンらの築き上げた「情報理論」とは、通信を行う際、信号を正確に伝達するための理論であると考えるとわかりやすいでしょう。例えば、携帯電話を使ってメッセージを送る際、メッセージの一文字一文字は0か1の「ビット列」に変換され、電波を介して基地局に送られます。

この際、電波に乗せられたビット列を正確に読み取るためには、電波が伝わる間に重畳《ちょうじょう》したノイズを除去する必要があります。これによって、メッセージは正確に読み手に伝わるようになります。こうした信号の伝達を可能にするのが、シャノンらの情報理論です。シャノンらは、興味深いことに、情報理論を体系化すると同時に、「コミュニケーション」に関しても重要な考え方を提示しています。コミュニケーションを成立させるには、三つのレベルがあるというのです。

レベルA　通信において、記号をどのくらい正確に伝えることができるのか。
（技術的な問題）

レベルB　送信された記号は、どのくらい正確に所望の意図を伝えることができるのか。
（意味的な問題）

レベルC　受信された意図は、どのくらい効果的に所望する行為に影響するのか。
（効果の問題）

シャノンらは、著書『通信の数学的理論』の中で、コミュニケーションは三つのレベルから成り立っており、相手に対して、記号を伝え、意図を伝え、そして、相手の行為（振る舞い）に影響を与えてはじめてコミュニケーションが成立すると指摘しているのです。言語であれば、文字や音声といった信号を正確に伝えるというレベル、次に、その信号を通して、意図を伝えるというレベル、そして最後に、信号の受け手の振る舞いを変え得るというレベルです。

レベルBとレベルCの二つのレベルは、まさに前述した「情報」に関するものですが、シャノンらが体系化した情報理論の扱う範疇は、あくまでレベルAの「信号（記号）」に関するものであり、「情報」すなわち、意図を伝えて相手の振る舞いを変化させる、という二つのレベルは一切考慮されていません。つまり、シャノンらの情報理論を土台とした、現代の情報化社会の基礎を作っている情報通信工学は、「信号」以上のコミュニケーションを扱うことを、そもそも考慮していないのです。それでは、意図を伝え、相手の振る舞いを変化させるとは、どういうことなのでしょうか。

意図と意味

「意図とは何なのか？」

この問いを考える上では、筆者が『人工知能の哲学』[1]の中で論じた「意味とは何か」という問いへの筆者の答えが、参考になるのではないかと考えています。人間のような「知能」が実現できるかどうかを論じる上で、「意味」というものは、重要なキーワードです。そこで、ある問いについて考えてみたいと思います。

コンピュータに、「椅子とは何か」を教える方法には、どのようなものがあるでしょうか。この問いについて考えることで、人間が「椅子」をはじめ、ものを認識する際に脳内で起こっていることが明らかになってきます。

たとえば、椅子を、「形」の特徴によって教えるという方法を考えたとします。「四つの脚と座部と背もたれを有する形状」などといった特徴です。この方法の問題点は、必ず「例外」が生じるということです。椅子というものは、必ずしも四脚ではありません。しかし、「必ずしも四脚でなくてよい」などとすると、今度は、椅子でないものまで椅子に含まれてしまい、収拾がつかなくなってしまいます。普段、私たちが何気なく知っている（認識している）「椅子」という概念でさえも、そのメカニズムには、謎が多く含まれているのです。

特徴を表現するという方法には、重要な視点が欠けています。それは、椅子は、座れなければ椅子ではない、ということです。人間は、身体を持っているからこそ「疲れたときに座る」「作業をするときに座る」「リラックスして人と話をするために座る」などという「目的」を、自分自身で作り出すことができます。それに比べ、機械は、（少なくともプログラムだけで動く場合は）身体を持たず、目的は、与えられるまで自分で作り出すことはできません。

身体を持ち、目的を作り出すことができる人間は、川辺の岩であっても、それを「椅子」と「認識」して、用いることができます。身体を持たない機械が岩を見て「椅子」と断定することは、人間が機械にそれを前もって教えない限りは、不可能ではないでしょうか。

私たちが世界を認識できるのは、私たちが「身体」を持つからです。機械が「意味」を理解するには、こうした「身体」を中心に置いた考察が不可欠です。そして、「身体」を中心に置いた「知能」の考察というものが、本書で行ってきた議論です。私たちにとっての「意味」とは、「行為の意味」であり、「行為」を行うには「身体」が不可欠です。「身体」にとっての「意味」は、「身体」と「環境（状況）」との関係によって、即興的に（その場その場で）作り出されます。ここまでの議論を振り返って、はじめて「意図」についての理解が可能になります。私たち人間は、「疲れているので腰を掛けようとしている」「作業をしようと思っており、腰を掛ける場所が必要と感じている」「リラックスして人と話をしようとしている」など、自分自身の物語を生きている中で、「疲れたときに座る」「作業をするときに座る」「リラックスして人と話をするために座る」といった、椅子に対する「目的」を創り出しています。その目的こそが、椅子に対する「意図」であり、意図があるからこそ、椅子に対して能動的に働きかけ、さらに自分自身の物語を発展させようとするのではないでしょうか。この点について、更に掘り下げてみたいと思います。

人工知能はなぜ椅子に座れないのか

コミュニケーションとは、シャノンらによると、相手に信号を伝え、意図を伝えることで、相手の振る舞いを変化させるということでした。そして、意図とは、自分自身の「目的」のようなものだと考えられます。ここからは、「椅子」を通したコミュニケーションについての考察を更に深めることで、振る舞いが変化していく様子について理解し、更に、生命が「生きる」ということがどういうことかについて論じていきたいと思います。

こうした議論を行う上で、まず、私たち人間が「生物」であるということを再び思い出す必要があります。私たち人間は、「生物」の一種族に過ぎません。そうした、人間をはじめとする「生物」にとって、「世界」は、形の定まったものではなく、時々刻々と変化する、変幻自在の空間です。生物は、そうした「無限定空間」の中で、生きていかなければなりません。「無限定空間」は、厳密に記述された論理の世界とは根本的に異なるものです。そうした環境において、私たち「生物」は、確たるものが何なのかを、自分自身で見つけ出していかなければなりません。

不確実な世界の中で、頼りにできるものというのは一体何なのでしょうか。例えば、暗闇の中から飛び出し、初めてこの世界と対峙することになる赤ちゃんは、この世界を知るために、何を頼りにすれば良いのでしょうか。彼ら／彼女らは、手足をばたつかせながら、「周囲の環境に何があるか」を発見するでしょう。それと同時に、「自分自身の身体がどのようなものであるか」を発見するでしょう。

無限定な空間において、私たちは、周囲の環境という「場」と、自分自身の身体を基準とする「自己」とを、順次、理解していくのです。重要なことですが、「場」には、「自分自身」が含まれ、「自己」は環境におかれて初めて認識できるようになることから、「場」と「自己」というものは、本来、切り離せるものではありません。無限定な空間においては、「場」の認識（世界を知ること）と「自己」の認識（自分自身を知ること）は、同時に起こるのです。

こうした考え方を踏まえて、例えば私たちが「椅子を認識する」際に、何が起こっているのかということを考えてみましょう。私たちが椅子を認識する際、脳内では、次頁のイラストのようなことが起こっているのではないかと考えられます（図5-7）。

これらのイラストは、単純な「椅子」という「物体」ではなく、「椅子」を利用する人が、何をしているのかという「行為」を表すイラストです。このイラストからわかるように、私たちは、「椅子」を見て、単に「特徴」を探し出すのではなく、「それに座って考える」「それに座って仕事をする」「それに座って話をする」といった「物語」を創り出しているのではないでしょうか。

私たちは、「椅子を認識する」以前に、「身体」を持ち、自分自身の「人生」という「物語」を生きています。この「物語」が、自分自身が今存在している「場」です。例えば、「山道を一人で歩き続け、くたくたになり、一服したいと思っている」という「物語」の中に自分が位置づけられているとします。そこで、一つの「岩」を見たとしたら、その人は、何を意識するでもなく、その岩に腰をかけるでしょう。これが、「山道を歩いてくたくたになっている」という物語の中に、その「岩」が位置づけられた瞬間です。くたくたになったその人にとって、岩の材質が玄武岩であろうが花崗岩であろうが、山頂から転がってそこにあるものであろうが誰かが持ってきたものであろうが、ひとまずは関係のない話です。その人にとっては「山道を歩いてくたくたになっている」という物語の中に「腰かけるのにちょうどいい岩があった」ことが重要であり、そのときはじめて、その岩と人が、「腰をかけられるもの」と「腰をかけるもの」という「関係」を作り出すのです。さらに、そこに岩があり、腰をかけて一服することができたことによって、その人の「物語」は変化し、新たな関係が作り出されることでしょう。椅子を認識するということ

図５－７　「椅子に座る」という行為。私たちは「椅子」を通して、「座って考える」、「座って仕事をする」、「座って話をする」などの自分自身に関する「物語」を見つけだしているのではないだろうか。

は、このように、「物語」の中に「関係」が作り出されるということであり、それがまさに「意味を見出す（作り出す）」ということ、さらに言うならば、「自分の人生を生きるということ」なのではないでしょうか。

そして人工知能が、自らの意思で「椅子に座る」ということがあるとすれば、そのとき、彼（彼女）は、自分自身の身体を持ち、人生という物語を、自分自身の置かれた場と共に、創造し続けることでしょう。こうした人工知能は、まさに、自らの意思を持つ「強い人工知能」であり、まだまだ実現の目途すら立っていないと言わざるを得ません。人間の知的活動の一部を代替する「弱い人工知能」にはできない、「自らの人生を生きる」という行為は、現状は、私たち人間や生物にのみ許された行為であると、筆者は考えています。

人類とコンピュータが共に生きる未来に向かって

一九五六年、アメリカのダートマス大学で「人工知能」という言葉が誕生する遥かに以前から、人類がコンピュータに支配されるのではないかという創作物語は、繰り返し、描き続けられています。しかしながら、その後六〇年以上が経過した現在に至るまで、人間の「知」を超えるコンピュータは出現する目途も立っていません。

一方、情報科学の歴史をひもといてみると、「人工知能」という言葉の出現とほぼ時期を同じくして生まれた「人間とコンピュータの共生」という概念は、コンピュータの役割を、「弱い人工知能」、すなわち人間の知的活動を補助する役割として描いており、その後の情報化社会の発展を予言するものでした。一九六〇年、リックライダーは、「Man-Computer Symbiosis（人とコンピュータの共生）」という論文の中で、人とコンピュータとの違いを冷静に分析したうえで、「人は目標を定め、仮説をまとめ、尺度を決め、評価を実行する。計算機械はルーチン化された仕事はするが、それは技術的かつ科学的な思考の洞察や決定の材料に過ぎない」と断じていたのです。さらに彼は、こうした人間とコンピュータの役割の違いについての洞察から、「地球規模のコンピュータ・ネットワーク」についての提案も行っています。そして、興味深いことに、この発想から、ＡＲＰＡＮＥＴと呼ばれるコンピュータ・ネットワークが誕生し、これがまさに、現在、私たちが日々利用している、インターネットの原型となったのです。すなわち、私たちの生きるこの情報化社会を支える根本思想は、「コンピュータが人間に取って代わる」という思想ではなく、「人間とコンピュータが共生する」という思想だと言えるのです。

私たちの生きる情報化社会の未来を考えるうえで、リックライダーの提唱した、情報科学の基礎となる「人間とコンピュータの共生」という思想を理解するためには、「人間」を中心とした理解だけでは十分ではありません。実際、リックライダーも、生態系の中での「共生」について言及したうえで、人間とコンピュータのあるべき関係について論じています。「共生」をはじめとする生物学的な概念を、盲目的に情報科学に適用し、人間社会について考察していくことは、往々にして誤解を生みだします。私たち人間は、生物であり、生物は、「生命（すなわち命）」を宿すものです。「人間とコンピュータの共生」という思想を理解し、そこから未来を創っていくとするならば、それには、「生命」というものへの理解が不可欠であると筆者は考えています。物理学、そして、情報科学が高度に発展した現代、私たちは、どこまで「生命」を理解するに至ったのでしょうか。

約四六億年前、太陽系に地球という惑星が誕生しました。そのわずか数億年後に、有機物質すらなかった無機的な環境の中に、突如として、最初の生命である原始的なバクテリアが誕生したといいます。こうした生命誕生のドラマにおけるキーワードの一つが「循環」です。「循環」は、生命であるか否かにかかわらず、自然界の至る所で見られる現象です。大海原の海水は太陽熱によって蒸発し、上空で凝結すると雲となり、やがては雨や雪となって地上に降り注ぎます。降水は、地上の鉱物と共に移動し、やがては海に戻ります。こうした「循環」は、水だけに留まりません。大陸は長い年月をかけて移動し、その過程で、海底であった場所が山脈となり、陸地であった場所が海の底に沈んだりします。こうした中で、物質は、原子レベルで循環を繰り返していると言えます。生命の進化の原動力として、地球内部からの熱放出、そして、太陽から降り注ぐ熱エネルギーによって引き起こされる「循環」という現象に着目することで、「進化」という事実を、地球規模での自然現象として捉えなおすことができます。

生命を物理学の視点から最初に捉えなおしたシュレーディンガーは、一九四四年に、著書『生命とは何か』の中で「秩序性を土台とした秩序性」という概念を提唱し、生命という概念を、ブロック塀のような要素を積み上げただけの静的なものではなく、常に、「秩序」から「秩序」を生み出し続けるような「動的」なものであると考えました。

生命は、川の流れの中にできる渦に喩えられることがあります。川の流れの中にできる渦は、動的秩序の一つの例です。渦は、それを形作る水分子自体は絶えず入れ替っているにもかかわらず、その形は「ずっとそこにある」ように維持されます。生命の身体も、爪や皮膚などの細胞は絶えず生まれたり死んだりしますが、身体を外側から見ると、私たち一人一人は、同じ個人として存在し続けます。細胞が入れ替わっても、人そのものが入れ替わるということはありません。

こうした動的秩序を自ら作り出す働きについての最初の物理学的な研究が、一九五二年のチューリングによる、後に「チューリングパターン」と呼ばれる化学反応方程式（反応拡散方程式）に関する研究です。チューリングは、生命の持つ動的秩序の自己形成のはたらきは、エネルギーが周囲に拡散していき、徐々に「崩壊」を起こす（形あるものはいずれ壊れるという自然の法則を表現する）「拡散」のはたらきと、拡散したエネルギーが再び構造化され、動的な秩序を形成する「反応」のはたらきの二つの相互作用（コミュニケーション）によって起こるという考え方を提唱しました。

こうしたコミュニケーションが生み出す生命の働きは、人間や、多くの生物個体が、数十兆もの細胞からなる大きな「群れ」であると考えると、イメージしやすいです。単細胞生物であっても、「群れ」をなす生物は少なくなく、ここに、共通の原理が働いていると考えることもできるのです。人間一個体としての「群れ」は、一つの個体として動くために、一つ一つの細胞は、オーケストラの奏者一人一人のようにも見えます。勿論、楽譜がある中での演奏ではありませんので、「即興演奏」と言ったほうが良いでしょう。そして、細胞一つ一つが即興演奏を奏でる原理が、周囲の細胞との「競合」と「協調」なのです。何れか一方だけでは、即興演奏によるリズムは生まれません。その二者のバランスにより、動的秩序が作られ、周囲との調和的関係が、時々刻々と作り出されるのです。

こうした「競合」と「協調」によるコミュニケーションは、高等生物の持つ知能も無関係ではありません。そして、その関係を解く鍵は、生物の「身体」と、それが引き起こす「運動」にあります。身体による運動は、それ自体が、周囲の環境とのコミュニケーションです。例えば、今、私が前に進もうと思って足を出したとしても、そこに道がなければ前に進むことはできません。自らが意図した運動を行うには、周囲の環境を理解し、それに従って自分自身を動作させる（変化させる）という高度なコミュニケーションが必要なのです。そして、「身体」と「運動」によるコミュニケーションは、複雑な言語を扱うコミュニケーションに進化してきました。「馬の耳に念仏」という諺が象徴している通り、私たちは、言語を使ったコミュニケーションの中で、馬にとっての念仏のような単なる音、すなわち「信号」をやりとりしているわけではありません。コミュニケーションは、「信号」の受け手である馬が、自分に対して何を伝えようとしているのか、自分が何をすべきなのかという行動の「意味」を理解できてはじめて成立します。さらに言うならば、相手に行動の意味を伝えるためには、話し手自身が、意図を持った行動をしていることが前提となります。すなわち、話し手は、身体を持ち、自分自身の「物語」を生きることで、意図を持った行動を行い、自分自身の物語の中に、相手を位置づける（関係性を作り出す）ことで、相手の行動の「意味」を作り出し、それを伝えることで、コミュニケーションというものは生まれることになります。

筆者は、こうしたコミュニケーションの在り方は、相手が人間であれ、人間以外の生物であれ、また無生物であれ、（究極的には）違いはないと考えています。すなわち、私たち人間と、道具である「弱い人工知能」との関わりは、主体である私たち人間自身が、主体的に物語を生きていくかどうかによってはじめて、決定づけられるものではないでしょうか。もし、私たちが、「弱い人工知能」によって支配されるような物語を描き、そういった生き方をするのであれば、（たとえ「弱い人工知能」それ自体は道具に過ぎないとしても）私たちは、主体性そのものを奪われてしまうかもしれません。しかしながら、私たちが、「人とコンピュータが共に生きる」思想に基づき、具体的な物語を描いていくのであれば、「弱い人工知能」は、物語の中で役割を持ち、共に生きる私たち自身の物語も、更に発展していくことでしょう。そのためには、私たち自身が、私たち人間が持つ「生命」とは何であるかについての理解を深め、「生命」の発展にとって必要な技術とは何かということについて深く考察する必要があるのではないでしょうか。

第五章　参考文献・参考ウェブサイト

[1]　松田雄馬『人工知能の哲学　生命から紐解く知能の謎』東海大学出版部（2017）
[2]　星野力『誰がどうやってコンピュータを創ったのか？』共立出版（1995）
[3]　デイヴィッド・バーリンスキ（林大訳）『史上最大の発明アルゴリズム　現代社会を造りあげた根本原理』ハヤカワ文庫（2012）
[4]　マーティン・ディヴィス（岩山知三郎訳）『数学嫌いのためのコンピュータ論理学　何でも「計算」になる根本原理』コンピュータエージ社（2003）
[5]　マーティン・デイヴィス（沼田寛訳）『万能コンピュータ　ライプニッツからチューリングへの道すじ』近代科学社（2016）
[6]　マーチン・キャンベル-ケリー他（山本菊男訳）『コンピューター200年史　情報マシーン開発物語』海文堂出版（1999）
[7]　ハワード・ラインゴールド（日暮雅通訳）『新・思考のための道具　知性を拡張するためのテクノロジー―その歴史と未来』パーソナルメディア（2006）
[8]　西垣通他『思想としてのパソコン』NTT出版（1997）
[9]　J. C. R. Licklider「Man-Computer Symbiosis」IRE Transactions on Human Factors in Electronics, volume HFE-1（1960）
[10]　レイ・カーツワイル（小野木明恵他訳、井上健監訳）『シンギュラリティは近い　人類が生命を超越するとき』NHK出版（2016）
[11]　レイ・カーツワイル（小野木明恵他訳、井上健監訳）『ポスト・ヒューマン誕生　コンピュータが人類の知性を超えるとき』NHK出版（2007）
[12]　松田卓也『2045年問題　コンピュータが人類を超える日』廣済堂新書（2012）
[13]　Gordon Moore, et al.「Excerpts from A Conversation with Gordon Moore: Moore's Law」Intel Corporation. pp. 1（2005）
[14]　アントニオ・R・ダマシオ（田中三彦訳）『生存する脳　心と脳と身体の神秘』講談社（2000）
[15]　アントニオ・R・ダマシオ（田中三彦訳）『無意識の脳 自己意識の脳　身体と情動と感情の神秘』講談社（2003）
[16]　シュレーディンガー（岡小天他訳）『生命とは何か　物理的にみた生細胞』岩波文庫（2008）
[17]　逢沢明『複雑な、あまりに複雑な　複雑さの科学を解明するカオスvsコンピュータ編』現代書館（1996）

[18] 逢沢明『複雑系は、いつも複雑　カオスの縁から〈複雑適応系〉を探検する編』現代書館（1997）
[19] スチュアート・カウフマン（米沢富美子訳）『自己組織化と進化の論理　宇宙を貫く複雑系の法則』日本経済新聞社（1999）
[20] M・ミッチェル・ワールドロップ（田中三彦、遠山峻征訳）『複雑系　科学革命の震源地・サンタフェ研究所の天才たち』新潮文庫（2000）
[21] 秋吉一成他監修『リポソーム応用の新展開　人工細胞の開発に向けて』エヌ・ティー・エス（2005）
[22] 植田充美監修『人工細胞の創製とその応用』シーエムシー（2017）
[23] 中沢弘基『生命誕生　地球史から読み解く新しい生命像』講談社現代新書（2014）
[24] ラマルク（小泉丹他訳）『動物哲学』岩波文庫（1954）
[25] ダーウィン（渡辺政隆訳）『種の起源（上）』光文社（2009）
[26] ダーウィン（渡辺政隆訳）『種の起源（下）』光文社（2009）
[27] 伊庭斉志『遺伝的アルゴリズムの基礎　GAの謎を解く』オーム社（1994）
[28] 伊庭斉志『進化論的計算の方法』東京大学出版会（1999）
[29] 伊庭斉志『進化論的計算手法』オーム社（2005）
[30] 真鍋真『深読み！絵本「せいめいのれきし」』岩波科学ライブラリー（2017）
[31] ニコライ・アレクサンドロヴィッチ・ベルンシュタイン（工藤和俊他訳）『デクステリティ　巧みさとその発達』金子書房（2003）
[32] 松村明編『大辞林』三省堂（2006）
[33] 清水博『生命を捉えなおす　生きている状態とは何か』中公新書（1990）
[34] 福岡伸一『生物と無生物のあいだ』講談社現代新書（2007）
[35] 蔵本由紀『非線形科学』集英社新書（2007）
[36] 蔵本由紀『非線形科学　同期する世界』集英社新書（2014）
[37] スティーヴン・ストロガッツ（長尾力訳、蔵本由紀監修）『ＳＹＮＣ　なぜ自然はシンクロしたがるのか』ハヤカワ文庫（2014）
[38] A.M. TURING「The Chemical Basis of Morphogenesis」Philosophical Transactions of the Royal Society of London. Series B,

Biological Sciences, Vol. 237, No. 641（1952）
［39］北野宏明他『現代生物科学入門 第8巻 システムバイオロジー』岩波書店（2010）
［40］近藤滋『波紋と螺旋とフィボナッチ』学研プラス（2013）
［41］三池秀敏他『非平衡系の科学 第3巻 反応・拡散系のダイナミクス』講談社（1997）
［42］蔵本由紀編『非線形・非平衡現象の数理 第1巻 リズム現象の世界』東京大学出版会（2005）
［43］松下貢編『非線形・非平衡現象の数理 第2巻 生物にみられるパターンとその起源』東京大学出版会（2005）
［44］柳田英二編『非線形・非平衡現象の数理 第3巻 爆発と凝集』東京大学出版会（2006）
［45］三村昌泰編『非線形・非平衡現象の数理 第4巻 パターン形成とダイナミクス』東京大学出版会（2006）
［46］多賀厳太郎『脳と身体の動的デザイン 運動・知覚の非線形力学と発達（身体とシステム）』金子書房（2002）
［47］衣笠哲也他『受動歩行ロボットのすすめ 重力だけで2足歩行するロボットのつくりかた』コロナ社（2016）
［48］浅間一他編『シリーズ移動知 第一巻 移動知 適応行動生成のメカニズム』オーム社（2010）
［49］清水博他『生命に情報をよむ バイオホロニクスがえがく新しい情報像』三田出版会（1986）
［50］クロード・E・シャノン他（植松友彦訳）『通信の数学的理論』ちくま学芸文庫（2009）
［51］ポール・D・マクリーン（法橋登訳）『三つの脳の進化 反射脳・情動脳・理性脳と「人間らしさ」の起源』工作舎（1994）

終章　情報化社会における「知」と「生命」

「あらゆる労働がコンピュータによって代替され、人間には生きることだけが残された未来」

本書の幕開けは、人工知能が支配するありがちな未来像に対し、素朴な疑問を投げかけたことでした。実際、今現在、「人工知能」と言われているものは、「弱い人工知能」と呼ばれる、人間の知的活動の一部を担う「道具」に過ぎません。あくまで「道具」である「弱い人工知能」は、精神を宿す人間とは一線を画し、それ自体は意思を持つものではありません。私たち人間が描く物語によって、未来は変化していきます。それは、「弱い人工知能」が氾濫する現代社会においても、例外ではありません。

確かに、日々、新しい科学技術が誕生し、高度に情報化が進む現代において、「このまま技術革新が進むと何もかもが自動化されてしまうかもしれない」という不安や、「あらゆるものが自動化され、人間は労働から解放されるかもしれない」という期待が巻き起こるのは無理のない話かもしれません。電子計算機の性能は、「秒進分歩」で向上しており、今や、私たちの掌にあるスマートフォンは、ほんの一昔前に「スーパーコンピュータ」と言われていたものよりも、遥かに優れた性能を持っています。これによって、個人が管理できるデータは、画像や映像として膨大に撮り貯めることができるようになりました。個人ですらデータを持て余すこの時代、店舗や工場や企業といったところには、天文学的な量のデータが眠っています。こうしたデータを適切に処理できれば、潜在的な顧客のニーズの抽出や、業務の効率化といったことができるようになります。データの処理をはじめとする情報技術が様々な可能性を秘めているのは確かです。

こうした時代の変化には隔世の感があります。ほんの十数年前は、現在は「ガラケー」と呼ばれる携帯電話ですら、普及したばかりでした。その頃、言われていたのは、「間もなく、いつでもどこでも誰でも、どんな情報でも手に入るユビキタス社会が実現する」というものでした。携帯電話の普及により、便利な世の中が期待されていたのです。確かに、その後、無線通信技術は大きく進歩し、いつでもどこでも動画を撮影でき、それをSNSで簡単に共有、拡散できる時代になりました。私たちのライフスタイルは、がらりと変わり、世界中の人びとが瞬時につながり、地球の裏側の情報も、掌のスマートフォンでいとも簡単に手に入るようになりました。海外旅行の際も、スマートフォンのSIMカードを入れ替えるだけで、国内と変わらないインターネット環境を享受できます。人の住む地域であれば、情報が手に入らない場所を探す方が難しいのではないでしょうか。ほんの一昔前には想像もつかなかったような、便利な時代が到来したということは、間違いありません。

しかしながら、どんなものにも光があれば影もあるものです。情報化社会で得た便利な生活の代償として、置き去りにされたものがあると感じるのは、ノスタルジーからではないでしょう。「この情報化社会、何かがおかしいのではないか」と感じたことのある読者の方は、少なくないのではないでしょうか。いま、「(弱い) 人工知能の普及によって自動運転社会が実現する」などということが、まことしやかに言われていますが、この議論は、重要な点を見落としています。情報化社会を支える情報通信システムは、常に自動で動いているわけではないということです。システムには、想定外の障害がつきものです。こうした障害に対処するためには、多くの技術者が昼夜を問わずにシステムを監視し、不測の事態に備えなければならないのです。システムは、想定外に備えてくれないのです。

「情報化社会は多くの技術者に支えられている」と表現すると聞こえは良いかもしれません。ところが現実は、そう単純ではありません。以前は、こうした技術者に対しては、人びとが購入する携帯電話の代金や、月々の携帯電話回線の使用料によって、労働の対価が潤沢に支払われていました。当時の携帯電話は日本人技術者の匠の技によって支えられていたのです。しかしながら、携帯電話がスマートフォンに進化すると、これまで情報化社会を支えていた携帯電話メーカーは、技術者に対して十分な賃金を支払う体力を失っていきました。しかし、だからと言って、技術者の仕事がなくなるわけではありません。それどころか、誰もがスマートフォンで通信を行う時代になると、回線は高速大容量化し、想定外の障害や、顧客への対応は、より複雑化していきます。技術者には十分な賃金が支払われないまま、無理難題が押しつけられるようになっていったのです。[1]-[4]

便利な情報化社会の代償が及ぶのは、技術者の業界に留まりません。情報技術に長けた人とそうでない人との間の情報格差はどんどん広がっており、あちこちで聞こえる「二極化」「多極化」という言葉は、もはや社会問題として議論されることすらなくなっているように思えるほどです。それでは、情報技術に長けた人が恵まれているのかというと、現実は、そうとは言い切れないのです。世界がつながる情報化社会は、グローバル競争を加速させます。そこでは、「モノが売れない」――先進国と、「低賃金で重労働を強いられる」途上国という、一部の例外を除いて、誰もが敗者とならざるを得ない構造がつくり出されています。競争が激しくなれば、企業は切磋琢磨して、よりよい製品やサービスを開発する努力をします。しかし、単なる競争は、明らかに企業の寿命を縮めます。いまや、企業の平均寿命は一〇年を切ったと言われています。就職した企業が、数年も持たずに倒産してしまうことが当たり前の時代なのです。まるで、働けば働くほど、自分の首を絞めてしまうような構造です。どうしてこのような社会になってしまったのでしょうか。

情報化社会と生命知

情報化社会の深い闇を解明するヒントは、第五章で紹介した、二〇世紀のアメリカの通信工学者クロード・エルウッド・シャノンらが築き上げた情報理論に見られます。情報理論とは、通信（コミュニケーション）を行う際、信号を正確に伝達するための理論です。情報機器がネットワークを介して繋がる情報化社会は、信号を正確に伝えられなければ成り立ちません。情報理論は、現代社会を支える根本原理とも言えます。一方、シャノンは、数学者ワレン・ウィーバーとの共著『通信の数学的理論[5]』の中で、情報理論は、コミュニケーションのうちの極一部にのみフォーカスを当てているということを指摘しています。本書第五章でお伝えした通り、馬の耳に念仏を正確に唱えても、馬は、念仏の意味を何一つ理解できません。念仏は、馬にとっては「記号」に過ぎず、それだけでは、「記号」の「意味」は伝わりません。コミュニケーションは、相手に対して、「記号」を介して「意味」を伝えることではじめて、相手の行為（振る舞い）に影響を与えることができます。「記号」の正確性のみを扱う情報理論だけでは、私たち人間社会のコミュニケーションを説明することはできないのです。

確かに、記号化された社会というものは、公平で効率的な、ある意味で安全で安心な社会であると言えます。あらゆるものを記号化し、数値化していくことで、同じものかどうかということを定量化して計算することができます。記号化は、一七世紀以降の近代科学を支える基本概念の一つであるとも言えます。近代科学が生まれてから、それまで「手づくり」であった伝統工芸は、「機械化」によって「大量生産」することが可能になりました。それによって、誰もが安価で同一の製品を手にすることができるようになりました。つまり、誰もが同じくらい豊かな暮らしができるようになったのです。これを象徴しているのが戦後日本であると言えるでしょう。国全体が豊かになるにしたがって、誰もが三種の神器と呼ばれる電化製品に象徴される豊かな生活を手にし、「一億総中流社会」と言われるまでに社会が成熟しました。近代科学は、誰もが同じように豊かな生活を手に入れることを可能にしたのです。しかしながら、誰もが同じような生活をするということは、同じような生き方をするということでもあります。誰もが同様に学校教育を受け、その中でペーパーテストによる競争があり、同じくらい優秀な成績を収めることが求められ、卒業後は同じような「社会人」となることが求められます。同じくらい豊かな生活を手にするということは、判で押したような同じ人材になることが求められるということでもあります。

そして、情報化社会は、こうした同じような生き方をすることを益々加速させます。誰もが同じようなスマートフォンをもち、同じSNSで、同じ時間に同じようなコミュニケーションを取る。こうした生活リズムに乗り遅れると、情報の流れに乗り遅れる。一度、情報の流れに乗り遅れると、社会から脱落し、職を得ることも困難になるのではないかという強迫観念にとらわれるため、たとえ何らかの違和感があったとしても、こうした同じような生活リズムから逃れることは、そう容易ではありません。日本航空の入社式の風景をレポートした二〇一〇年九月一六日付の日本経済新聞夕刊記事「就職氷河期、個性は封印[6]」では、まるで制服であるかのように同じようなダークスーツを身にまとい、髪型や靴や、手の組み方まで同じように揃えた「無個性」な新入社員が紹介され、一九八六年の個性豊かな衣服や靴を選んでいた頃の新入社員の様子と比較されています。勿論、服装だけで「無個性」と断言するのは偏見ですが、彼ら彼女らが、同一の就職サイトから情報収集をし、同一のフォーマットの履歴書を提出し、同一のルールに基づく採用試験を受けているということは事実です。現代の情報化社会においては、一人ひとりの人間が、まるで機械の中の一つの歯車のように、代替可能で同じような部品となることを求められるのです。

現代の情報化社会は、たとえ、公平で効率的であったとしても、およそ、人間らしい社会であるとは言えません。筆者は、これからの時代の羅針盤は、本書で繰り返し述べてきたように、私たち人間や生き物の持つ「生命知」にあると考えています。生き物は、常に変化する環境に置かれ、いつ外敵に襲われるともわからない、そして、いつ餌にありつけるともわからない中で、ときには他の生き物と共存しながら、またときには他の生き物と対立しながら、即興劇的に、自らの行動を変化させ、実世界を生き抜くという「生命知」を持ちます。古代ギリシャの哲学者ソクラテスが遺した言葉「世界を動かさんと欲するものは、まず自ら動くべし」に見られる通り、自己の行動を変化させることによって、自己と他者との間に関係が作られ、「即興劇」的に振る舞うことによって、それまで「記号」に過ぎなかった自分と他人に、「意味」が与えられ、「即興劇」が持続していきます。「意味」というものは、「まず自ら動く」ことによってはじめて生まれるものです。こうした自ら場に与える振る舞いを、第四章で紹介した、〈いのち〉を捉える哲学を提唱する東京大学名誉教授の清水博は、「与贈」と表現し、それによって「即興劇」が持続していく能動的な活《はたら》きを、「いのちの与贈循環」と表現しています。

「記号」に「意味」を与える「生命知」と同様の考え方は、多くの分野に見ることができます。ナノフォトニクス（光を加工・制御・計測するナノテクノロジー）研究の第一人者であり、良質な学術論文を数多く発表している大阪大学名誉教授の河田聡は、退官の記念に発表した著書『論文・プレゼンの科学』[7]の中で、次の言葉を強調します。

《論文とは「人」が書いたものです。そこには必ず書いた人の意志とか「こころ」があります》

日々、研究と論文執筆に明け暮れる学問の世界は、情報化社会の到来と時期を同じくして、競争激化が起こりました。日本では、一九九六年以降に始まった文部科学省による「ポストドクター等1万人支援計画」という博士号取得者を一万人に倍増させる計画によって博士号取得者が増え、そのため、「就職先」である教授や准教授などの「ポスト」を巡っての椅子取りゲームが激化したのです。学問の世界、すなわち科学者の世界の出世の構造は、学生の就職活動に酷似しています。誰もが「良い」と認める学術論文誌に、なるべく多くの論文を発表することによって、「一流」と認められ、そこではじめて、無事に「就職」することができます。多くの科学者は、学術論文誌がどのような論文を好んで掲載するかについての情報収集を日々行い、自らの論文が掲載されることを目標にした研究を行います。一人ひとり個性を持っているはずの科学者が、自ら進んで代替可能な部品となることを目指すのです。河田は、そうした科学者の現状を俯瞰し、学術論文誌に論文発表すること自体が目的化してしまっている現代科学の問題点について指摘したうえで、先人の論文を研究する際に、著者の「こころ」を探し出すことの意味を強調します。

《ほかの人が書いた論文を読むときに、その著者の動機やこころを知る努力を日常的に続けると、著者の発想力に近づけるかもしれません。論文に書かれている結果だけを勉強しても、アイディア創造力は鍛えられません》

当然ですが、論文の数などの「記号」だけを追っていると、一つ一つの論文の「意味」に迫ることはできず、結果として、創造性に優れた研究を行うことは難しくなるでしょう。自ら著者と対話し、コミュニケーションを行うことによってはじめて、読者と著者との間に「即興劇」が生まれ、自ら「即興劇」を創造してゆくように、オリジナリティの高い研究を行うことができるようになるということです。

「意味」に迫ることの重要さは、学術界に留まりません。産業界においてイノベーションを生み出す「知識創造理論」を提唱する一橋大学名誉教授の野中郁次郎は、「知識創造は暗黙知と形式知の相互変換運動である」[8]-[10]と強調します。「形式知」は極めて明快に言語化、客観化できる理性的な知を指します。概念や論理、問題解決手法やマニュアルといった、コンピュータで表現できる「記号」的なものであると位置づけられます。一方、「暗黙知」とは、主観的、身体的な経験の知であり、思いやメンタル、熟練やノウハウなど、言語では語り切れない知を指し、「記号」では表現できない「意味」を扱う知であると捉えることができます。野中は、「知識は絶えず流転する、ダイナミックなプロセスである」としたうえで、成功を収めている企業は、「暗黙知」を「形式知」に変換することで、「知」を「利潤」に繋げていくと説明します。[11]

《例えば、インドのタタ・グループはナノという自動車を開発しましたが、きっかけは現CEOのラタン・タタが、雨の日のムンバイでたくさんの人を乗せて走る1台の危険なスクーターを目にしたことに始まります。

「これがムンバイというものだ」と言ってしまえば終わりですが、タタは「もし、彼らに雨露をしのげる安全な自動車を手の届く価格で提案できれば」とひらめいたのです。これが強力な価値命題になったのです。

そして過去の経験から、2500ドル程度の価格なら膨大なスクーター・ファミリーが顧客になる可能性があると判断。その価格でつくり、利潤を獲得するために、若いエンジニアでプロジェクト・チームを編成して、コスト構造を抜本的に変革しました。徹底的にオープンソースにし、ベンダー数を削減し、モジュール化し、外部工場とネットワークをつなぎ、受注生産にまでつき進み、新しい組織基盤をつくり、ビジネスモデルをつくり上げたのです》

「価値命題」とは、「いかなる価値や知を提供できるか」という、ビジネス創出の基本となる「問い」であり、新しい産業を生み出すほどの「イノベーション」創出においては誰もが向き合う問いであると言えます。タタは、スクーターに乗る危険な運転手の立場に立ち、対話し、コミュニケーションを行うことによって「即興劇」を作り出し、未来を創造することによって、「利潤」を生みだすビジネスを創出することができたと言えます。近年、ビジネスを創出する手法として、「リーン・スタートアップ」や「デザイン思考」といった考え方が注目されています。こうした手法は、使い手によっては優れたビジネスを創出している一方で、それを取り入れたからといって誰もが恩恵を受けることができる「魔法の杖」ではありません。

手法というものは、それ自体は「記号」に過ぎず、自ら動くことによってはじめて「意味」が生まれるものです。これは、手法だけでなく、あらゆる「道具」や「技術」についても言えることであり、近年注目が集まっている、本書の中心的な話題として扱ってきた「(弱い)人工知能」もまた、例外ではありません。ソフトバンク株式会社にて「ＡＩ事業」を推進する立田雅人(法

人事業戦略本部 戦略事業統括部 エヴァンジェリスト）は、ソフトバンクグループによる年次イベント「SoftBank World 2017」で行った講演「AI導入の理想と現実 ～やってみないと解らないこと～」[12]の中で、自然言語で話しかけると結果を回答できる対話型営業支援・接客支援システム「SoftBank Brain」の導入から学んだことを発表しました。当初の「これを活用すれば、従来、平均40分もの時間がかかっていた営業活動の準備や社内手続きが簡略化でき、大きな効率化が図れる」という思惑は大きく外れ、導入から三か月、ほとんどの社員がアプリを使わなくなっていたと言います。立田は、SoftBank Brain に「過度な期待を持ちすぎていた」と表現し、この経験から「AIに何ができるかではなく、まずは営業担当社員が何に困っているかを把握することが大事だった」ということを学んだと言います。

SoftBank Brain の開発に着手した当初、立田は、システムの特徴である「営業向けの提案アドバイザー」などが、営業の役に立つであろうという想像に基づいたシステム開発を行っていました。しかし、完成したシステムを現場に導入しようとしても、現場の人間が使えるレベルに達しておらず、現場の状況を反映したシステム開発ができていなかったと言います。立田は、「現場からの声を集めてはいたが『おそらく営業に役立つはずだ』『営業の問いかけに対して、適切な提案書を提示できたら見栄えもいい』といった考えのもと、『営業が本当に困っていることは何か』を考えていなかった」「営業担当社員が本当に欲しがっていたのはこれまで社内に戻ってから確認する必要のあった情報を、営業先ですぐに引き出し提案できるツールだった」などと、当時の様子を振り返っています。そのうえで、立田は、技術導入の際、「検討」「構築」「導入」

そして「定着」の四段階において「壁」を感じたと言い、それぞれについて、営業の現場と対話することで解決していったプロセスを説明しています。そのプロセスは、まさに、技術開発の担当者と、営業現場の担当者、そして技術そのものが対話し、コミュニケーションを行うことによって「即興劇」を作り出し、未来を創造したプロセスであると言えます。「ＡＩ（人工知能）」という言葉は、往々にして、立田が言うような「過度な期待」を引き起こすものです。「（弱い）人工知能」は、数多ある技術の一つであると位置づけ、その特徴を、客観的に理解して初めて、事業全体の中での「意味」を持ち、事業を活性化するものとして機能し始めます。「ＡＩ」という言葉を「魔法の杖」のような「記号」として理解していては、そうした「意味」に気づくことはできないでしょう。

故きブームを温ね、新しきを知る

一九五六年、アメリカのダートマス大学にて「人工知能」という言葉が誕生し、最初の「人工知能ブーム」が生まれました。多くの情報科学者が人工知能ブームのなかで躍起になる中、第五章で紹介したアメリカの音響心理学者であり、アメリカ音響学会会長でもあったジョゼフ・カール・ロブネット・リックライダーは、論文「Man-Computer Symbiosis（人とコンピュータの共生）」を発表し、人間とコンピュータが共生することによって、人間はこれまで誰も考えたことのなかった方法で考え、マシンはこれまで到達できなかったデータ処理を行うという未来を描きました。誰もが当然のようにパーソナル・コンピュータやスマートフォンをマウスやタッチパネルで扱うことができる今、こうした概念は驚くものではないかもしれません。しかしながら、そうした「未来」は、「人とコンピュータの共生」という思想なしには誕生しなかったのです。リックライダーを含む歴史的な多くの情報科学者を密に取材した評論家ハワード・ラインゴールドは、著作『新・思考のための道具』[15]の中で、リックライダーが「人とコンピュータの共生」[13][14]という思想を生み出した際のエピソードを詳細に記述しています。

《最初は脳の音声情報処理が興味の中心だったリックライダーだが、ほどなくして、増えるばかりの数値データの処理と資料の出し入れや整理などに、自分の大半の時間が費やされているような気がしてきた。研究者がどんなふうに自分の時間を使うかに興味を感じたリックライダーは、それを調査した人間が同僚の中にいないかどうか確かめてみた。

情報関連の研究者の時間配分と行動について研究した人間はいなかった。そこで、日常の研究をおこなう中で、自分自身の行動の記録をつけていくことにした。のちにリックライダーは、「サンプリングとして適切でないのはわかっていたが、自分を被験者として選んだということだ」と、仲間内に知られる謙虚さとユーモアをまじえながら記している。

すぐに明らかになったことは、この行動記録作業自体は含めないとしても、彼の研究活動時間の多くは、さまざまな記録をとることに費やされているということだった。リックライダーのような自尊心の高い科学者にとっては驚くべきことだったに違いないが、この調査によって、本来「考える」ための時間の八五パーセントが、実際には「考え、決定し、何かについて知るために学ぶという姿勢に入る前のこと」に使われていて、「じっくり考える時間よりも、情報を探したり入手したりするために費やす時間のほうが長い」ことがわかったのだった。

ほとんどの実験主義者と同様リックライダーも、音響心理学のデータはグラフの形をとってみなければ意味がないものだと考えていた。グラフの作成には何日もかかる。助手にグラフの作りかたを教えるだけでも何時間もかかってしまう。グラフさえ仕上げてしまえば、そこから関連性を見いだすのは容易なことなのだ。解釈に大した時間のかからないグラフを何日もかけて作るのは、ひどく非効率的で退屈な作業だった。

リックライダーは、解釈と評価こそ科学者のいちばん重要な役目だと信じていたのだが、この行動調査の分析により、自分の研究の多くの時間が「一連の推測や仮説の論理的または動的結論を、検索し、計算し、作図し、変形し、決定するため、あるいは、決定や洞察の方法を準備するための」事務的で機械的な仕事にとられていることを、認めざるをえなかった。そして、「そのうえやっかいなことに、何を試みるべきか、何を試みるべきでないか、といったことについての自分の選択は、知的能力にではなく、事務処理実行の可能性というものによって制限されていたのだ」という結論に達したのだった。

リックライダーがたどりついたこの結論は、今となってはそう革新的なものではないが、一九五七年当時としては衝撃的なものだった。彼ぐらいの謙虚さを持ちあわせない人間だったら、この結論からは目をそむけたかもしれない。しかしリックライダーは、この非公式な自己調査の結果から、技術研究者が時間をとられている作業の多くは、機械を使ってもっと効率的におこなわれるべきだと考えるようになった》

思想というものは、選ばれた少数の天才が、天から授かるもののように感じられるかもしれません。しかしながら、リックライダーのエピソードは、そうした思想というものは、個人的な葛藤をも含む「想い」に対して、無視することなく向き合うことによって育まれるということを示唆しています。記号情報を処理することに慣れてしまいがちな現代社会において、個人的な「想い」に向き合う時間は、無視されがちです。さらに言うならば、個人的な「想い」に対して主観的に向き合うだけでは、現実と乖離していく場合があります。リックライダーは、数値データの処理と資料の出し入れや整理などに、自分の時間の大半が費やされているのではないかという、個人的かつ素朴な疑問に関し、(適切ではないと知りつつも)自分自身を被験者として、なるべく客観的に分析し、行動記録をまとめることで定量化しました。その上で、事務的で機械的な仕事に八五%の時間を奪われ、科学者にとって最も重要な解釈と評価という仕事ができずにいるという事実をつきとめ、「時間をとられている作業の多くは、機械を使ってもっと効率的におこなわれるべきだ」と考えるに至ったということです。リックライダーは、自分自身と、そして客観的な事実と向き合い、コミュニケーションを行うことによって「即興劇」を作り出し、未来を創造したと言えるのではないでしょうか。

個人の思想が創り出す小さな一歩

「この情報化社会、何かがおかしいのではないか」

これは、あまりにも素朴な疑問ではありますが、筆者は研究開発の世界に足を踏み入れる以前から今に至るまで、この素朴な疑問に向き合ってきました。筆者が本格的に情報科学に触れるようになった二〇〇〇年前後、時は「インターネット黎明期[16]-[20]」であり、これから起こるであろう時代の大きな変化に対する期待と高揚感がありました。一九九三年にNTTドコモが日本初のデジタル方式携帯電話（PDC）の販売を開始すると、携帯電話の普及率は急速に高まっていきました。そして、一九九六年にYahoo! Japanが設立されたことを皮切りに、インターネットのサービスが、一部の技術者やマニアと呼ばれる人たちの枠を超え、一般家庭に大きく普及していきます。一九九九年、携帯電話からの接続サービス（「iモード」、「EZweb」、「J-スカイ（現Yahoo!ケータイ）」）が相次いで開始され、私たちは、パソコンを使わずとも、移動先からインターネットを利用することができるようになりました。そして、携帯電話へのカラー液晶画面、カメラ、電子決済の導入などを経て、二〇〇七年に初のスマートフォンである初代iPhoneが米国にて販売されると、時代は一気に、高速大容量通信によって、いつでもどこでも誰とでも通信ができる「ユビキタス社会」に突入しました。この頃は、ネットワークを介して人間と機械が共生していくという物語が、至る所で語られていました。

しかしながら、実際の研究現場に身を投じていた筆者は、人間と機械の共生という未来を感じさせるコンセプトと、実際の研究現場で開発されている技術との間に、大きな乖離を感じていました。一言で表現するならば、実際に開発されている技術には、「生命」を感じることができなかったのです。例えば、私たち人間とのコミュニケーションを実現しようとする「音声合成技術」というものがあります。これは、実際のところ、膨大な音声データを統計的に処理することによって、私たち人間の言葉を高精度で認識しようという試みです。確かに、その試み自体は、高度な数学を駆使するものであり、研究者魂に火を着けてくれる非常に興味深いものではありました。しかしながら、そうした高度な数学を用いて達成される「音声認識技術」をはじめとする情報技術そのものを知れば知るほど、私たち人間の行うコミュニケーションとは根本的に異なる何かを感じるようになっていきました。海外の辺境地域を旅することが好きな筆者は、そこで初めて出会う言葉の通じない人々であっても、同じ時間を共有し、同じ問題と向き合う中で、「心」を通わせることができるということを感じていました。そうした人間のコミュニケーションを、機械的な情報処理で実現することには、根本的に限界があると感じたのです。

「人間と機械のコミュニケーションは、何かが異なる」

こうした素朴な疑問に向き合う中で、筆者は、シャノンらの説明するコミュニケーションに関する考え方に出会いました。前述した通り、馬の耳に念仏を正確に唱えても、「記号」である念仏は、馬の「心」には届きません。相手に対して、「記号」を介して「意味」を伝えることで、相手の行為（振る舞い）に影響を与えてはじめてコミュニケーションが成立します。まず「自ら動く」ことによって、自己と他者との関係が変化することで「場」が生まれます。それによって、それまで「記号」に過ぎなかった自分と他人に、「意味」が与えられ、「ドラマ」が持続していくのです。「意味」を扱うコミュニケーションは、情報科学を一新させる可能性があると感じました。このような考えを背景にし、筆者は、人間や生物のコミュニケーションの在り方や、情報科学の未来を模索しました。そして、二〇〇九年に、転機は訪れました。

当時、NEC中央研究所に在籍していた筆者は、HD-DVDの技術開発を牽引してきた主任研究員の小川雅嗣と共に、「ブレインコンピューティング研究開発チーム」を発足させました[21]。HD-DVDを始めとする光ディスクの物理特性から規格化、事業化までの事業に関する全工程を牽引していた小川は、同一規格の製品を大量生産・大量消費する「記号化」された事業そのものに疑問を感じており、人間や生物に学ぶことで、事業の現状を打破できるのではないかと直感していたと言います。そこで、当時、東北大学電気通信研究所の所長であり、三〇年以上に渡って生命の謎を研究してきた矢野雅文らの支援を受け、筆者と小川らの研究開発チームは、共同研究を開始しました。自己と他者との調和的関係を、無限定空間において時々刻々と創り出す「生命システム」の在り方を、情報システム、そして社会システムに昇華させ、少しずつ、そして着実に、社会の仕組みを変革させる試みを行ってきました。現在、小川は、共同開発した技術を、

「アメーバの捕食行動に着想を得た自律適応制御技術」と呼称し、突発的な事件や事故、災害など複雑な環境変化が生じる社会システムを制御する仕組みとして説明しています。

《IoTの進展などで、交通やエネルギーなどの社会システムやインフラはますます高度化、複雑化します。そんな大規模システムをリアルタイムに、柔軟かつ効率よく運用することが今後ますます重要になる。これが、開発の根本的な背景です。

大規模システム全体をすべてモデル化したり、スーパーコンピュータなどを使った大量データ処理によって、社会インフラの制御を行うという方法もあると思います。ですが、システム全体のモデル化は非常に大変ですし、スパコンでは多くの電力を消費します。わずか20W程度の電力で動作する人間の脳のように、もっと軽く、速く、柔軟にシステムを動かす仕組みが作れないだろうか、というのがそもそもの出発点でした。

コアとなるのは、生物の適応メカニズムをヒントに開発した、制御アルゴリズムです。いままでと違うやり方で、システムを動かすにはどうしたらいいのか。そこで、着手したのがアメーバや虫などの生物の情報処理の仕組みでした。

たとえばアメーバは捕食したい餌の位置に合わせて、その姿を効率よく全体最適に変化させます。そこで、私が所属するクラウド研究所では、数年前から脳や生物の情報処理の仕組みについて、基礎から検討する小さなチームを立ち上げ、研究をスタートさせました。

その成果のひとつが、今回の制御アルゴリズムの開発です。このアルゴリズムにより、複雑なモデルやルールを作ることなく、目的によってシステム全体を制御するという、逆説的なコンセプトにもとづいた「自律適応制御技術」が実現できたのです》

筆者がNEC中央研究所を退職した後も、小川は、若手研究者を巻き込んで研究を継続させ、多くの事業者からの注目を集めています。最初に小川らが着目した社会システムは、タクシーの配車システムでした。タクシーは、運転手の技能によって乗客を発見できるかどうかが大きく左右されます。これは、運転手の立場からすると、技能を身に付けるまでは「空車」が増えてしまって売り上げが上がらないということになりますし、乗客側からすると、技能を持った運転手が少なければ自分を見つけてもらえず、乗車したいときに乗車できない、という問題につながります。こうした問題に対し、小川は、「自律適応制御技術」をタクシーの配車に取り入れることによって、より多くの乗客が待たずに乗車できるようなシステムを開発しています。もちろん、タクシーの配車を効率的に行う仕組みは、競合他社も検討しています。しかしながら、その多くは、過去のデータを分析することでそれを実施しており、突発的な事故や不測の事態に対応することは困難です。そうした時々刻々と変化する環境に対して柔軟に対応できる小川らのシステムは、現場の課題を捉えたものとして注目されているのです。

同様の仕組みは、エネルギーマネジメントにも応用可能です。ビルなどの空調を管理して、誰にとっても快適な温度に保てるような制御を実現することは、容易ではありません。小川らは、こうした空調の制御をしつつ、全体で使用エネルギーの削減をも行うシステムを開発しています。

その他、災害時の通信ネットワークを安定化させるシステムや、物流を管理する倉庫の人員配置を時々刻々と最適化していくシステムを開発するなど、生命のように自己と他者が調和的関係を創り出す仕組みは、少しずつではありますが、社会システムの在り方を大きく変革しつつあります。

人が主体となる情報化社会の未来に向かって

現代の情報化社会が土台とする「記号」処理に基づく情報理論は、それだけを見ていると、一人一人を「記号化」させてしまう考え方でもあります。本来、「生命知」を持ち、他者との関係が変化する中で、即興劇的に「ドラマ」を作り出し、「記号」に「意味」を与える私たち人間にとって、一人一人を「記号化」させてしまう考え方は、あるべき情報化社会の姿ではありません。一人一人が「ドラマ」を生きられるようになれば、情報システムそのものの在り方が変わってきます。人間がシステムに無理に合わせるのではなく、システムが人間に合わせた形で設計されることで、人間の「知」が、生き生きと動き出すのです。一般的に、システムを設計する際には、現場を知ることが重要であると言われます。その一方で、現場を知るということが何を意味するのかについては、ほとんど語られることはありません。現場を知るということは、現場で記号化されたアンケートを取ることでもなければ、ゴマを擦って、記号化されたシステムを売り込むことでもありません。現場を知るとは、現場で働く一人一人の「知」を知るということです。

筆者らは、人間の「知」と、情報システムとの根本的な性質の違いに着目し、情報システムが使われる現場で働く方々と技術者が対話をすることで、既存の技術を使った新しいサービスを展開しています。その一例を簡単にご紹介します。ホテルなどの受付の現場では、新人のスタッフの方が常連のお客様とうまく対話できずに、行き届いたサービスが提供できないといった問題を常に抱えています。こうした状況においては、「記号」が活躍することで、スタッフの方々のサービス向上が見込めると、私たちは考えています。システムは、文脈を理解することは不得意であっても、確率的な計算は得意です。また、大量に「記号」としてのデータを記憶したり、高速で計算処理を行うことも得意とします。こうした性質を活用することによって、お客様の顔を見ただけで、本人の認識を行い、スタッフの方々に必要な情報を提供できるシステムを開発しました。これによって、スタッフの方々は、たとえ着任したばかりであっても、行き届いたサービスを提供できるようになったのです。

技術への関心を持つ現場で働く人々と、現場への関心を持つ技術者が、コラボレーションすることができれば、こうしたサービスが次々に生まれ、私たちの生活や、社会といったものは、今まで以上に豊かになっていくのではないかというのが筆者の思いです。様々な情報が錯綜する現在の「人工知能ブーム」の中で、研究者として喜ばしい点があるとすれば、これまでビジネス以外には見向きもしなかった人たちの中にも、技術そのものに関心を持ったり、「私たち人間の知能とはそもそも何なのか?」「私たち人間はどのように生きるべきなのか?」についての議論を行う機会が増えていることです。技術への関心を持つ人が増えれば増えるほど、技術者とユーザーとの対話の機会が増え、私たちの人生や文化を豊かにしていくために、どのような技術が必要なのかということを、専門家・非専門家の垣根を超えて、議論できるようになります。今回の人工知能ブームにおいて、人工知能という言葉がブームで終わったとしても、人間やその「知能」に関する議論を行うことで、私たちの社会は豊かになっていきます。こうした本質的な議論が今後も継続していくことを願うばかりです。

終章　参考文献・参考ウェブサイト

[1] 若林秀樹『日本の電機産業に未来はあるのか』洋泉社（2009）
[2] 湯之上隆『日本型モノづくりの敗北　零戦・半導体・テレビ』文春新書（2013）
[3] 大西康之『東芝解体　電機メーカーが消える日』講談社現代新書（2017）
[4] 佐藤文昭『日本の電機産業 失敗の教訓』朝日新聞出版（2017）
[5] クロード・E・シャノン他（植松友彦訳）『通信の数学的理論』ちくま学芸文庫（2009）
[6] 「就職氷河期、個性は封印」日本経済新聞（2010.09.16夕刊）
[7] 河田聡『論文・プレゼンの科学　読ませる論文・卒論、聴かせるプレゼン、優れたアイディア、伝わる英語の公式』アドスリー（2016）
[8] 野中郁次郎他『知識創造企業』東洋経済新報社（1996）
[9] 野中郁次郎他『知識創造の方法論』東洋経済新報社（2003）
[10] 野中郁次郎他『イノベーションを起こす組織　革新的サービス成功の本質』日経ＢＰ社（2017）
[11] 「野中郁次郎氏が語る、未来を経営する作法～美徳のイノベーション～」academyhills（2010.09.27）https://www.academyhills.com/note/opinion/10092701visionary1.html
[12] 「ＡＩに〝期待しすぎた〟ソフトバンク　身をもって実感した、ＡＩの企業導入を成功させるコツは」ITmedia NEWS SPECIAL（2017.08.07）http://www.itmedia.co.jp/news/articles/1708/07/news009.html
[13] J. C. R. Licklider「Man-Computer Symbiosis」IRE Transactions on Human Factors in Electronics, volume HFE-1（1960）
[14] 喜多千草『インターネットの思想史』青土社（2003）
[15] ハワード・ラインゴールド（日暮雅通訳）『新・思考のための道具　知性を拡張するためのテクノロジー――その歴史と未来』パーソナルメディア（2006）
[16] 村井純『インターネット』岩波新書（1995）
[17] ニール・ランダール（村井純他訳）『インターネットヒストリー　オープンソース革命の起源』オライリー・ジャパン（1999）

[18] ケイティ・ハフナー他（加地永都子他訳）『インターネットの起源』アスキー（2000）
[19] ばるぼら『教科書には載らないニッポンのインターネットの歴史教科書』翔泳社（2005）
[20] ばるぼら他『僕たちのインターネット史』亜紀書房（2017）
[21]「生物の動きから、画期的なシステム制御を生み出した研究者」NEC Innovators 100 Series（2016.01.19）
https://jpn.nec.com/info-square/innovators/ogawa/01.html

あとがき

空前の人工知能ブームである今、囲碁や将棋で人間に勝るコンピュータの例を引用するまでもなく、ニュース記事で「人工知能」という言葉を目にしない日はないほど、私たちの生活は「人工知能」という言葉に囲まれています。一時期の喧噪に比べ、少しずつ落ち着きが見られるようにはなりましたが、未だに、「まもなく人工知能は人智を超える」「人間の仕事は人工知能に奪われる」といったセンセーショナルな表現が人びとの心を動揺させ続けています。

筆者は、「人工知能」というものに向き合う上で必ず直面する「そもそも知能とは何なのか」という素朴な疑問を出発点とし、二〇一七年に、前著『人工知能の哲学』を出版しました。これをきっかけに、「知能とは何なのか」といった哲学的な問いに対し、地に足の着いた議論を行うことができ、人工知能ブームに対して冷静な視点を持つことができたと、多くの読者の皆さんから好評をいただいています。その一方で、世の中では、「人工知能」と呼ばれる技術が社会をどのように動かしていくのかという、これからの社会に対する議論が進むようになり、前著の読者の皆さんの中からも、「知能とは何なのか」を理解することが、これからの社会を考えることとどのように繋がっているのかという疑問が投げかけられるようになりました。

本書は、そうした背景から、「人工知能」や「人工生命」といった概念がどうやって誕生したのか、そもそも「知能」や「生命」とは何なのか、といった学術的な背景を改めてまとめ直した上で、それらと「意識」との関係についても探究を行い、シンギュラリティの喧噪を超え、これからの未来について、幅広い視野での議論を行うことを目的に執筆した書です。

The best way to predict the future is to invent it.

——未来を予測する最善の方法は、未来を（自分自身で）発明してしまうことだ。

これからの社会を生きていく最善の方法は、まさに、パーソナル・コンピュータの父であるアラン・ケイのこの言葉に集約されているのではないでしょうか。

本書の執筆は、新潮社の編集者である竹中宏さんと二人三脚で、読者の皆さんの目線を意識して行いました。竹中さんは、筆者の講演会に足を運んで下さり、筆者の語り口調を活かす論の展開など、様々な「仕掛け」を提案いただき、荒削りの筆者のサイエンス・コミュニケーションを磨いて下さいました。歴史的背景を中心とした専門知識に関しては、前著に引き続き、恩師である東北大学の矢野雅文名誉教授やＮＥＣ中央研究所の小川雅嗣主任研究員をはじめ、様々な方にお世話になり、本書の内容をより精度と確度の高いものにするための貴重な助言をいただきました。東京大学を退官され、現在、ＮＰＯ法人「場の研究所」所長でいらっしゃる清水博名誉教授には、本書の根幹でもある哲学的背景を手ほどきいただきました。また、本書執筆の傍ら、合同会社アイキュベータを共同設立した三木孝行、下山輝昌両共同代表には、本書執筆や講演活動などを常に激励していただきました。さらに、同社メディア戦略担当の篠田薫さんには、筆者のサイエンティストとしての視点が読者の皆さんに届きやすいように、きめ細やかな助言をいただくなど、陰ながら支えていただきました。筆者の講演活動をサポートして下さっている早稲田大学基幹理工学部の水門菜花さんと、MITx MicroMasters の渋川駿伍さんには、読者目線で、筆者の視点をより広い読者の皆さんに届けるため助言をいただきました。その他、筆者の講演やワークショップを主催していただいた皆さん、一緒に議論していただいた皆さん一人一人のご協力がなければ、本書がこうして世に出ることはありませんでした。心から感謝申し上げます。

新潮選書

人工知能《じんこうちのう》はなぜ椅子《いす》に座《すわ》れないのか
——情報化社会《じょうほうかしゃかい》における「知《ち》」と「生命《せいめい》」

著　者………………松田雄馬《まつだゆうま》

発　行………………2018年 8 月25日

発行者………………佐藤隆信
発行所………………株式会社新潮社
〒162-8711 東京都新宿区矢来町71
電話　編集部 03-3266-5411
読者係 03-3266-5111
http://www.shinchosha.co.jp
印刷所………………錦明印刷株式会社
製本所………………株式会社大進堂

ISBN978-4-10-603831-0 C0395

人間にとって科学とは何か　村上陽一郎

地球環境、生命倫理、エネルギー問題——転換点に立ついま、私たちが科学にとって「正しいクライアント」になるために。社会と科学の新たな関係を示す。《新潮選書》

科学者とは何か　村上陽一郎

19世紀にキリスト教の自然観の枠組からはなれて誕生した科学者という職能。閉ざされた研究集団の歴史と現実。その行動規範を初めて明らかにする。《新潮選書》

重力波 発見！
新しい天文学の扉を開く黄金のカギ　高橋真理子

いったいそれは何なのか？　なぜそれほど人類にとって重要なのか？　熟達の科学ジャーナリストが、発見の物語から時空間の本質までを分かりやすく説く。《新潮選書》

地球の履歴書　大河内直彦

海面や海底、地層や地下、南極大陸、塩や石油などを通して、地球46億年の歴史を8つのストーリーで描く。講談社科学出版賞受賞の科学者による意欲作。《新潮選書》

性の進化史
いまヒトの染色体で何が起きているのか　松田洋一

そもそもなぜ性はあるのか？　なぜヒトには雌雄同体がいないのか？　性転換する生物の目的とは？　生き残るため、驚くべきほど多様化した性のかたち。《新潮選書》

地球システムの崩壊　松井孝典

このままでは、人類に一〇〇年後はない！　環境破壊や人口爆発など、人類の存続を脅かす問題を地球システムの中で捉え、宇宙からの視点で文明の未来を問う。《新潮選書》